逆向溢出知识结构
与OFDI企业技术进步

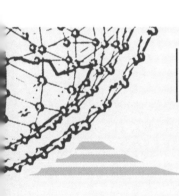

Reverse Knowledge Spillover Structure and
the Technological Progress of OFDI Enterprises

袭　讯◎著

清華大学出版社
北　京

内 容 简 介

本书阐明并解答了有关逆向溢出知识与投资企业技术进步的三个现实问题。其中：第3章解答了"企业对外直接投资对技术进步的驱动机制是怎样的以及不同企业之间有何差异"；第4章解答了"多维度和动态视角下企业对外直接投资驱动技术进步的结论是否站得住脚"；第5章和第6章解答了"国内投资企业应该如何调整对外直接投资和知识策略以应对国际形势的变化和自身知识需求的变化"。

本书适合普通高等学校经管类专业的本科生与研究生阅读，也可作为企业管理人员等的参考读物。

图书在版编目（CIP）数据

逆向溢出知识结构与 OFDI 企业技术进步 / 袭讯著.

北京：清华大学出版社，2025.3. --（清华汇智文库）.

ISBN 978-7-302-67893-9

Ⅰ. F272

中国国家版本馆 CIP 数据核字第 2025E8G644 号

责任编辑：王 青
封面设计：汉风唐韵
责任校对：宋玉莲
责任印制：曹婉颖

出版发行：清华大学出版社

      网 址：https://www.tup.com.cn，https://www.wqxuetang.com
      地 址：北京清华大学学研大厦 A 座   邮 编：100084
      社 总 机：010-83470000   邮 购：010-62786544
      投稿与读者服务：010-62776969，c-service@tup.tsinghua.edu.cn
      质量反馈：010-62772015，zhiliang@tup.tsinghua.edu.cn

印 装 者：小森印刷霸州有限公司

经 销：全国新华书店

开 本：170mm×230mm 印 张：13 插 页：1 字 数：248 千字

版 次：2025 年 3 月第 1 版 印 次：2025 年 3 月第 1 次印刷

定 价：129.00 元

产品编号：108646-01

摘 要 ABSTRAC

　　学界通常认为逆向溢出知识是企业对外直接投资驱动技术进步的直接和根本原因,但尚未出现直面且全面揭示其中内在驱动机制的文献成果。这一研究缺口不利于解决现实背景中的两个矛盾:一是以美国为首的部分发达国家的"逆全球化"思潮与国内投资企业寻求境外前沿知识和专业化知识的矛盾;二是国内企业对外直接投资目标转变与东道国市场不透明的矛盾。知识经济背景下,中国对外直接投资企业要想充分发挥逆向溢出知识对企业技术进步的促进作用,需要克服两个矛盾。当然,这需要政商学研等多方协同共进,其中学界可以配合完成的任务包括两个方面:揭示企业对外直接投资驱动技术进步的内在机理;构建与内外环境相匹配的逆向溢出知识结构调整框架。

　　鉴于现实的需要与理论的不足,本书提出了三个研究问题:①企业对外直接投资对技术进步的驱动机制是怎样的以及不同企业之间有何差异?②多维度和动态视角下企业对外直接投资驱动技术进步的结论是否站得住脚?③国内投资企业应该如何调整对外直接投资和知识策略以应对国际形势的变化和自身知识需求的变化?书中通过一个理论框架和四项研究内容完成了对上述三个问题的讨论。

　　前两项研究主要回答了前两个问题,概括来讲:①依据五家民营企业和五家国有企业进行多案例归纳式研究,从定性的角度构建逆向溢出知识结构视角下企业对外直接投资驱动技术进步的理论框架,由此回答"为什么"的问题。②紧接着借助系统动力学模型与计量模型实证检验所得理论框架的有效性与合理性,及其是否与国内企业对外直接投资的现实情境形成有效的对话,回答"真的是这样吗"的问题。

　　后两项研究则回答了最后一个问题,概括来讲:①运用古诺双寡头模型从成本与收益的视角探究逆向溢出知识结构的内在调整机制,包括东道国市场中参与主体均为同质性条件下的深度抉择和参与主体异质性条件下的广度抉择,以此回答"怎么办"的问题。②依据所得逆向溢出知识结构调整机理设计针对"国内投资企业应该如何调整对外直接投资和知识策略以应对国际形势的变化和自身知识需求的变化"问题的调整框架,具体说明"应该怎么做"。基于四项主要研究任务,本书主要得出了三个具有逻辑承接性的研究结论:

阶段一结论/理论性结论:理论性结论是对企业现实活动的升华,是一种由现实到理论的研究过程。国内企业对外直接投资驱动技术进步的内在机理可归结为两条路径和一个演化。企业对外直接投资驱动企业技术进步的路径包括:①国外关联企业知识基→逆向溢出知识(广度×强度)→知识吸收量→国内投资企业知识基(知识储备数量)→技术进步;②国外关联企业知识基→逆向溢出知识(深度×强度)→知识吸收量→国内投资企业知识基(知识前沿水平)→技术进步。但在不同的投资阶段,逆向溢出知识广度和深度所发挥的效用有所变化,表现为企业在对外直接投资前期受到所有权劣势和内部化劣势的限制,倾向于选择以深度为特征的峡谷形结构或者选择均衡且投资活动较少的水池形结构;随着企业所有权优势与内部化优势提升、东道国区位优势弱化,投资者会逐渐倾向于选择以广度为特征的湖泊形逆向溢出知识结构。针对上述结论,本书采用基于理论认知的系统仿真方法进行表征,并进一步采用基于现实数据的计量方法进行实证检验,在双重检验下确保理论框架能够与企业投资实践形成有效的对话。

阶段二结论/过渡性结论:过渡性结论是对理论性结论的承接,同时又是实践性结论的基础,其本质上是理论性结论向实践性结论的一种延伸态,但又没有直接涉及企业的实践活动。企业应该如何调整逆向溢出知识结构呢?从调整逆向溢出知识深度来看,投资者选择在不同入场模式下适应成本差异较小、低技术企业所有权优势相对明显且低技术企业与高技术企业技术差距相对较小的东道国市场,此时并购高技术企业或者与其合资经营是比较有利的;投资者以技术水平相对接近的高技术企业为投资标的是合理的选择;另外,投资者还可以通过降低自身生产成本来增加并购实力或者吸引高技术企业合作。从调整逆向溢出知识广度来看,不同产出条件下所得知识结构调整逻辑有所差异,投资者除了要考虑所有权、适应成本、技术差距和生产成本等因素以外,还要考虑与异质性企业之间的交叉领域,其会通过影响投资者所支付的投资成本而改变入场模式的合理性,进而影响逆向溢出知识结构调整机理。

阶段三结论/实践性结论:实践性结论是在理论性结论和过渡性结论的基础上针对企业实践开展研究所得到的结论,是一种由理论到现实的研究过程。依据逆向溢出知识结构调整机理设计具有针对性的调整框架,解决"国内投资企业应该如何调整对外直接投资和知识策略以应对国际形势的变化和自身知识需求的变化"的问题。书中归纳总结了两套逆向溢出知识结构调整框架;其中第一套逆向溢出知识调整框架针对投资者在不同对外直接投资阶段对逆向溢出知识结构维度需求的变化,即如何在前期阶段调整逆向溢出知识深度而在中后期调整逆向溢出知识广度；第二套逆向溢出知识调整框架针对以美国为首的部分发达国家对境外直接投资企业实施知识封锁的问题，这在短期内可能对逆向溢出知识结构调整尤其是深度调整产生一定的负面影响。第二套逆向溢出知识调整框架整体上建立在第一套调整框架的基础上，本书作者认为，应对国际环境变化带来的挑战，国内投资企业可采取"迂回式"和"替代式"两种调整思路。为了强化调整框架的实用价值，本书运用 KWW 贸易增加值分解法针对框架中的东道国市场条件设计了国外市场条件自查表，构建国外市场条件自查表最重要的价值在于给投资者提供国外市场部分显性与隐性特征数据，投资者用这些特征数据结合逆向溢出知识结构调整框架中的东道国选择条件，可以筛选出投资目的地，减少试错成本与时间成本。

依据上述企业对外直接投资驱动企业技术进步的理论框架与逆向溢出知识结构调整框架可得出以下政策启示：①发挥政府的信息中介作用，间接强化逆向知识溢出强度；②对外积极谈判、对内增加定向投入，通过"内外兼修"的政策模式减弱"知识壁垒"对国内投资企业增加逆向溢出知识深度的阻碍作用；③加强双边或多边投资协定的制度化安排，以区域特色为导向帮助企业拓展逆向溢出知识广度；④相关部门应充分发挥引导作用，支持国内企业对外直接投资。

关键词：对外直接投资；逆向溢出知识；知识结构；动态演化；投资企业技术进步

ABSTRACT

Academia generally believes that reverse spillover of knowledge is the direct and fundamental cause of technological progress driven by enterprises' foreign direct investment, but there have not been research results that directly face and fully reveal its internal driving mechanism. This research gap is not conducive to solving the two contradictions in the realistic background: The first is the contradiction between the "anti-globalization" thought of some western developed countries led by the United States and the Chinese investment companies seeking overseas frontier knowledge and specialized knowledge; The second is the contradiction between the transformation of Chinese companies' foreign direct investment objectives and the opacity of the host country's market. In the context of the knowledge economy, if Chinese foreign direct investment enterprises want to give full play to the role of reverse spillover knowledge in promoting enterprise technological progress, two contradictions need to be overcome. Of course, this requires the coordination of politics, business, academic research and other parties. Among them, the tasks that academia can cooperate to complete include two aspects: On the one hand, it reveals the internal mechanism of enterprises' outward direct investment driving technological progress; On the other hand, construct a framework for adjusting the reverse spillover knowledge structure that matches the internal and external environments.

Taking into account the needs of reality and the lack of theory, this article puts forward three research questions: What is the driving mechanism of corporate foreign direct investment on technological progress and what are the differences between different companies? Does the conclusion that the company's foreign direct investment drives technological progress from a multi-dimensional and dynamic perspective still hold true? How should Chinese investment companies adjust their foreign direct investment and knowledge strategies to respond to changes in the international situation and their own knowledge needs? And through a theoretical framework and 4 research content to complete the discussion of 3 issues.

The first two studies mainly answered the first two questions. In a nutshell:

Based on 5 private enterprises and 5 state-owned enterprises, we conducted multiple case studies. From a qualitative point of view, construct the theoretical framework of the technological progress driven by enterprises' foreign direct investment from the perspective of reverse spillover knowledge structure, and thus answer the question of "why?" Then use the system dynamics model and the measurement model to empirically test the validity and rationality of the theoretical framework obtained, and whether it forms an effective dialogue with the actual situation of Chinese enterprises' foreign direct investment, so as to answer the question "is it true?"

The last two studies answered the last question, in a nutshell: Use the Cournot duopoly model to explore the internal adjustment mechanism of the reverse spillover knowledge structure from the perspective of cost and benefit, including the deep choice under the condition of homogeneity in the host country market and the breadth choice under the condition of heterogeneity of the participants, to answer the question of "what to do?" Finally, based on the learned reverse spillover knowledge structure adjustment mechanism, the adjustment framework is designed to address the question of "how should Chinese investment companies adjust foreign direct investment and knowledge strategies to respond to changes in the international situation and changes in their own knowledge needs?", specifying "what should be done". Based on the 4 main research tasks, this article mainly draws three research conclusions with a logical sequence:

Stage 1 conclusions/theoretical conclusions: Theoretical conclusion is the sublimation of the actual activities of the enterprise, and it is a research process from reality to theory. The internal mechanism of Chinese enterprises' outward direct investment driving technological progress can be attributed to two paths and one evolution. The ways in which enterprises' outward direct investment drives technological progress include: Knowledge base of foreign affiliates → reverse spillover knowledge (breadth × intensity) → amount of knowledge absorption → knowledge base of domestic investment enterprises (number of knowledge reserves) → technological progress; Knowledge base of foreign affiliates → reverse spillover knowledge (depth × intensity) → amount of knowledge absorption → knowledge base of domestic investment enterprises (knowledge frontier level) → technological progress. However, in different investment stages, the utility of the breadth and depth of reverse spillover knowledge has changed. In the early stage of foreign direct investment, enterprises are restricted by the disadvantages of ownership and internalization, and tend to choose a canyon-type structure characterized by depth or a pool-type structure with balanced and less investment activities; With the improvement of corporate ownership and internalization advantages, and the weakening of the location advantages of the host country, investors will gradually tend to choose a lake-type reverse spillover knowledge structure characterized by breadth. In response to the above conclusions, this paper adopts the system simulation method based on theoretical cognition to express, and further adopts the measurement method based on real data to carry out empirical testing. The double test ensures that the theoretical framework can form an effective dialogue with corporate investment practices.

Stage 2 conclusions/transitional conclusions: The transitional research conclusion is the continuation of theoretical conclusions and the basis of practical conclusions. It is essentially an extension of theoretical conclusions to practical conclusions, but it does not directly involve the practical activities of the enterprise. How should companies adjust the structure of reverse spillover knowledge? From the perspective of adjusting the depth of reverse spillover knowledge, investors choose a host country market where the cost difference is small, the ownership advantage of low-tech enterprises is relatively obvious, and the technological gap between low-tech enterprises and high-tech enterprises is relatively small under different entry modes, which is conducive to mergers and acquisitions of high-tech enterprises or joint ventures with them; It is a reasonable choice for investors to invest in high-tech enterprises with relatively close technological levels; In addition, investors can also increase M & A strength or attract high-tech companies to cooperate by reducing their own production costs. From the perspective of adjusting the breadth of reverse spillover knowledge, the adjustment logic of the knowledge structure obtained under different output conditions is different. In addition to factors such as ownership, adaptation costs, technology gaps, and production costs, investors must also consider cross-cutting areas with heterogeneous companies. It will affect the investment cost paid by investors, change the rationality of the entry mode, and then affect the mechanism of reverse spillover knowledge structure adjustment.

Stage 3 conclusions/practical conclusions: practical conclusions are the conclusions obtained by conducting research on enterprise practice based on theoretical conclusions and transitional conclusions. It is a research process from theory to reality. Based on the reverse spillover knowledge structure adjustment mechanism, a targeted adjustment framework is designed to solve the problem of "how should Chinese investment companies adjust their foreign direct investment and knowledge strategies to respond to changes in the international situation and their own knowledge needs?" The article summarizes two sets of reverse spillover knowledge structure adjustment frameworks. Among them, the first set of reverse spillover knowledge adjustment framework is aimed at the changes in investors' demand for reverse spillover knowledge structure dimensions in different phases of foreign direct investment, that is, how to adjust the depth of reverse spillover knowledge in the early stage and adjust the breadth of reverse spillover knowledge in the middle and later stages. The second set of reverse spillover knowledge adjustment framework addresses the problem of some Western developed countries, led by the United States, imposing knowledge blockade on overseas direct investment enterprises, which may have a certain negative impact on the adjustment of reverse spillover knowledge structure, especially the deep adjustment in the short term. The second set of reverse spillover knowledge adjustment framework is based on the first set of adjustment frameworks as a whole. This article believes that in response to the challenges brought about by the changes in the international environment, Chinese investment companies can adopt two adjustment approaches, "circumvention" and "substitution". In order to strengthen the practical value of the adjustment framework, this paper uses KWW trade value-added decomposition method to design a "foreign market condition self-examination table" for the host country's market conditions in the framework of reverse spillover knowledge structure adjustment. The most important value of designing "foreign market condition self-examination table" is to provide investors with some explicit and implicit characteristic data of foreign market. Using these characteristic data combined with the host country selection conditions in the framework of reverse spillover knowledge structure adjustment can help investors select investment destinations and reduce trial and error costs and time costs.

According to the above-mentioned theoretical framework of enterprises' direct investment driving enterprises' technological progress and the framework of reverse spillover knowledge structure adjustment, the following policy implications can be obtained: Give full play to the role of government information intermediary, and indirectly strengthen the strength of reverse knowledge spillover; Actively negotiate externally, increase targeted investment internally, and weaken the effect of "knowledge barriers" on domestic investment companies from deepening the depth of reverse spillover knowledge through the policy model of "internal and external"; Strengthen bilateral or multilateral investment agreements to help companies expand the breadth of reverse spillover knowledge based on regional characteristics; In addition, relevant departments should give full play to their guiding role to support domestic enterprises' direct investment abroad.

Keywords: Foreign direct investment; reverse spillover of knowledge; knowledge structure; dynamic evolution; enterprise technological progress

目 录 CONTENTS

逆向溢出知识结构与OFDI企业技术进步

绪　　论

1.1　研究背景和研究意义

1.1.1　现实背景

（1）中国正在经历从投资输入国向投资输出国转变的关键时期。图 1-1 是 2007—2018 年中国对外直接投资所产生的逆向知识溢出热图。从横向切线来看，中国在美国、德国和新加坡进行投资产生的逆向知识溢出相对明显，而在非洲等地

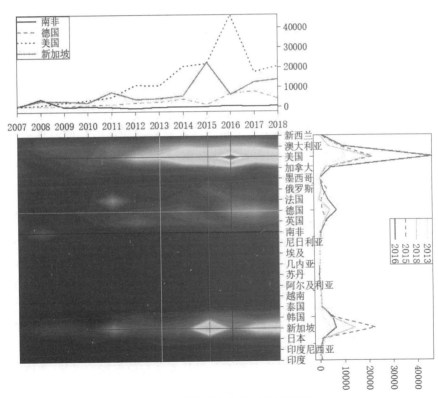

请扫描二维码查看彩图

图 1-1　逆向溢出知识时空剖面图

资料来源：依据国内对外直接投资数据等绘制

区投资产生的逆向知识溢出较弱。亚洲"一带一路"沿线国家反馈到中国的逆向溢出知识日益增加;英、德、法在2017年之前逐渐增强,但2017年之后出现了衰减;美国在2016年之前逐渐增强,之后却表现出减少趋势。从纵向时间切线来看,2007—2018年国内企业对外投资产生的逆向溢出知识日益增加,而且自2017年开始,美国逆向知识溢出的核心地位有所减弱,新加坡等地区的逆向知识溢出有所增强。逆向知识溢出热点地区变化的原因可归结为两个:一是欧美国家对中国实施更加严格的投资审查制度,中国企业在当地的投资活动受到不同程度的限制,从而减少了内、外企业之间的合作机遇;二是"一带一路"建设推动了沿线国家之间的双向开放,并为外资入境和对外投资提供了新的平台。

(2) 全球保护主义强化与逆全球化背景下国内对外直接投资企业面临新挑战。首先,以美国为首的部分发达国家收紧了外资入境审查政策,国内企业在当地寻求合作的困难和风险加大。2017年以来,各国投资限制政策处于历史较高水平,欧美国家以国家安全为由纷纷出台限制外资入境政策,将对关键技术和基础设施领域的外商投资纳入审查范围,我国对外直接投资企业面临更大的挑战。其次,各国日益重视在高技术领域中取得、保持或者扩大竞争优势,中国高技术企业受到多方钳制。以大数据和人工智能为代表的"第四次工业革命"在全球范围内展开,各个国家或地区都在大力支持科技创新,同时也加强了出口管制和外资审查来保护自身的竞争优势。以美国为代表的部分发达国家为防止我国企业在高技术领域实现弯道超车,有意限制我国投资者在当地的投资活动。最后,部分欧美国家针对国有企业投资审查泛化,我国国有企业海外直接投资空间收窄。美国和部分欧盟国家的外资审查政策均有涉及国有企业的条款,而且这些条款对于外国政府相关交易的界定较为宽泛,不仅包括政府控股企业,还包括代表政府意图的企业等,这意味着我国国有企业将面临更高的投资壁垒。

(3) 国内企业对外直接投资势头良好,但成功率不高。一方面,由于并购双方的信息不对称,不少企业投资的目标公司资产质量较差,长期以来沉淀了较多不良资产,还存在大量的负债,而投资者对潜在的风险浑然不觉,为之后的投资失败埋下伏笔。不充分的信息披露和价值观差异导致投资者在投资前无法对境外目标企业的资产状况和财务状况进行较为准确的评估,再加上严重的信息不对称造成投资者在交易前对投资合作形成不恰当的预期,从而导致投资失败。例如,上汽并购韩国双龙汽车公司(SSANG YONG Motor Company)时急于将被收购企业的车型和生产线搬到中国,而忽视了对双龙汽车公司基本面与价值观的了解,致使并购完成之后面临双龙汽车公司破产的风险,最终导致上汽损失了40亿元人民币并放弃了对双龙汽车公司的控股权。另一方面,部分国家政权频繁更迭、冲突不断,外加法律不健全、政府执行力不高,形成了高政治风险,即便一些国家法律制度貌似健全、投资环境优越,但却时常进行干预性的投资安全审查,这对境外投资者而言同样是潜在的政治风险。当国内投资者对东道国的投资环境并不熟悉时,很容易造成损失与投资失败。例如,华为收购美国三叶公司(3Leaf)时低估了交易的敏感性,并未及时向美国外资投资委员会申报,从而引起美国政府的关注,最终华为被迫放弃交易,并损失了前期投入的部分合作资金。

由背景(1)、(2)和(3)可知,当前国内企业对外直接投资虽然如火如荼,但整体上却存在两个矛盾:**其一,以美国为首的发达国家的"逆全球化"思潮与国内投资企业寻求境外前沿知识和专业化知识的矛盾。**国内企业的对外直接投资标的通常是互补型或互惠型,在投资合作过程中国内投资者与国外关联企业能够获得彼此所需的利益,实现双赢。然而,出于保护自身优势的目的,发达国家逐渐加强了对境外企业投资尤其是中国企业在当地投资的审查。例如,2017年德国联邦经济与能源部提出有权拒绝涉及"关键基础设施"领域的外来投资;2018年美国动用《国际紧急经济权法》限制中国企业在美国投资敏感科技行业等。境外知识资源是加速企业技术进步的"催化剂",但国内企业对发达国家投资频频受阻,难以形成有效合作,从而迫使国内企业寻找新的投资思路与知识策略。**其二,国内企业对外直接投资目标转变与东道国市场不透明的矛盾。**投资者知识需求改变带动投资策略改变,而将对外直接投资目标调整到新领域或同一领域的更深层次时需要重新选择东道国市场或者投资标的。在前期阶段,投资者往往对新的东道国市场和投资标的缺乏全面认识,继而因为难以取得自身所需知识资源而造成投资效率低下甚至失败。与此同时,投资全新的标的需要企业自身具备怎样的资源条件同样决定了投资活动是否合理有效。

1.1.2 理论背景

(1)全球保护主义抬头与逆全球化背景下企业对外直接投资研究的关注度进一步提高。对外直接投资研究最早可追溯到19世纪关于英国企业国际资本流动的讨论。20世纪60年代,Hymer从企业发挥特定优势的视角构建了对外直接投资理论框架,在此基础上,对外直接投资的基本研究体系逐渐建立起来(Dunning,1977;Buckley & Casson,1981;Rugman,1981;Alfaro et al.,2004;Harms & Meon,2018)。20世纪90年代,发展中国家逐渐增加向发达国家的投资数量与频率,此后国内外有关发展中国家对外直接投资的研究日益增多,其中关于中国企业对外直接投资的研究尤为丰富。步入21世纪,更多新兴国家加入对外直接投资行列,催生了有关企业对外直接投资的战略资源寻求新理论,相关成果从制度环境(Gugler & Boie,2008;Stoian,2013;Paniagua et al.,2017)和投资区位选择(Henisz & Delios,2001;Kang & Jiang,2012;Piperopoulos et al.,2018)等角度对企业对外直接投资进行了研究。

近年来,以美国为代表的部分发达国家从自身利益出发,加强了外资审查制度并"发力"WTO改革,试图扩大国际竞争优势和引领下一代国际贸易规则。国际投资环境变化进一步将国内外研究目光吸引到了对外直接投资领域,学者们一致认为当下发展中国家要从海外关联企业特别是发达国家的关联企业获取知识资源面临诸多阻碍与风险。与之前的研究相比,近几年的研究强调了政策风险对企业对外直接投资的影响(Azzimonti,2018;张海波和李彦哲,2020;齐俊妍和任奕达,2020;莫敏和区富祝,2020),所得结论在宏观政策层面具有一定的启示性。

(2)企业对外直接投资驱动技术进步的内在机理尚待深入研究。2008年长虹的国际化战略初显,旨在培育具有产业广度的全球投资能力。2016年长虹的国际投资合作达到新高度,其间投资了包括ABB和IBM在内的多家国际知名企业,涵盖云计算、工业机器人、人工智能和家电制造等领域。长虹每进入一个领域首先会摸透该行业的人才和管理关键在哪里,并快速获取行业内人才、技术、设备等战略性资源,凭借广阔的国际反馈知识稳固在商业领域的龙头地位。与长虹不同,吉利的国际投资始终围绕汽车行业展开,无论是2006年与LTI成立合营企业还是2009年收购沃尔沃,其目标就是要获得汽车行业内更为前沿、高效的技术和人才资源。通过深耕汽车行业,吉利已拥有全面、灵通的行业消息和管理经验,甚至掌握了部分垄断性技术优势,成为国内汽车行业的领头羊①。企业技术进步既依赖自主知识资源(Drongelen et al.,2003;Bengoa et al.,2017;Cheng & Li,2018),也需要外部知识资源的支持(Shireen,2011;Asmussen,2013;Athreye et al.,2016)。长虹和吉利都是通过对外直接投资获取境外知识资源,进而推动企业技术进步的,但长虹和吉利的对外投资计划反映了不同的思路:长虹追求国外反馈知识广度,试图获取多行业逆向溢出知识;吉利则更追求反馈知识深度,试图增加领域知识专业化水平。

当前研究对于上述对外直接投资现象与结果的阐释尚显不足。在未深入区分异质性驱动机制的条件下,逆向溢出知识被公认为企业对外直接投资驱动技术进步的根源(Li et al.,2016;Zhou et al.,2019;谭云清和马永生,2020),学者们的进一步研究多集中在"怎样的因素"影响投资企业吸收逆向溢出知识上,如从投资企业知识吸收能力(邵玉君,2017;魏凡等,2017)、母国政策制度(赵伟等,2006;Cozza et al.,2015;李勃昕等,2020)、区位选择(Kang & Jiang,2012;李延喜等,

---

① 资料来源于全球案例发现系统"中国工商管理案例素材库"板块(http://www.htcases.com.cn/index.html)。

2020)和风险控制(韦军亮和陈漓高,2009;周伟和江宏飞,2020;孙林和周科选;2020)等角度讨论企业对外直接投资对技术进步的影响。

(3)企业对外直接投资策略与知识策略调整机理与框架亟待弥补。对于投资者面对国际市场投资环境的改变以及自身知识需求的改变应该如何及时调整投资策略与知识策略这一问题,当前学者们的讨论主要集中在宏观层面,如税收制度(张晓瑜等,2018;肖文和韩沈超,2018;李俊,2020)、产权制度(齐晓飞等,2015;靳巧花和严太华,2019;Devesh & Zoltán,2020)和国家层面的地区合作(Cheng & Kwan,2000;田素华和王璇,2017)等。宏观层面的调整策略多强调政府应该怎么办,应该如何调整对外直接投资政策来帮助国内投资者应对国际投资环境的变化,而关于国内投资企业应该如何调整对外投资策略和知识策略则较少涉及。为数不多的微观研究从生产率(王桂军和张辉,2020)、出口经验(闫周府等,2019)、融资约束(晋盛武和何珊珊,2017)和高层管理(田轩和孟清扬,2018)等方面讨论了企业对外直接投资的调整策略,所得结论丰富了企业对外直接投资影响因素的相关研究体系。但从微观层面来看,还没有研究探讨过企业对外直接投资策略和知识策略的调整框架,所以当企业想要调整对外直接投资策略和知识策略时没有一个可以参考的理论框架,这增加了国内投资者的试错成本。

由理论背景(1)、(2)和(3)可见,日趋成熟的研究体系中依旧存在两个理论缺口:其一,对国内企业对外直接投资驱动技术进步的内在机制探讨不足;其二,尚未完整构建出国内企业对外直接投资策略与知识策略调整框架。这显然不利于应对现实背景下的两个矛盾。补充以上研究空缺成为本研究的最终目标。整体而言,已有对外直接投资与技术进步的理论体系对本研究起到了引导与支撑作用,反过来,本书在前人的基础上将进一步完善企业对外直接投资与技术进步的研究体系,为国内对外直接投资企业提升投资效率与技术进步效率提供理论依据。

1.1.3 问题的提出

现实背景表明当前国内企业对外直接投资正面临两个亟须调和的矛盾,而理论背景表明当前相关理论体系并不能完整且恰当地为破解现实情境中的两个矛盾提供理论支撑。对此,本书提出了"为什么""真的这样吗"和"怎么办"三个问题来应对现实亟须而理论不足的藩篱,并且通过回答这三个问题为国内对外直接投资企业提供现实可操作的对外直接投资策略和知识策略调整框架。

(1)问题一(为什么):企业对外直接投资对技术进步的驱动机制是怎样的?不同企业之间有何差异?企业对外直接投资促进投资企业技术进步的观点已经屡见不鲜,但多数研究仅停留在现象描述和实证检验阶段,相对笼统地讨论逆向溢出知识在企业技术进步等方面发挥的作用,并没有系统地论证和剖析内在驱动机制,虽然所得结论有益于弥补理论空缺并提出有利于企业改进对外投资策略以及取得技术优势的举措,但一概而论的做法并不利于研究成果的具体应用,有些时候甚至可能适得其反。本书拟从逆向溢出知识结构出发,深入剖析企业对外直接投资对技术进步的驱动机理,依据企业内部化理论和对外投资发展周期理论构建逆向溢出知识结构理论框架,彻底解决"为什么"的问题,从而为接下来的"怎么办"打下理论根基。

(2) 问题二(真的这样吗):多维度和动态视角下企业对外直接投资驱动技术进步的结论是否站得住脚? 这一问题本质上是对上一个问题所得理论框架的实际检验。与已有研究的实证分析不同,本研究将从逆向溢出知识结构视角分维度检验企业对外直接投资对技术进步的内在驱动机制,并且融入企业对外直接投资的动态演化过程,进一步分阶段检验不同逆向溢出知识维度发挥的技术进步效应。另外,为保证检验结果的准确性与有效性,本研究将从理论认知与实践数据两个方面展开分析,为理论根基的实证结果上"双保险"。

(3) 问题三(怎么办):国内投资企业应该如何调整对外直接投资和知识策略以应对国际形势的变化和自身知识需求的变化? 几乎没有文献对该问题作出正面回答。本书在深入探究企业对外直接投资对技术进步的驱动机制的基础上,进一步借助古诺模型,分别从东道国市场条件和自身生产条件出发论证对外直接投资企业要如何制定投资和知识策略才能在实现知识结构调整的基础上确保收益最为合理,为国内对外直接投资企业合理调控逆向溢出知识结构提出现实可操作的意见。此外,本书还针对逆向溢出知识结构调整框架中的国外市场条件设计了具有实际参考价值的国外市场条件自查表。

1.1.4 研究意义

本研究将在逆向溢出知识结构视角下分析企业对外直接投资与技术进步之间的内在关联性,从动态视角阐述逆向溢出知识结构不同维度促进企业技术进步的时间演化特征,借助古诺模型分析逆向溢出知识结构调整机理,为国内对外直接投资企业调整投资策略与知识策略提供可借鉴的科学依据,具有一定的现实意义与理论意义。

本研究的现实意义在于:①帮助国内投资者树立阶段性的知识维度倾向意识和动态对外直接投资意识。本书拟构建阶段性的逆向溢出知识需求逻辑以及相应的对外直接投资策略,为企业最大限度地发挥逆向溢出知识在技术进步中的作用提供参考;②帮助国内投资者厘清为达成知识结构调整目的,自身所应具备的条件和东道国市场所应具备的条件是怎样的。本书拟通过投资者的成本收益分析寻找有效的知识结构调整路径,帮助国内投资者在调整逆向溢出知识结构的基础上实现收益最大化;③通过设计国外市场条件自查表给投资者提供国外市场部分显性与隐性特征数据,用这些特征数据结合逆向溢出知识结构调整框架中的东道国选择条件,帮助投资者筛选出投资目的地,减少试错成本与时间成本;④为政府有针对性地制定对外直接投资政策提供科学依据。本研究依照国内投资者知识结构调整需求和投资需求,凝练出相匹配的政策举措,力图在帮助国内企业提升创新实力和国际竞争力的同时,降低国内企业对外直接投资风险,增加企业投资效率和知识反馈效率。

解决现实问题需要借助相应的理论框架做支撑,本研究的理论意义表现在:①将知识结构理论与逆向溢出知识概念相融合,从知识的不同维度探究逆向溢出知识到底是怎样促进投资企业技术进步的,以弥补有关企业对外直接投资驱动技术进步的机制性理论空缺;②打破以往研究中逆向溢出知识在企业技术进步中的静态属性。本研究拟借助内部化理论和投资发展周期理论从动态视角观察、归纳和总结企业对外直接投资标的和知识结构调整的阶段性特征,将原有的静态研究范式延伸到更加贴合实际的动态化视角;③在溢出动态视角下重新审视知识深度维度和知识强度维度之间的差异,解决当前研究中知识强度概念和知识深度概念混沌不清的问题。

1.2 研究内容与方法

1.2.1 研究思路与内容框架

本研究以逆向溢出知识结构作为理论根基,揭示企业对外直接投资驱动技术进步的内在机理,以及企业在面对自身知识需求变化和部分发达国家的"知识壁垒"时应该如何调整逆向溢出知识结构。通过回答"企业对外直接投资对技术进步的驱动机制为何?不同企业之间有何差异?""多维度和动态视角下企业对外直接投资驱动技术进步的结论是否站得住脚?"和"国内投资企业应该如何调整对外直接投资和知识策略以应对国际形势的变化和自身知识需求的变化?"三个问题完成对核心内容的探究,具体可按照"是什么""为什么""真的是这样吗""怎么办"和"应该这样做"的逻辑递推路线展开讨论,如图1-2所示。其核心研究框架如图1-3所示。

首先,书中阐述了中国正在经历从投资输入国向投资输出国转变的关键时期、全球保护主义强化与逆全球化背景下国内对外直接投资企业面临新挑战,以及国内企业对外直接投资势头良好但成功率不高等现实背景;同时,梳理了与现实背景

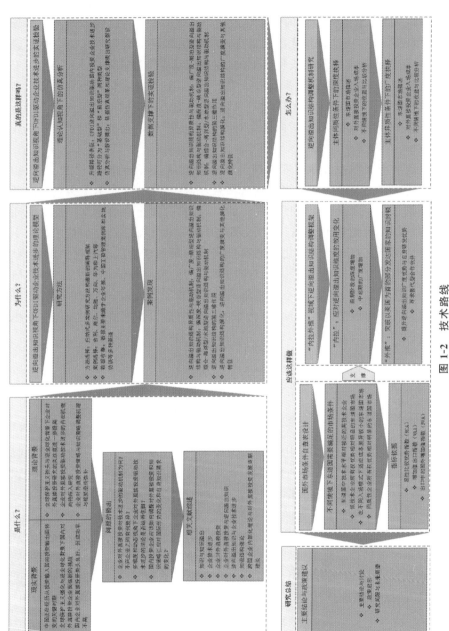

图 1-2　技术路线

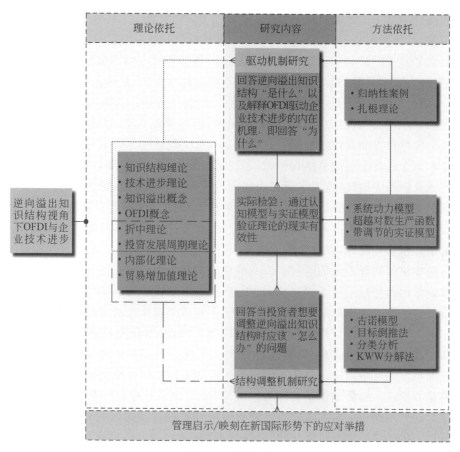

图 1-3　研究框架

和研究主题相对应的理论背景,借此提出亟待解决的核心问题。围绕研究主题与核心问题综述了"知识与知识溢出""企业技术进步""企业对外直接投资"和"知识结构理论"等 7 个方面的相关文献,寻找研究缺口并为接下来的理论和实证研究打下基础。

其次,依据吉利、海尔和均胜等 5 家民营企业以及上汽、北汽和海信等 5 家国有企业进行多案例归纳式研究,从定性的角度构建逆向溢出知识结构视角下企业对外直接投资驱动技术进步的理论框架,由此回答"为什么"的问题。同时,借助系统动力学模型与计量模型实证检验所得理论框架的有效性与合理性,及其是否与国内企业对外直接投资的现实情境形成有效的对话,从而回答"真的是这样吗"的问题。

再次,运用古诺双寡头模型在成本与收益的视角下探究逆向溢出知识结构内在调整机制,包括东道国市场中参与主体均为同质性条件下的深度抉择和参与主体异质性条件下的广度抉择,以此回答"怎么办"的问题。

最后,依据所得逆向溢出知识结构调整机理设计针对"国内投资企业应该如何调整对外直接投资和知识策略以应对国际形势的变化和自身知识需求的变化"问题的逆向溢出知识结构调整框架和国外市场条件自查表,具体说明"应该怎么做"。

针对以上逻辑路线,本书主要设计了7章加以论述:①绪论。该章的主要任务包括回顾现实与理论背景、引出研究问题、阐述研究意义、描述研究内容与方法以及研究重难点和创新之处等。②理论基础与文献综述。该章对本研究中的重要理论和概念进行全面的总结和梳理,在厘清相关文献成果发展脉络的基础上,找出当前研究体系中的缺口,为本研究构建理论模型和实证模型奠定基础。③逆向溢出知识视角下OFDI驱动企业技术进步的理论模型。该章主要解决"企业对外直接投资驱动技术进步的内在机理为何"的问题,通过知识结构理论进一步延伸出逆向溢出知识结构概念,以此为理论工具突破当前研究关于企业对外直接投资驱动技术进步机理解释不足的问题。该章的理论构架将为后续实证分析和建立逆向溢出知识结构调整框架打下研究基础。④逆向溢出知识视角下OFDI驱动企业技术进步的实证研究。该章的任务是实际检验企业对外直接投资对技术进步的促进机制和理论框架。为保证检验结果的准确性与有效性,本研究从理论认知与实践数据两个方面展开分析,为检验结果上"双保险",确保所得到的理论框架是合理有效的且能够与现实情境进行对话。⑤逆向溢出知识结构调整机制研究。该章的主要任务是分析逆向溢出知识结构的调整机理,借助知识不对称及企业异质性的古诺模型讨论不同模式下增加逆向溢出知识深度和广度的成本与收益,借此找到调整收益最大化的结构调整机理。⑥"内拉外推"视域下逆向溢出知识结构调整框架。在已获得的逆向溢出知识结构调整机理基础上,针对"国内投资企业应该如何调整对外直接投资策略和知识策略以应对国际形势的变化和自身知识需求的变化"设计具体的逆向溢出知识调整框架和基于调整框架的国外市场条件自查表。⑦主要结论与政策建议。该章的主要任务是对本研究的主要结论进行总结,讨论本研究与其他文献成果的不同之处以及取得的进展,从研究结论中萃取相应的政策启示,同时,提出本书可能存在的不足之处并展望相关领域的未来研究动向。

1.2.2 研究方法

本研究总体上遵循"文献梳理→案例分析(构建理论框架)→现实检验→调整机理分析→调整框架设计"的研究思路,主要采用了定性研究与定量研究相结合的研究方法。

① 案例分析部分采用多案例对比和扎根理论方法构建全书的理论根基。首先,通过实地调研、企业年报和各大门户网站新闻资料等收集研究数据;其次,对收

集的数据进行初步整理并通过小组讨论构建理论编码;再次,借助不同渠道的资料数据对所得理论框架给出例证和支撑;最后,在小组内通过头脑风暴补充和完善所得理论框架。

② 现实检验部分主要采用以仿真为基础的系统动力学模型和以面板数据为基础的计量模型。首先,借助 SD 仿真模型从认知的角度初步检验理论架构的合理性并提出理论假设;其次,借助调节模型与国内上市企业数据实证检验认知与假设,双重检验理论模型的现实有效性。实证过程中需要利用超越对数生产函数计算企业技术进步指数。

③ 调整机理部分运用古诺模型加以分析。首先,提出模型构建的假设条件,包括东道国的市场条件和不同入场模式下的成本;其次,构建投资者在不同入场模式下的收益函数,对异质性情境下的成本和收益展开分析;最后,依据所得结果阐述合理调整逆向溢出知识结构的内在机理。古诺模型通常被作为寡头理论分析的出发点,其简化了分析过程,并且可以通过放宽主体假设条件推广到一般情况。借助寡头市场假设有助于分析对外直接投资模式对企业最终收益的影响,这与本研究具有契合之处。

④ 调整框架设计部分主要采用归纳分析方法展开研究,借助前文中的逆向溢出知识调整机理,整合出具有针对性的逆向溢出知识结构调整框架。为了强化调整框架的实用价值,本书运用 KWW 贸易增加值分解法针对框架中的东道国市场条件设计了国外市场条件自查表。构建国外市场条件自查表最重要的价值在于给投资者提供国外市场部分显性与隐性特征数据,用这些特征数据结合逆向溢出知识结构调整框架中的东道国选择条件,可以帮助投资者筛选出投资目的地,减少试错成本与时间成本。

与以上研究方法相对应,本研究主要用到了 STATA、Origin、GeoGebra、Vensim 和 NVivo 等软件,分别在数据资料分析和图表绘制等方面发挥相应的作用。相关数据资料主要来源于企业官网年报、门户网站数据资料、访谈数据、中国工商管理案例数据库、国泰安数据和世界投入产出数据库(WIOD)数据等。

1.3 研究的重难点和创新之处

1.3.1 研究的重点与难点

本书的研究重点可概括为两句话,一是讲清楚企业对外直接投资到底是怎样驱动技术进步的,二是说明白到底应该怎样调整逆向溢出知识结构。由此延伸出"一个支撑性理论模型+两个实际验证模型+一个调整机理模型":①"支撑性理论模型"是整个研究的根基,其作用在于为讨论国内企业对外直接投资驱动自身技术进步的内在机理提供理论范式。构建该理论的关键在于从驱动技术进步的内核因素——逆向溢出知识出发,然后在逆向溢出知识的基础上进一步剖析对外直接投资驱动技术进步的根源。其难点在于找到一个与逆向知识溢出相契合的理论范式,该范式要能解构技术驱动作用的条理。②"实际验证模型"本质上是验证支撑性理论模型的现实有效性。通常情况下,我们会对被检验理论框架有一个初步的认知,这一认知是从理论中来的,并且可由此构建表征模型模拟可能的现实情境。以仿真模拟为代表的初检验可能与现实具有一定的偏差,这要求进一步借助现实数据佐证仿真结果的有效性。该部分的关键点在于设计"双重保险"以确保理论根基是准确有效的,而"双重保险"是指初步表征模拟和进一步的数据检验。③"调整机理模型"是整个研究的最终归宿,就是要解决国内企业面对以美国为代表的投资阻碍和自身知识偏好转变时到底应该怎么办的问题。该部分的关键在于找到一个合适的切入点,既能将不同调整策略作为备选项进行比较,又能在比较分析的基础上萃取相应的管理启示。当然,还需要寻找一种相适应的方法来强化调整机理模型的实用价值。

本书的研究难点包括:①找到能够解释企业对外直接投资驱动技术进步的理论范式。针对该难点,作者通过阅读大量文献资料,将不同的理论嵌入其中进行试错,确定最能解释企业对外直接投资驱动技术进步内在机理的方法论。②确保理论框架是对现实的准确反映。对理论合理性的检验方法通常包括回归分析法、系统仿真法和验证性案例法。本书中的理论框架来源于对现实案例的探索,因此在实际检验过程中为避免前后方法产生重叠性便不再采用验证性案例法,而是采用系统仿真法和回归分析法对所得理论机制的合理性进行检验。**为了将两种检验方法通过一定的逻辑关系串联起来而不显得过于分裂,本书将仿真分析结果结合一定的理论作为计量分析的假设,然后通过现实数据回归分析假设是否成立,以此克服"双重检验"过于分裂的难题。**③构建能够用来阐述逆向溢出知识结构调整机理的理论模型。对外直接投资企业到底应该如何调整逆向溢出知识结构,如何将相对笼统和概念化的调整思路清晰、准确且细致地描述出来,也是需要不断试错的过程。另外,在这一部分还应该厘清调整逆向溢出知识结构与收益最大化之间的逻辑关系,到底是先调整然后确保收益最大还是确保收益最大然后再调整。

1.3.2 研究的创新之处

本书围绕国内企业对外直接投资对技术进步的内在驱动机制为何以及国内企业如何调整投资策略和知识策略以应对国际形势的变化和自身知识需求的变化两个基本问题,在逆向溢出知识结构视角下构建企业对外直接投资驱动技术进步的理论机制,并在该理论框架下借助古诺模型详细讨论逆向溢出知识结构调整机理与框架。与以往研究相比,本书具有四个创新之处:①观察问题的新视角。已有研究讨论了逆向知识溢出与企业技术进步之间的关联性,而且多数成果支持了溢出有利的观点,但很少有文献相对全面地揭示其内在机理。本研究从知识结构的角度解释了逆向知识溢出为什么会驱动对外直接投资企业技术进步,并且通过中国上市企业数据检验了书中所提驱动机制的有效性。②概念、术语的新阐释。知识深度和知识强度的概念在历来的研究中始终未被严格界定,导致其在不同研究中混淆使用。本研究在动态视角下重新审视知识深度和知识强度的概念,认为在同时考虑知识交互频率、知识数量和专业化水平时,知识深度与知识强度之间的差异性被放大,这为后续研究提供了可以参考的界定依据。③理论观点的新突破。既有研究体系相对笼统地讨论了企业对外直接投资与技术进步之间的内在关联,研究结论多为静态分析。实际上,逆向溢出知识对企业技术进步的影响并不是一成不变的,在不同投资阶段逆向溢出知识的不同维度所发挥的作用有所差异。当前研究几乎没有关注这一点,本研究拟借助投资发展周期理论突破原有的静态研究范式,为企业对外直接投资与技术进步研究注入新的理论观点。④成果应用的新价值。针对国内投资者应该如何及时调整对外投资策略来应对知识需求变化和国际形势变化,与已有研究相比,本研究从微观视角更系统地描述了企业面对外来阻碍与自身知识需求变化时的应对举措,对国内企业投资实践和政策规制具有全新的应用价值。

1.4　本章小结

作为开篇章节,绪论部分着重阐述了本书的选题背景、研究问题、技术路线和研究方法等。首先,结合现实背景的实际需要和理论背景的短板,提出了三个核心问题:"企业对外直接投资对技术进步的驱动机制为何? 不同企业之间有何差异?""多维度和动态视角下企业对外直接投资驱动技术进步的结论是否站得住脚?""国内投资企业应该如何调整对外直接投资和知识策略以应对国际形势的变化和自身知识需求的变化?"。其次,针对三个问题设计相应的研究框架和技术路线,全书共分为7章,按照"是什么""为什么""真的是这样吗""怎么办"和"应该这样做"的逻辑递推路线展开讨论。再次,依据研究内容提出相应的研究方法与研究工具,其中案例分析部分采用多案例对比和扎根理论方法构建全书的理论根基、现实检验部分主要采用以仿真为基础的系统动力学模型和以面板数据为基础的计量模型、调整机理部分运用古诺模型加以分析、调整框架设计部分主要采用归纳分析方法展开研究。最后,鉴于本书的研究内容等阐述本研究的重难点和创新之处。

C第 2 章　　　理论基础与文献综述

2.1　知识与知识溢出

2.1.1　知识的定义与类型

知识本身就是一个不断完善、扩充的动态系统,想要了解知识的概念需要完成大量的前期工作(Sowa,1987)。早期关于知识的界定局限性较大,且带有浓厚的宗教色彩,直至进入工业发展时期,学者对于知识的研究才有了更加客观的认识。Hayek(1945)认为知识是一种客观存在,是人们认识世界的结果,它既包括文字、语言等描述性信息,还包括实践中获得的技能。Robinson(2005)的知识研究理论认为,知识是一种既有的陈述,但这种陈述能够被称之为知识需要具备三个条件:第一,这种陈述一定是经过实践验证的;第二,它能够应用到人们的日常生活中,也就是说,陈述必须是相对正确的;第三,知识必须被人们所信服。李白鹤(2006)从类型学的角度出发,对知识种类进行了划分,首次提出“默会知识”概念。她认为,隐喻与意会的表达方式在高度社会化背景下,逐渐凸显其独特的优势,在某些情况下,“默会知识”可以促成一笔交易或者成就一段友谊,甚至可以成为评判个人能力的标准。不难发现,知识在不同学科领域被赋予的含义有所差异,下面分别予以介绍。

哲学范畴下,知识被定义为一种来源于自然智慧与社会德行的“信念”。正如Audi(1999)提到的,知识的哲学解释并不一定体现其自身的社会属性,所有知识形式都涉及思想与现实的碰撞,是一种对现实的认知。知识往往不是主体某一行为的结果,而是主体综合行为的结果,或者是通过其他主体行为与合作环境达成的行为结果。主体拥有的知识依赖自身所在知识环境与合作环境中的其他知识宿主,因而不能以知识主体的某些独立属性将知识进行剥离,更不能控制组群客观属性。哲学范畴下的研究认为无论是好是坏,“知识论”已经渗透到整个人类社会中(Reid,2009;Anp et al.,2010)。

组织管理学范畴下,知识是经验、诀窍、专业技能、直觉的集合体,其作用是帮助组织理解信息,完成生产和运营目标(Brown & Duguid,2001;Sanchez & Mahoney,2015)。一般而言,组织知识被嵌入组织的惯例、流程、实践和标准中,而不仅被存放在文档和储备库中,其为组织数据处理和信息解释提供了背景依据,并借此提高组织管理效率与效益(Trkman & Desouza,2012)。同时,该范畴下的研究认为知识理论是组织资源观的拓展,主要依据有两点(Grant,1997):其一,知识是组织创造并维持经济租金的关键资源,特别是复杂、难以模仿的知识基可以帮助组织维持长期竞争优势;其二,组织中的个体是知识创造的基本单元,组织管理过程中需要协调这些知识生产单元,调动其知识创造与投入的积极性,完成或超额完成组织生产目标。

心理学范畴下,知识是指个体通过与环境相互作用后获得的信息,其对于描述、解释、预测、控制人类生活中较为基本的行为活动而言是必要的(Schmidt,1992)。另外,心理学范畴下的个体知识可被区分为陈述性知识与程序性知识,前者以客观事实为特征,表示"是什么"和"为什么",后者以技能为特征,表示"怎么做"(Naidenova,2010)。心理学研究人员建立了思维形式化理论和知识认知机制,借此解读人类思想是如何运作的(Shrout & Rodgers,2018)。心理学领域的知识概念与哲学领域的知识概念具有相似之处,二者都强调"认知"在知识生产中的重要性,这一特点与哲学和心理学之间存在交叉衍生关系密切相关。

科学学范畴下,学者多从创新角度界定知识概念,较新的研究成果将知识定义为带有社会属性且对协同创新产生影响的客观存在,并将其概括为创新技术知识与非创新技术知识。其中,创新技术知识包括研发技术、生产技术、物流技术等,非创新技术知识包括管理经验、人才资本、市场信息、客户数据等(Galunic & Rodan,2015;裘讯等,2021)。知识在创新活动中具有双向性,一方面,创新主体将知识作为生产投入品,用来生产具有竞争优势的商品、技术、服务等(张红娟和谭劲松,2014;郭文钰和杨建军,2020);另一方面,知识又是创新主体的研发产品,用来提升组织效率、效益、声誉等,以此维护组织竞争优势(侯建和陈恒,2017)。

市场营销学范畴下,知识被定义为企业战略的一部分(Rossiter,2001),主要包含4种形式:①营销概念,指一系列的营销术语,用来定义市场营销属性;②结构框架,本质上是串联形式或网络结构形式的概念集合体,用来帮助主体识别营销问题;③战略规则,采取"如果……就……"条件准则,用来说明在某种情况下应采取的最佳行动方针;④研发规则,采取"如果……用……"条件准则,用来给出问题的最佳研究办法。知识既不完全指代市场能力,也不特指营销技能、消费者行为等,市场信息下的知识是一种战略原则,而不被看作额外的形式化知识(Marian & Peter,1995)。

除此之外,还有其他范畴下的知识定义,考虑到与本研究议题所属领域有所差距,故而不再逐一列举。**知识模糊性、广泛性导致其在不同领域的含义会有所差异,本书认为,完全定义知识概念容易以偏概全,对知识最准确的定义一定是结合**

研究议题完成的，如上述不同范畴下的知识含义。当然，某些通联版块要在综合所跨学科特征之后描绘所研究的知识含义，如影视心理学中强调演员表演技艺一定要与观众的情感产生共振效应，其中涉及的知识既包含影视学中关于表演艺术的知识也包含大众心理学的知识（Busselle & Bilandzic，2009；Mauad，2011），因而在定义影视心理学中的知识时必须同时考虑不同学科的交叉属性。反观本研究，企业对外直接投资产生的逆向溢出知识对技术进步的作用涉及两个领域，即组织管理领域和科学学领域。兼顾两个学科领域的属性，**本书将知识定义为企业所掌握的市场信息、管理经验、生产技术和注册商标等，这些资源是企业实现自主创新和技术进步的关键，而且可以载于员工、产品和设备之中从而在市场中实现流通**。依据知识的可编码程度，可将其划分为显性知识和隐性知识两类（Smith，2001；Becerra et al.，2010；龚讯，2019）。

显性知识是指容易通过图像、数据和文字等表现形式在不同个体间实现转移的知识。市场中的多数溢出知识为显性知识，如市场需求信息、企业研发状况、组织间协作条款及大部分的应用技术等。显性知识的外部性、稳定性和整体性更强。其优势在于编码度较高，容易在组织间、员工之间以及员工与组织之间传递，在相对低成本的条件下可实现知识在联盟创新中的综合效益，同时，显性知识再创新频率相对隐性知识更高。其劣势在于，显性知识很难随时间或经验的积累而实现升华，自身所能发挥的价值小于同领域的隐性知识。

隐性知识是指可编码程度较小甚至不可编码的知识。编码方式通常有文字、语言、动作和视频等，而隐性知识往往只有少部分人员掌握，无法直接通过望、闻、问的方式获取，如生产过程中某些复杂作业的高效率完成技巧、非业务管理经验和应变性客户心理把控能力等。隐性知识相较显性知识具有较强的时间累积性、默会性等特点。隐性知识的优势在于，其应用价值含金量较高，同体量情况下，隐性知识所创造的知识效益远大于显性知识所创造的价值，且不容易发生知识泄露所造成的安全问题。但其缺点也较为明显；隐性程度越高的知识越不容易实现传递，很难实现其在联盟整体创新中应有的效用。

除显隐性之分以外，知识还可以依据权属关系划分为私有知识和公有知识（Beers，2008；石书玲，2008）。私有知识是被特定的企业所掌握而其他企业没有掌握的知识，通常是指核心层面的知识资源，如企业的技术和管理诀窍、被深度挖掘出的市场信息和客户动态数据等。考虑到私有知识的稀缺性，企业通过私有知识能够创造更多的收益和市场价值。与私有知识相比，公有知识并不被特定主体所控制，而是处于相对公开的状态被所有企业共享，如产品的市场价格、行业条例准则和公开的专利产权等。该类型的知识通常并不涉及核心和机密的内容，虽然其在企业技术进步过程中扮演了不可或缺的角色，但发挥的价值远不及私有知识。

依据知识主体的层级不同可将知识划分为个人知识和组织知识(陈洪澜，2007；周文泳等，2017)。个人知识不仅包括工作技巧、个人发明和专利等，还包括价值观和其他主观意识。在复杂的个人知识中有的是独自拥有且无法共享的知识，有的是需要与外界共享的知识。组织知识可分为组织管理知识、产权知识、市场知识和环境知识4类，而且组织知识始终围绕产品、客户、工序和市场地位等逐渐变化，即围绕组织生产经营和研发制造目标而改变。

个人知识是组织知识的基础，Nonaka(1994)在螺旋式知识创造理论中提到，组织中的知识是从个人层面到团队层面再到组织层面逐级筛选积累而成的，呈现螺旋式上升的规律。为确保企业中的知识能够产生向上汇聚的态势，各个层级之间要有必要的联系渠道，通常表现为个人与群体之间的正式和非正式沟通渠道。这些渠道为个人创造和分享自己的知识提供了便利，也为个人知识转变为企业知识提供了基础。

2.1.2　知识溢出的含义与辨析

为了避免研究过程中产生歧义，首先需要说明书中为什么采用知识溢出而不是知识转移的表述方法。Knowledge spillover 和 knowledge transfer 在国内文献中通常被翻译为"知识溢出"和"知识转移"，二者之间到底有什么区别，当下还没有较为统一的看法。此前，Fallah & Ibrahim(2004)在关于技术集群创新的研究中提到：溢出是无意识地将知识传播给其他主体，强调在每一次互动过程中都有可能产生知识传播，但知识主体如果与有预期的人或组织进行知识交互，则被称为"知识转移"，而在预期之外的知识传播被称为"知识溢出"。这是为数不多的明确界定二者之间差异的研究之一，也是被提及较多的观点之一。根据这一观点，知识溢出与知识转移之间似乎有明确的分界线，即主体进行知识传播是有意而为还是无意而为。当然，将两种知识传播范式用"意识"进行区划不失为一种可行的办法，但完全割裂"溢出"与"转移"这两种相近甚至有可能相生的概念略显不公。需要强调的是，这里的不妥并不是翻译失准或者语言文化差异造成的，而是根据相关研究所要表述"溢出"与"转移"的内在含义而言，这种对立式区分方式可以进一步调整为相对合乎逻辑的区分方式。

从语义上理解，"溢出"是指某一客观存在达到一定程度之后会超越某一空间或时间边界到达另一时空内部，自然界中较常见的溢出现象是指水杯里面的水溢到水杯外，但这里需要注意的是，水杯里面的水溢出到水杯外部并不一定是因为水杯过满而外溢，还有可能是受到外力作用而溢出到外边，因此溢出其实不仅包含"无意"，也包含"有意"的成分。而"转移"所表达的词义中更多包含主观意愿，这一点并没有因"转移"的主被动之分而发生变化。本书认为，转移其实可以看作一种有意识的溢出,二者之间是一种包含与被包含的逻辑关联。如图 2-1 所示,从隐性知识来看,知识转移可被描述为"师傅向徒弟传授技能"和"团队内部交流合作"等有意识的隐性知识传播活动;而知识溢出还包括"主体没有针对性地看到、阅读和听到消息"等无意识的隐性知识传播行为。从显性知识来看,知识转移同样是仅包括类似"图书和简报出版发行"和"正规培训"等有意识的显性知识传播活动,而知识溢出除了包括有意识的显性知识传播活动,还包括类似于"现场观察供应商新兴技术"和"逆向工程新产品"等无意识的显性知识传播行为。因而,知识溢出和知识转移之间体现了一种包含与被包含的关系。

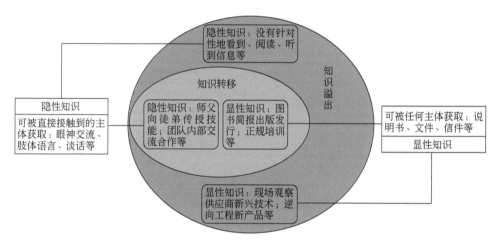

图 2-1   知识溢出与知识转移的逻辑关系

明确了书中为什么采用"知识溢出"进行表述后,接下来要讨论到底什么是知识溢出。有关知识溢出的研究至少可以追溯到 20 世纪 50 年代,以 Nelson 与 Arrow 为代表的学者就知识到底在多大程度上能被认作一种非竞争性固定资产展开激烈争论。一直以来,业界普遍将知识溢出描述为知识外部性特征。Arrow (1974) 研究表明,这种外部性体现在当某一机构投资于技术研发中心时,其他投资机构的创新效率同样会得到提升,无意识的技术模仿与研发者有意识地公开成果成为促进知识流动的主因。在此基础上,Grossman&Helpman(1991) 比较了组织间的知识溢出、知识共享和知识扩散,认为知识溢出相较知识共享和知识扩散更容易促进知识资源流动。Grossman&Helpman(1991) 以不同知识传播方式降低企业合作交通运输成本的程度对该论点进行了佐证。步入联盟协同时代,Breschi&Lissoni(2008)将知识溢出区分为产业园内部流动与内外交换两种形式,认为内外部知识流通速率加快可以缩短知识迭代周期。

　　基于前人的研究,本书对知识溢出作以下界定:①溢出的知识包含研发技术、管理经验和市场数据等多种形式;②知识溢出载体可以是组织员工,也可以是文件、产品和设备等;③知识溢出方式可分为人才流动式、研发合作式、贸易投资式和资本创业式;④知识溢出的目的是降低企业研发成本和提升创新效率。当前研究对知识溢出方式的认识基本达成一致,主要归结为人才流动、研发合作、创业交流和商品贸易4种形式(赵勇和白永秀,2009)。不同形式下的知识溢出参与主体是有差异的,具体表现在以下几个方面。

　　首先,基于人才流动的知识溢出是知识人才在不同的地域范围内与周围创新主体之间发生交流与互动的过程(周末等,2017)。企业中的知识人才包括研发工程人员、市场研究人员、预决算人员和人事管理人员等,他们的共同点是拥有较为关键的技艺或掌握关键的信息知识。其流动形式主要包括调动与流失两种。调动强调知识人才与组织联盟之间依旧存在契约关系,而流失是指知识人才不再属于原企业,其契约关系发生了转移(Yang & Steensma,2014)。

　　其次,研发合作下的知识溢出将高校、研发机构与企业研发部门之间的合作看作知识溢出的重要源泉(江瑶等,2020)。当然,合作研发机制并不局限于企业—企业、高校—企业以及研究院所—企业等一对一模式中,还存在于企业—(高校,研究院所)、(企业,高校)—(研究院所,企业)等一对多和多对多模式中。参与主体越多,知识流动越频繁,知识自身的繁杂性、嵌入性和丰富程度越高,知识流给予合作各方带来高收益的同时,产生知识溢出风险的可能性越高(李涛和李斌,2020;原毅军和高康,2020)。

　　再次,基于创业交流发生的知识溢出主要依托企业家与新建企业的成长和发展历程(郭文钰和杨建君,2020)。创业交流不同于人员流动及研发合作知识溢出机制,它更强调个人与企业间的知识溢出。成功的企业家凭借先验经验可以扶持新生组织健康发展,培育更多的社会资本(Zhao et al.,2011)。进一步,企业在原有管理理念和技术经验等知识基础上产生融合演化,丰富供应链条、产业集群和工业园区等生产和研发创新过程的知识体系(Percoco,2012)。

　　最后,商品作为知识的载体之一,商品贸易成为物化型知识外溢的一种重要传递途径(刘凤朝等,2015)。商品贸易机制下知识溢出多发生在与国外组织的交流合作中,尤其在高精尖装备进出口过程中,产品本身所展现及蕴含的工艺标准、运作原理和生产材料等知识容易被买家所获取。位于发展中国家或地区的企业和产业园区等,与外地企业达成合作伙伴关系,或搜集市场情报,很大程度上是为了获取自身所不具备的前沿知识资源(Zeng et al.,2010)。

2.2 企业对外直接投资

2.2.1 企业对外直接投资的内涵

企业对外直接投资是指本土企业为取得国外企业的决策权和控制权而将国内资金、技术和设备等输出到国外的投资行为（Vernon，1966），投资方式主要包括新建投资、跨国并购、股权和非股权参与3种类型，在此之上形成了子公司、合营企业、联营企业等组织关系类型。企业最终产生并完成对外直接投资活动受到主动和被动两类因素的影响。从主动角度来讲，Dunning（2000）把企业的对外直接投资动机归结为四类：其一是以寻求国际市场为导向的对外投资，旨在满足特定国外市场需求；其二是以寻求资源为导向的对外投资，借此获取矿产、农产品、非熟练劳动力等初始生产资料；其三是以生产合理化、提高生产和研发效率为目的的对外投资，该对外投资类型建立在垂直专业化的基础上，促进跨国企业之间更有效的分工合作；其四是以获取战略性资产为目的的对外投资，如通过海外并购募集国外人才、设备或分销网络等。与主动投资相对的是企业被迫走出去的原因（Blomstrom & Sjoholm，1999）：其一，由供应商、客户、竞争者等构成的创新网络受地域限制，很难直接复制到其他区域空间。研究人员、实验室和技术设备通常针对特定的社会网络，员工之间的交流、企业之间的互动相应容纳在该时空条件下。从某种程度上讲，知识存在空间有界性，为了获取海外市场中的溢出知识，对外直接投资企业需要设立实体组织并嵌入当地合作网络；其二，知识本身具有缄默性、复杂性和系统依赖性，对外直接投资企业必须置身包含复杂知识的创新网络中，才能更有效地获取境外流动知识。

随着发展中国家对外直接投资日益增加，关于发展中国家对外直接投资的研究成果和理论概念相继出现。其中较为典型的理论包括母国竞争优势理论、边际产业转移理论和技术寻求理论：① Porter（1990）在《国家竞争优势》（*The Competitive Advantage of Nations*）一书中提出了国家竞争优势理论。Porter 发现，母国在资源条件和政策制度等方面能够给当地的对外直接投资企业带来竞争优势，影响其对外直接投资决策。人力资本丰富、政策体系健全及配套设施完善的母国环境能够帮助本土企业在对外直接投资过程中战胜竞争对手，因此，这些国家的企业走出国门的动力更强劲。Porter 还在研究中指出，多元化竞争优势难以被其他国家或地区模仿，发展中国家鼓励本土企业对外直接投资就应该积极构建多元化国际竞争优势而非单一竞争优势。整体而言，母国竞争优势理论将母国资源优势看作当地企业对外直接投资的资源优势，串联了宏微观研究视角，开创了对外直接投资新思路。②Kojima(1978)指出母国出于快速发展本土落后行业的目的，具有转移劣势产业的需要，这与母国边际产业转移理论紧密相关。Kojima(1978)认为部分发展中国家可以通过转移当地比较劣势行业，提升生产要素的整体利用效率，进而加速经济发展。因此，发展中国家鼓励本土企业走出去应该首先关注比较成本已经处于劣势或即将丧失优势的行业中的企业，鼓励该类型企业流向具有行业比较优势的东道国市场。虽然母国边际产业转移理论解释了部分夕阳产业流向国外的原因，但无法解释具有比较优势的行业对外直接投资的原因。③从20世纪八九十年代开始，新兴国家对外直接投资的知识寻求动机愈发明显，在该背景下，Cantwall & Tolantion(1990)提出了技术寻求理论。该理论认为发展中国家在对外直接投资过程中通过不断学习东道国溢出知识来逐渐提升自身技术水平，而投资企业竞争优势提高后反过来又会促进其对外直接投资。基于技术寻求理论，Fosfuri & Motta(1999)等借助双寡头古诺模型解释后发企业的对外直接投资的原因。技术寻求理论弥补了边际产业转移理论的不足，且与新兴国家利用国际市场获取知识的现实情况高度相符，整体而言，该理论对于解释后发企业的对外直接投资行为有较强的解释作用。

2.2.2 跨国企业内部化理论与对外直接投资发展周期理论

Coase(1937)在描述企业交易成本时提到：市场不完全性提高了产品交易成本，迫使企业从事内部交易，此时可替代协调机制成为企业的最佳选择。该论点构成了内部化理论雏形。Rugman 等(1977)将 Coase(1937)的研究与跨国经营相结合，首次系统提出了跨国企业内部化理论：具有资源优势和创新能力的企业可以在世界范围内寻求收益最大化，但为了减少中间产品市场上高昂的交易成本，企业倾向于把组织以外的中间品生产活动纳入共同的所有权和控制范围，即外部市场内部化，当内部化跨越国界便产生了跨国企业。

跨国企业内部化理论可以用来解释逆向溢出知识的由来和特点(Buckley & Casson,2009)：企业要想实现跨越国界的内部化，对外直接投资就成为其必然选择，而对外直接投资又是实现逆向溢出知识的前提条件，这表明内部化与逆向溢出知识之间具有潜在关联性；此外，投资内部化通常包含运营内部化和知识内部化，而投资者要达成境外知识内部化目标需要依赖逆向溢出知识过程。因此，企业对外直接投资实现知识内部化催生了逆向溢出知识，而逆向溢出知识是知识内部化的依托条件。跨国企业实现内部化的对外直接投资模式有三种类型，即绿地投资（又称新建投资）、跨国并购和合资经营(Meyer et al.,2009)，投资者通过不同的对外直接投资方式对东道国的同质性企业或异质性企业进行投资，不同投资标的最终给投资者带来的内部化知识有所差异，依据实践规律来看，通常以高技术企业为目标的投资容易给投资者带来更加专业化的知识资源,而以异质性企业为目标的投资则倾向于给投资者带来其他领域的知识资源(Nocke & Yeaple,2007)。当然,不同投资模式和投资标的给投资者带来的产出和成本也会明显不同,投资者为实现知识结构调整目的及投资收益最大化,在既定产出水平下只有当投资成本或生产成本达到某些条件时才能选择相对合理的投资模式。本书借助内部化理论尝试解释在怎样的条件下选择以及选择怎样条件的东道国企业和直接投资模式才能在实现逆向溢出知识结构调整目的的前提下实现收益最大化,从而厘清逆向溢出知识结构调整思路。

折中理论认为企业通过对外直接投资参与国际生产的意愿取决于三种优势(Dunning,1981):一是所有权优势O,是指拥有竞争者或潜在竞争者并不具备的资源条件;二是内部化优势I,是指将外部资源转化为自身所拥有的内化能力;三是区位优势L,是指将自身掌握的资源与东道国本土资源一起利用到何种程度是有利可图的。Dunning(2001)在折中理论的基础上进一步延伸出投资发展周期理论:依据三种优势的此消彼长可将组织的对外直接投资过程划分为五个阶段,其中投资者的所有权优势和内部化优势从第一阶段到第五阶段逐渐增强,而区位优势却逐渐弱化。当前投资发展周期理论在微观层面的应用较为罕见,但企业层面对外直接投资优势并非一成不变的,意味着该过程同样具有阶段性。本书借鉴国家层面的对外投资发展周期理论,依据OLI优势变化将企业的对外直接投资过程划分为前期、中期和后期三个阶段,这是因为企业与国家相比,对外直接投资活动的表现形式和特征在本质上是一样的,甚至可以将国家对外投资看作许多企业对外投资活动的集合体;但企业对外直接投资相对于国家投资而言周期短且规模小,继续将其划分为五个阶段容易使每个阶段之间的边界过于模糊且难以描述。鉴于此,本书将投资发展周期理论嵌入企业对外直接投资过程,并将五阶段简化为三阶段(见表2-1),在此基础上尝试解释对外投资企业的投资倾向在整个过程中发生了怎样的改变,这又将如何影响逆向溢出知识结构。

表 2-1　企业对外直接投资发展周期

优 势 类 型	囊 括 内 容	前期	中期	后期
所有权优势(O)	• 技术优势 • 管理优势 • 金融与货币优势等	弱	中	强
内部化优势(I)	• 知识学习能力	弱	中	强
区位优势(L)	• 东道国市场规模 • 东道国劳动力成本 • 东道国政策等	中	强	弱

2.3 企业技术进步

18世纪中叶发端的古典经济增长理论的重点放在劳动分工、资本积累、收入分配以及人口增长与经济发展的关系上,认为经济增长终将停滞于一种循环状态。20世纪初,Schumpeter(1942)的创新增长理论对古典经济增长理论中的静态论点提出了挑战,他认为经济增长有两种模式:一类是古典经济学派所提到的以循环为代表的静态模式;另一类则是以发展为代表的动态模式,而实现经济动态发展的根本在于技术创新,由技术创新带来的技术变化推动经济不断向前发展。自此,技术进步理论开始逐渐流行并成为西方经济学的重要分支。Aghion & Howitt (1992)曾提及技术进步的两种释义:狭义上讲,技术进步是指劳动工具、劳动对象、工艺流程和劳动者知识的改进、更新和发展;广义上讲,技术进步是指技术所涵盖的各种形式知识的积累与改进。**本书将企业技术进步定义为企业凭借自身掌握的知识资源突破当前生产和研发状态的过程。这表示在既定技术水平下,企业投入量会对应一个最大产出边界,而技术进步意味着企业突破现存边界,达到更高的生产效率水平。**与技术创新相比,技术进步对企业发展更具实质性作用,这是因为企业实现技术创新并不一定能帮助企业提高生产效率和产品质量,创新强调的是从无到有的过程,一项技术创新能够创造多少社会效益还需要后续的实践检验。而进步则强调从有到优的过程,企业实现技术进步意味着其掌握了更有效的生产技术和管理经验,可以在国际竞争中取得更大的竞争优势。

20世纪五六十年代,包括Solow(1956)在内的一些经济学家运用生产函数具体估算资金要素和劳动要素投入对经济增长的贡献。学者们发现,核算结果与当时产出的实际增长率之间存在一定的差距,这表明企业实际产出增长率中存在无法用劳动和资金要素解释的部分,当时学者们将其称为"余值"或"无知量"(Metzler,1951;Solow,1956;Marris,1963;)。许多学者尝试用技术进步对这一"无知量"进行解释,其中Solow(1956)提出的技术进步模型相对具有代表性。Solow在Harold(1932)中性技术进步的基础上,把技术进步因素引入生产函数,并将函数改写为$Q_t = A_t \cdot F(K_t, L_t)$,其中,$A_t$表示技术进步因素,$K_t$和$L_t$则分别表示投入的资本和劳动力。由此可进一步推导出:

$$\frac{\mathrm{d}Q_t}{Q_t} = a + \alpha \frac{\mathrm{d}K_t}{K_t} + \beta \frac{\mathrm{d}L_t}{L_t} \tag{2-1}$$

式(2-1)中,α和β分别表示资本和劳动的产出弹性,可见,产出增长率可分解为资本与劳动要素增长率的加权平均和再加上技术进步率a。式中的技术进步率a填补了之前研究中无法解释的"余值",因而通常也被称为"余值"模型。此后,

Solow(1957)又在式(2-1)的基础上增加了规模收益不变的假设,即 $\alpha+\beta=1$,同时记资本与劳动的要素比 $k=\dfrac{K}{L}$,劳动生产率为 $\dfrac{Q}{L}$。Solow(1957)认为要素比 k 是可变的,且资本与劳动是可以相互替代的,在此基础上给出了劳动生产率增长方程:

$$\frac{\dot q}{q}=\frac{\dot A}{A}+\alpha\,\frac{\dot k}{k} \tag{2-2}$$

式(2-2)表明劳动生产率增长是由人均资产占有量和技术进步带来的。Solow(1957)运用该模型对 1909—1949 年美国劳动生产率的变化进行了实证,结果表明人均资本占有量对劳动生产率增长仅贡献了 12.5%,另外的 87.5% 则归功于技术进步,因此该研究认为技术进步才是决定劳动生产率提升的关键。当然,Solow(1957)"余值"模型存在一定的局限性,包括引入投资函数的模型不再具有稳定性和资本投入的同质性且易变的假设等。针对这些问题,Denison(1962)等进一步延伸了技术进步理论。

Denison(1962)通过统计分析 1929—1957 年美国经济增长情况,提出了自己的增长因素分析方法。其与 Solow(1957)技术进步模型的不同之处包括:①Denison(1962)扩大了投入要素的范围,研究了某些特殊投入与产出的关系,进一步分解了"余值"部分;②Denison(1962)将资本和劳动按不同功能和形式做了细化分类,如分别估算了不同形式的资本以及劳动力年龄结构和性别结构对增长率的影响;③Denison(1962)放松了规模报酬不变的假设,认同不同类型劳动之间以及不同的投入资本之间具有可替代性,尤其认同人力资本投入的重要性。Denison(1962)运用因素增长分析方法对美国 20 世纪 60 年代经济增长下滑的原因进行了分析,认为知识专业化与领先水平下降是导致经济下滑的主要原因,占据了 73% 的比例;其次是资源错配,该原因占据了 12.8% 的比例;再有 12.2% 的原因归咎于劳动力受教育程度下降。而这三项指标正是衡量技术进步程度的重要指标,因此 Denison(1962)在研究中指出技术进步下降是导致美国 20 世纪 60 年代经济滑坡的根本原因。

传统的微观经济学构建了生产、成本和利润模型来分析经济行为,同时假设最优投入会取得最大产出,并在成本最小化的一阶条件下分配投入。通常情况下,Solow、Denison 及 Cobb 等学者在实证过程中会采用最小二乘法进行参数估计,并且假定统计噪声是参数估计结果失真的唯一原因。但后来大量的证据和经验表明,多数生产者无法在一定技术水平下以最少的投入来获取最大的产出,这意味着存在技术无效率的情况,需要重新审视传统生产函数和利润率的边界偏差,边界分析理论应运而生。

生产边界定义为：在一定技术条件下不同输出的最小输入或者不同输入的最大输出边界，边界上的生产技术是有效的。在边界分析中，环境因素是随机的且不断变化的，因此生产、成本、收入和利润率的边界分析也是随机的，此时待估模型的误差不再是均值为 0 的对称分布，而是随机误差和单边误差的组合。鉴于此，越来越多的研究采用随机前沿模型计算企业的绩效与技术进步，其中两个最常用的函数是 C-D 生产函数和 Trans-log 生产函数(Solow，1955；Bliss，1970；Garegnani，1976)。C-D 生产函数具有更严格的假设条件，例如，假定技术进步是 Hicks 中性技术进步以及生产者均衡和规模报酬不变等；与 C-D 生产函数相比，Trans-log 生产函数更易于估计且具有更好的包容性，借助该表达式可以估计中立的技术进步和有偏的技术进步。另外，对数生产函数最大的优势在于可以用来研究不同因素之间的作用效果，以及每个因素所体现的技术进步差异和技术进步的时间演变规律。在生产边界理论的基础上，Battese & Coelli(1995)、Xu & Xiao(2005)和Zhang & Cao(2013)等使用技术有效性的时变假设和随机效应模型分解出了技术进步效应，表达式如下：

$$Y_{it} = f(X_{it}, T) \cdot \exp(-U_{it}) \tag{2-3}$$

式(2-3)中，Y_{it} 表示公司 i 在 t 年的实际投入，X_{it} 表示公司 i 在 t 年各要素的投入向量，$f(\cdots)$ 表示最大生产边界，T 是为估计技术进步而设置的时间趋势变量，U_{it} 表示技术非效率项测量。其中，$U_{it} = u_i \exp[-\eta(t-T)]$，$t \in \tau(i)$；$i = 1, 2, 3, \cdots, N$，假设 u_i 为独立且均匀分布的非负截断项，η 为未知的标量参数，$\tau(i)$ 表示获取 i 公司观测数据的时段集合(Battese & Coelli，1992)。进一步根据增长核算方程，全要素生产率的变化可继续区分为前沿技术进步、相对前沿技术效率、资源分配效率和规模经济四个部分。当前对于企业技术进步或者行业技术进步的研究多借助超越对数生产函数展开。

2.4　企业对外直接投资与技术进步

2.4.1　企业对外直接投资与逆向溢出知识

受知识的空间有界性(Lam，1997)、缄默性(Galunic & Rodan，1998)和复杂性(Kim & King，2004)等制约，境外知识很难直接溢出到其他经济体中并被海外企业所接触学习。但考虑到当地知识容易在当地市场中交互流通，对外直接投资企业可以选择并购、新建投资等方式嵌入海外市场网络，与当地高校、咨询公司和研发机构等构建"面对面"式合作关系，借此租赁、收购或者模仿当地知识并反馈给国内投资企业(Chen et al.，2012)。逆向知识溢出是指本国企业通过海外并购、联合经营、设立分公司等方式将生产要素投放于国外市场并获得当地知识要素的过程，其逆向特性表现为本土投资企业借助技术转移、研发资本嫁接、研发人才流动和研发成果共享等反馈机制来获得海外关联企业溢出知识（胡浩等，2020）。逆向溢出知识过程一般分为两个阶段（贾妮莎等，2020）：第一阶段是国外关联企业融合投资所在地的市场环境，并通过与当地企业、研发组织等建立合作关系来获取技术、标准及管理经验；第二阶段则是海外关联企业通过内部沟通将捕获知识转移给本土投资企业，本土企业在吸收并利用转移知识之后最终实现逆向知识溢出。

虽然部分研究成果并不完全支持企业对外直接投资具有逆向知识溢出效应，例如，Bitzer & Kerekes（2008）认为对外直接投资是逆向知识溢出效应的必要条件而不是充分条件，产生逆向知识溢出还受到投资企业接收能力和外生政策的影响；陈昊和吴雯（2016）在研究中提到部分国家的对外直接投资以获取市场份额和初级生产资料为目的，因而以研发技术和管理经验为代表的逆向知识溢出并不十分明显。但这些论点反而间接说明了知识主体和外界环境在满足一定条件时逆向溢出知识是客观存在的。整体而言，知识差距、知识外部性和开放合作共同作用下，企业尤其是新兴市场中的企业开展对外直接投资更倾向于寻找战略资源而不是开发战略资源（Bhaumik et al.，2016），这意味着对外直接投资企业可能会积极投资于知识资源丰富的地区而非其他地区。与之相近的观点认为企业通过对外直接投资实现离岸研发、生产、销售和服务，借此深化销售网络并改善市场信息获取渠道（Chen & Ku，2000）。上述论点说明企业对外直接投资帮助自身获取境外知识，丰富完善组织知识储备水平和前沿程度。此外，Chen et al.（2020）和胡峰等（2020）的研究也证实了逆向溢出知识的客观存在性及其与企业对外直接投资之间的内在关联。

体现在中国情境下的对外直接投资与逆向溢出知识相关研究日益多样化，但受到研究数据的限制，多数研究集中于宏观层面，所得结论主要分为正反两派：反对派（王英和刘思峰，2008；邹玉娟和陈漓高，2008；欧阳艳艳等，2020；周伟和江宏飞，2020）认为我国对外直接投资并没有产生有效的逆向溢出知识。持有该观点的学者认为国内企业对外直接投资对本土企业研发投入产生了"挤出效应"，即对外直接投资在一定程度上削减了国内自主研发投资，降低了本土知识流动性及企业研发效率，从而间接地抑制了逆向溢出知识。另外，这类观点还认为当前国内对外直接投资者的技术传递能力和知识吸收能力不足，这也是对外直接投资没有形成明显逆向溢出知识的原因之一。赞成派（吴冰等，2016；彭华涛和吴莹，2017；韩先锋，2019；朱敏等，2019）认为我国企业对外直接投资形成了明显的逆向知识溢出效应，来自东道国的知识资源通过技术转移、研发资本嫁接、研发人才流动和研发成果共享等反馈机制溢出到我国的对外直接投资企业。

无论是国际层面的研究还是国内层面的研究,均产生了两种不同的观点。一种观点认为企业对外直接投资产生了明显的逆向知识溢出,另一种观点则认为企业对外直接投资并没有产生有效的逆向知识溢出。知识经济背景下,学者们愈发倾向于从技术、管理经验和市场战略等知识资源的视角解释企业对外直接投资的缘由:一方面,通过技术寻求因素来解释对外直接投资的研究逻辑来源于学者们对大量企业对外直接投资活动的经验总结;另一方面,企业对外直接投资产生逆向溢出知识而且这些知识资源逐渐成为促使企业"走出去"的关键的观点已在政、商、学各界得到广泛认可。受制于研究案例、方法或者本数据的局限性,部分研究并不支持企业对外直接投资会产生有效的逆向知识溢出这一结论。然而纵观各国历年来对外直接投资结果可见,海内外关联企业之间确实存在知识资源交互现象,可能在少部分投资活动中知识溢出现象不十分明显,但从整体看,母国市场上显现类似于东道国市场上的技术和专利等,以及具有合作关系的国家之间在技术更迭方面存在相似性等(Priit,2011;Kedia et al.,2012;Ali et al.,2015),这些事实都有悖于"没有形成有效的逆向知识溢出"这一结论。没有产生逆向溢出知识的结论大概率是在一定研究前提或者就某些特定研究对象而得出的结论,可以说该结论对企业对外直接投资与逆向溢出知识相关研究而言是构成部分,而不是主体观点。

2.4.2　逆向溢出知识与投资企业技术进步

　　企业所掌握的知识资源是技术进步的源泉(Hans & Almas,2001;Stephen & Nola,2015),因而相关文献在探究企业对外直接投资对技术进步的影响时,多从逆向溢出知识的角度展开讨论。诚然,对于逆向溢出知识对企业技术进步的影响尚无定论,但大多数研究认为从长远来看,逆向溢出知识给投资者和母国带来的积极影响大于消极影响(Konings,2001;Braconier et al.,2001)。

　　乐观派认为逆向溢出知识有益于投资企业的技术进步,原因可归结为两个方面:一方面,逆向溢出知识有利于完善投资企业知识基,培育企业的创新思维与研发技术,进而对企业技术进步产生直接的促进效应;另一方面,逆向溢出知识还对企业技术进步具有间接的促进效应,表现为对外直接投资企业通常需要增加定向研发投入以便吸收来自海外关联企业的溢出知识,然后将接收的知识与企业自身储备的知识相结合进行创新,借此增强自身的创新能力。这也是在具有大量研发资源和知识密集型市场中建立海外关联组织容易让对外投资企业受益匪浅的原因。Bertoni et al.(2008)根据"金砖国家"在西欧、北美和日本完成的417项收购案例发现,新兴市场企业以国际扩张作为"跳板"来获取海外知识,弥补自身的知识短板和竞争劣势;Zamborský & Jacobs(2016)使用2001—2007年8个OECD经济体的微观数据证明对外直接投资企业的研发效率、技术进步与国外关联企业的全要素生产率正相关;另外,企业对外直接投资有助于获取国外知识资源,但要将其内化为自身所能掌控的创新资源还需要投资企业提升"自身修养"(Aitken & Harrison,1999)。

保守派认为逆向溢出知识对投资企业技术进步存在负面影响,原因同样可归结为两个:其一,组织间知识差异和差距限制了对外投资企业吸收利用逆向溢出知识,完成知识嫁接还需要投资企业增加与逆向溢出知识相对接的研发投资,而这又会对自主研发投资产生挤出效应,降低企业的自主研发能力(Bitzer & Gorg,2009);其二,自主创新风险高且成果转化相对困难,逆向溢出知识有助于降低甚至避免研发风险,然而这也易使直接投资企业产生知识依赖,减弱企业的创新积极性与研发动力(李晓丹等,2018)。考虑到这些因素,Zamborský & Jacobs(2016)认为现在断定逆向溢出知识对投资企业具有技术促进效应还为时尚早。

我国企业对外直接投资产生的逆向溢出知识对技术进步有何影响?从研究结论来看,大致可分为两类。其一,逆向溢出知识能够带动企业完成技术进步。赵伟等(2006)基于20年的微观面板数据实证了逆向溢出知识对技术进步的影响,结果表明逆向溢出知识有助于促进国内投资者的技术进步,尤其是当国内企业投资技术相对领先的国家时,这种技术进步促进效应更为明显;李梅和柳士昌(2012)借助2003—2009年中国省际面板数据对逆向溢出知识与国内企业整体技术进步之间的关系进行了检验,结果同样支持"溢出有益"的观点。其二,逆向溢出知识并不一定促进技术进步。这些研究主要考虑了投资者的知识吸收能力及技术依赖等因素。例如,邹玉娟和陈漓高(2008)对逆向溢出知识与企业全要素生产率之间的关联展开探讨,发现虽然国内投资者技术进步与逆向溢出知识之间存在一定的同步关系,但考虑到2000年前后国内对外直接投资规模较小,其产生的逆向溢出知识对企业技术进步的贡献度有限,而且考虑到在我国对外直接投资的前期阶段,国内企业的知识吸收能力相对薄弱,对逆向溢出知识的把握也较为有限。陈学光和俞荣建(2014)认为,逆向溢出知识对企业技术进步具有直接促进作用,但是考虑到对外直接投资对本土研发投资的挤出效应,而且国内企业长期依赖逆向溢出知识容易降低自身研发积极性,这其实间接降低了逆向溢出知识对企业技术进步的促进效应。

国内外有关逆向溢出知识与企业技术进步的研究虽然得出了不同的结论,但"溢出有益"的观点占据了多数,而且无论从短期还是长期来看,对外直接投资企业的现实情况也基本验证了积极的观点,因此有理由相信逆向溢出知识的正向积极效应相较负面效应而言更明显。当然,这不能否认反向结论对理论架构和企业实践做出的贡献,反而在对外投资企业盲目依赖逆向溢出知识时,这些研究成果能够提醒对外直接投资企业应怎样伸缩有度。

2.5　知识结构理论与逆向溢出知识结构

逆向溢出知识研究日益丰富完善,多数成果表现出明显的横向差异(不同的"影响与被影响因素"),但并没有更细致地讨论对逆向溢出知识这一核心研究对象,其主要原因可归咎于当前研究体系尚未引入一种相契合的理论范式。认知心理学家 Anderson(1984)指出:知识本质上是一种纵横交错的认知结构,挖掘主体知识结构有助于发现主体间的知识差异并加深对主体活动规律与作用结果的认识。逆向溢出知识是指特定情境下的流动知识,并未脱离知识的本质,假设把主体知识结构拟作为一种节点知识结构,则逆向溢出知识结构就可以被看作知识由节点到节点的过程中所囊括知识的结构特征,这意味着深入考究逆向溢出知识对投资企业技术进步的作用机理在理论上可以借助知识结构理论加以解释。

知识结构理论(Knowledge Structure Theory)最早发源于教育学领域,被用作研究受教主体认知与思维差异的理论工具,其核心要义可描述为"学生所掌握的知识范围和深度有所差异,这造就了不同个体之间拥有不同知识结构和学习能力"(Pearsall et al.,1997)。随着知识经济的发展,技术、信息和人才等知识型资源在组织发展中的地位愈发重要,企业等也愈发意识到抢占知识高地、合理配置知识资源以及适时调控知识结构才能走在"智能工业革命"的前沿(Antony et al.,2017),在此背景下,知识结构理论逐渐从"校内"引入"校外"。延续教育学领域对知识结构理论的认知,组织知识结构理论同样从知识广度和深度两个角度出发:组织知识广度是指主体所掌握知识的多元化程度,其强调跨领域知识的重组和灵活应用,如假定有 a、b、c 三家企业,其中企业 a 拥有医疗领域和家电领域的知识,而企业 b和企业 c除了拥有医疗和家电领域知识之外还拥有汽车、通信等领域的知识,由此可见知识广度表示组织知识横向结构;组织知识深度反映了主体知识的专业化水平和复杂程度,其决定了组织知识领先水平,如图 2-2 中企业 a掌握的行业知识为初级知识,而企业 b和企业 c则分别拥有中级和高级知识,这表示由企业 a到企业c的知识深度依次递增,意味着组织知识的专业化水平和复杂度依次增加。本研究借助知识结构理论进一步解释逆向溢出知识,并在动态视角下延伸出强度结构(在知识被接收程度中扮演了关键角色,见图 2-3 中的逆向溢出知识强度)。那么什么是逆向溢出知识广度、深度和强度呢?

2.5.1　逆向溢出知识广度

定义 OFDI 逆向溢出知识广度可借鉴知识广度的概念。Bierly & Chakrabarti(1996)认为知识广度(knowledge breadth)是知识多样性的体现,表现为主体涉及

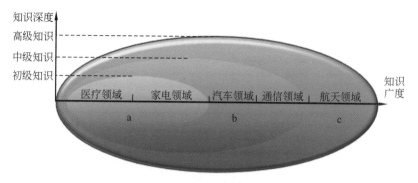

图 2-2   知识广度和深度

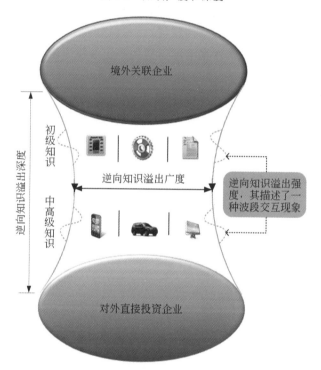

图 2-3   逆向溢出知识广度、深度和强度

的行业知识非唯一性、同行业内部生产知识非唯一性等,具体是指主体知识所涵盖的行业领域范围。凭借差异化知识资源,组织可以采用各种方式整合异质性知识、提升技术,换言之,知识广度增加了知识结构的灵活性,令组织能够对接不同领域的知识源,减轻对当前知识网络的依赖程度并增加面对突发事件的应变能力。在Bierly & Chakrabarti 研究的基础上,Ferreras-Méndez 等(2015)将知识广度与知识搜索相结合,从动态视角探究了外部知识搜索广度的内涵及其与企业创新绩效之间的内在关联,认为知识搜索广度表示组织外部知识搜索范围和搜索渠道数量,知识搜索广度能够丰富企业知识库,帮助企业了解市场信息和技术发展现状,这有助于企业及时调整组织战略、更新知识基,并借此提高企业绩效。

与知识广度相比,OFDI逆向溢出知识广度本质上也是知识多样性的体现,但后者在知识广度基础上限定了两个条件:一是知识特指海外关联企业的反馈知识;二是包含"溢出"的动态特性,是指知识从发出者传播到接收者的过程中所涵盖的知识种类,这与知识搜索广度相类似。鉴于此,本书中将OFDI逆向溢出知识广度定义为国外关联企业反馈到国内企业的知识资源横向结构,如溢出知识涉及的行业数、技术范围、产品种类等,**与组织知识广度相比,逆向溢出知识广度是动态溢出过程中所包含知识的横向结构,而组织知识广度表现为静态节点掌握知识的横向结构**。由此可见,OFDI逆向溢出知识广度能够反映国内企业对外投资领域的数量、类别及布局情况。

2.5.2 逆向溢出知识深度

OFDI逆向溢出知识深度与知识深度概念紧密关联,那么什么是知识深度呢?Mannucci & Yong(2018)认为知识深度(knowledge depth)是指主体对特定领域的认知程度,相比知识广度,知识深度体现出组织知识的纵向结构,增加知识深度并不能拓展组织知识领域,但能够垂直延伸更专业化的领域知识并提升组织知识复杂性。又如,Lin & Wu(2010)指出:大型企业往往将知识视为稀缺性战略资源,而且储备知识深度令其他组织难以有效获得和模仿,当市场中尚未出现等效替代品时,知识储备深度成为企业可持续竞争优势的关键条件。动态视角下,Ferreras-Méndez等(2015)将知识深度嵌入知识搜索中,认为知识搜索深度是企业获取外部知识的复杂度和过程复杂度,企业借助知识搜索深度能够接触到前沿技术、管理理念、市场动态等,这对于构建和维护企业竞争力至关重要。

知识深度与OFDI逆向溢出知识深度的相同之处在于二者均反映了知识纵向结构,但后者同时强调了知识外部性。本书将OFDI逆向溢出知识深度定义为国外关联企业向国内投资企业所反馈知识的专业化程度。国内企业所得知识的专业化水平越高表示反馈技术、产品、设备的复杂度和前沿度越明显。**与组织知识深度相比,逆向溢出知识深度是动态溢出过程中所包含知识的纵向结构,其会受到溢出过程复杂程度的影响,而组织知识广度表现为静态节点掌握知识的纵向结构**。需要说明的是,考虑到OFDI逆向溢出知识主体之间一般为"重要(非)全资子公司"和"重要合营/联营公司"关系,默认知识溢出渠道深度为深层关系型,因而定义中不再出现过程复杂理念,仅包含溢出知识的专业化和复杂度。

2.5.3　逆向溢出知识强度

既有文献并未明确区分知识强度(knowledge intensity)和知识深度,甚至在部分研究中知识强度和知识深度交叉出现,被混为一谈。本书认为从动态视角下观察知识强度和深度会发现二者具有本质上的差异,即知识强度的"数量、频率"含义明显有别于知识深度的"复杂、专业"含义。正如 De Meulenaere 等(2019)提到的:知识强度是企业生产所需的知识资源数量,高知识强度意味着企业从事更多的智力工作,需要匹配相当的技能型和经验型劳动力资源。此外,知识互动关系通常被视为"广度+深度"的二元关系,却忽略了主体之间的知识互动强度或者频率。Sasidharan(2019)认为,企业知识获取程度取决于知识交互强度或频率,即专业领域知识及其流动强度会共同影响企业生产和创新绩效,有必要将强度纳入知识互动体系的考虑之中。

OFDI 逆向溢出知识强度本身也是知识互动强度类型之一,贴合知识强度和知识互动强度概念,定义 OFDI 逆向溢出知识强度为国外关联企业反馈到国内企业的知识数量与频率,如产品流通数量、技术转移数量、员工对接频率等。高逆向溢出知识强度代表关联企业之间知识流通数量和次数越多,国内投资企业也就越有可能接收、模仿不同类型的知识资源及更为复杂的前沿知识。另外,与 OFDI 逆向溢出知识广度相比,逆向溢出知识强度所描述的"数量"是指关联企业之间产品、技术、人员等的流通数量,与逆向溢出知识广度所特指的知识类型"数量"有所不同。

从定义来看,OFDI 逆向溢出知识广度的横向特征与溢出深度的纵向特征互补性较为明显,二者共同描述了国外关联企业反馈知识结构与性质。与此相比,OFDI 逆向溢出知识强度更多强调了反馈知识的数量和反馈频率,并未涉及逆向溢出知识的本质特征。但是,考虑到知识图腾、知识差距的存在,国内投资企业要想尽可能将国外知识实现本土化,就离不开大量的溢出知识以及组织间频繁的知识交互,即需要依赖逆向溢出知识强度。也就是说,逆向溢出知识最终会对投资企业产生怎样的影响,还受到知识溢出强度的调节作用。因此,本书将 OFDI 逆向溢出知识强度作为广度、深度的调节变量,表示逆向溢出知识广度和深度对企业技术进步的影响受到企业之间知识交流频率、数量的调节作用。

2.6　文献评论

企业技术进步一直是经济增长和可持续发展的重要话题,已有文献成果对企业技术进步的来源以及技术进步对企业收益增长的作用机制开展了多样化的研究。针对技术进步来源这一问题,相关研究认为主要包括内生技术创新和外生技术创新两条路径,其中外生技术创新的研究焦点主要集中在外部溢出知识方面。近年来,学者们讨论了企业对外直接投资的动机、区位选择以及投资者技术进步效应等问题。在企业对外直接投资的技术进步效应方面,现有成果主要从企业的技术寻求动机和由此产生的逆向溢出知识视角展开讨论。然而这些研究成果并未形成统一的结论,对外直接投资驱动企业技术进步的理论框架也尚未建立。

内生技术进步理论认为企业技术进步主要依赖组织自身的知识积累,对外直接投资也是通过该路径提高企业技术进步的。"干中学"理论提到:员工会在实践中不断积累知识,而企业的生产实践主要取决于投资。对外直接投资通过逆向溢出知识能够直接带动生产部门基础性知识和专业化知识的增加,从而进一步提升企业技术创新的稳定性及技术前沿程度。遗憾的是,现有对外直接投资驱动企业技术进步的研究大多停留在是否存在溢出知识以及实证检验阶段,相对笼统地讨论逆向溢出知识在企业技术进步等方面发挥的作用,并没有系统性地论证和剖析内在驱动机制。虽然所得结论有益于弥补理论空缺并提出有利于企业改进对外投资策略以及取得技术优势的举措,但不能否认,一概而论的做法并不利于研究成果的具体应用,有些时候甚至可能产生适得其反的效果。最重要的是国内企业面对"以美国为首的部分发达国家的'逆全球化'思潮与国内投资企业寻求境外前沿知识和专业化知识的矛盾"和"国内企业对外直接投资目标转变与东道国市场不透明的矛盾"时应该怎么办呢?几乎没有文献给出正面回答。

针对当前研究的缺口,本书认为可以从三个方面进行拓展:其一,将知识结构理论引入企业对外直接投资研究中,从逆向溢出知识结构出发,深入剖析企业对外直接投资对技术进步的驱动机理,依据企业投资内部化理论和对外投资发展周期理论构建逆向溢出知识结构理论框架,补充理论模型研究不足的现状。其二,从逆向溢出知识结构不同维度视角验证企业对外直接投资与技术进步的内在关联,进一步深化以往的实证研究。以往的研究在实证企业对外直接投资与技术进步方面仅采用以数据为基础的计量方法,而忽视了建立在理论认知基础上的仿真检验。考虑到数据在来源、样本容量及缺失值方面的局限性,单凭数据的实证结果并不能完全保证理论模型有效。本书为保证实证结果的准确性,构建以认知为基础的仿真模型和以企业数据为基础的计量模型为检验结果上"双保险"。其三,将企业对外直接投资驱动技术进步的理论模型与对外直接投资企业的投资策略与知识策略相结合,借助古诺模型推演对外直接投资企业逆向溢出知识结构调整机理。以此为基础,针对"以美国为首的发达国家'逆全球化'思潮与国内投资企业寻求境外前沿知识和专业化知识的矛盾"和"国内企业对外直接投资目标转变与东道国市场不透明的矛盾"分别设计逆向溢出知识结构调整框架,把企业对外直接投资企业的技术进步效用发挥至最大。

2.7 本章小结

　　针对本研究的核心问题与主题,本章首先综述了三个关键内容,分别是知识与知识溢出、企业技术进步和企业对外直接投资,明确了研究对象的内涵和发展动向。其次,以逆向溢出知识为媒介,详细描述了有关企业对外直接投资与技术进步之间内在关联的文献成果,包括以企业对外直接投资与逆向溢出知识为研究对象的研究成果和以逆向溢出知识与企业技术进步为研究对象的研究成果。最后,着重论述了有关知识结构的研究成果,并在阐述过程中借助知识结构文献成果定义逆向溢出知识结构,明确诠释本书的研究工具。

第 3 章   逆向溢出知识视角下 OFDI驱动投资企业技术进步的质性分析

　　知识是技术进步的源泉(Crossan,1996;Tsai,2001;Thornhill,2006;Galunic& Rodan,2015),企业对外直接投资驱动技术进步的根源可指向逆向溢出知识,但尚未有研究全面揭示其内在机理。知识本质上是一种纵横交错的认知结构,挖掘主体知识结构有助于发现主体间的知识差异并加深对主体活动规律与作用结果的认识。逆向溢出知识是指特定情境下的流动知识,并未脱离知识的本质。假设把主体知识结构拟作一种节点知识结构,则可以将逆向溢出知识结构看作知识由节点到节点的过程中所囊括知识的结构特征,这意味着深入考究逆向溢出知识对投资企业技术进步的作用机理在理论上可以借助知识结构理论来解释(Anderson,1984)。国外研究中也确实有借助知识结构理论来解释类似问题的,如产业升级(Kafouros et al.,2012)、组织协同创新(Ferreras-Méndez et al.,2015)及员工创新(Mannucci & Yong,2018)等。与国外相比,国内研究对于知识结构的关注度并不高,然而从已有文献与企业实践中能够看出知识结构理论在解释企业对外直接投资驱动技术进步的内在机理方面具有独特优势,这一点在理论梳理部分已经初步展示出来。鉴于此,本书尝试在知识结构理论的基础上进一步延伸出逆向溢出知识结构的概念,作为突破机理解释不足问题的理论工具。

　　理论框架应与企业实际相结合。作为全书的理论根基,本章以国内典型对外直接投资企业为研究案例,通过多案例对比分析凝练出企业对外直接投资驱动技术进步的机制框架,在此基础上进一步尝试从动态视角解读逆向溢出知识结构在时间演化趋势下的技术促进效应有何变化。本章的理论架构将为后续进行实证分析和建立逆向溢出知识结构调整框架打下研究基础。

3.1　研究方法

3.1.1　方法选择

　　本书选择归纳式多案例研究方法构建新的阐释框架,原因有三个:①本研究的核心贡献之一是厘清逆向溢出知识结构特征,而相比演绎式研究方法,归纳式案例研究对于识别不同投资倾向的知识结构特征具有独特优势;②本研究的落脚点在于逆向溢出知识结构调整机制,利用案例研究可以研判现实情境下逆向溢出知识结构的演化特征和内在机理;③与单案例研究相比,尽管多案例会损失案例的"故事性",但能弥补单案例的相对片面性(魏江等,2020;吴晓波等,2020)。书中借助归纳式多案例研究方法为比对研究情境的一致性(同一企业多次对外直接投资的相同研究情境)和差异性(同一企业多次对外直接投资的不同研究情境或者不同企业之间对外直接投资的不同研究情境)提供了可能,有助于识别不同企业之间和不同投资活动之间逆向溢出知识结构的独特属性。

3.1.2　案例选择

《2019年度中国对外直接投资统计公报》显示,我国境内投资者在全球188个国家和地区设立对外直接投资企业4.29万家,其中制造业和商务服务业为主要投资行业,占所有行业总投资的49%左右。通过案例列举方法穷尽所有投资行业较为困难,所以本书以制造业和商务服务业为例,选择行业中10个投资活动相对活跃的企业作为研究案例,其中包括吉利、海尔、均胜、万向和华为等5家民营企业以及上汽、北汽、海信、长虹和中兴等5家国有企业。案例企业的基本信息见表3-1。案例企业所属行业和企业性质不唯一,这是因为首先要判断企业所在行业类型和所有制形式是否会对研究产生影响,以此界定研究结论的适用范围。另外,案例企业整体对外直接投资活动应尽可能多元化且知识获取目的性应相对明显[1],以便发现和总结逆向溢出知识结构的差异化特性。

在此以均胜和万向为例,介绍研究案例的对外直接投资活动信息。图3-1中列举了均胜2011—2019年的9个对外直接投资项目,其中项目所属行业类别可概括为5类,行业投资频数比为5/4[2],企业主要投资目的地以发达国家为主。2001—2016年万向共有11个对外直接投资项目,与均胜相同的是万向的投资项目所属行业类别同样可概括为5类,投资地区以欧美发达国家为主,但行业投资频数比为7/4。

---

①　首先需要指出,一项对外直接投资活动可能不单方面以获取东道国市场或境外知识为目标,而是同时兼具市场和知识两个目标。也就是说,我们判断一项投资活动是否具有知识获取目的性时并不排斥该投资活动具有市场获取目的性。那么应该如何判断投资活动具有知识目的性呢? 本书认为企业入驻东道国市场并与其他组织机构或消费者接触将不可避免地产生知识溢出,其中知识目的性相对明显的投资活动是指在并购、合资经营或新建过程中具有明显的技术转移、人员互动及合作研发等特征,而这些关键词在案例资料中大都给予了明确描述。

②　分子5表示属于核心行业的投资项目频数,4表示非核心投资项目频数,后文中核心行业投资频率计算方法与此相同。

表 3-1　案例企业基本信息

企业名称（简称）	成立时间/年	注册资本总和/万元	归属行业	核心业务
浙江吉利控股集团（吉利）	1986	93000	汽车制造行业	汽车整车及部分零部件研发制造，汽车外形设计和模型设计等
海尔股份有限公司（海尔）	1989	31118	电器制造行业	电器设计与制造，机器人与自动化装备研发和制造等
均胜集团（均胜）	2001	12000	汽车零部件制造行业	智能驾驶系统和安全系统研发设计，汽车功能件总成制造等
万向集团（万向）	1969	120000	汽车零部件制造行业	汽车零部件制造和研发，新能源开发，食品加工制造等
华为技术有限公司（华为）	1987	4031000	软件和信息技术服务行业	通信技术研发与服务，通信设备研发与制造等
上海汽车集团股份有限公司（上汽）	1955	1168346	汽车制造行业	机动车总成和部分零部件及机械设备研发和制造，汽车与设备租赁等
北京汽车集团有限公司（北汽）	1958	801533	汽车制造行业	汽车整车及部分零部件研发制造，新能源开发等
海信集团有限公司（海信）	1969	80617	电器制造行业	电气设计与制造，信息技术产品设计与生产等
四川长虹电子控股集团有限公司（长虹）	1958	300000	电器制造行业	消费电子，核心器件研发和制造，机器人与自动化装备研发和制造等
中兴通讯股份有限公司（中兴）	1985	419267	软件和信息技术服务行业	通信设备研发和制造，无线基站与核心网等

对外投资涉及的主要行业	汽车零部件制造行业	软件研发行业	工业机器人研发制造行业	汽车饰件制造行业	智能网联行业/汽车安全系统行业	电力电子系统行业	被动安全系统行业	汽车零部件制造行业
主要投资活动	2011年，均胜集团以16亿元人民币收购德国汽车零部件企业普瑞(Preh GmbH)	2013年，均胜通过旗下公司3.56万欧元收购德国软件开发企业Innoventis	2014年，均胜以1430万欧元收购德国自动化企业IMA Automation	2015年，均胜9000万欧元收购德国高端饰件和万向信息总成企业群英(Quin GmbH)	2016年，均胜以1.8亿欧元收购德国TechniSat Digital GmbH的Daun汽车行业境状化信息系统开发和供应，导航涉及、驾驶和智能车能车载业务等	2017年，均胜收购瑞典下子公司Kongsberg Automotive的ePower业务单元	2018年，均胜以15.88亿美元完成收购日本TAKATA颜PSANL多以外的主要资产	2019年，均胜在美国设立汽车零部件生产制造商JOYSONQUIN Automotive Systems North America LLC，这也是均胜在众多新建投资中的一项

对外投资涉及的主要行业	制动器行业	万向节行业	汽车零部件加工制造行业	物流行业/传动系统行业	热能系统行业	新能源行业	旅游娱乐行业	区块链行业
主要投资活动	2001年，万向收购美国制动器公司Universal Automotive Industries (UAI) 21%的股份，并于次年收购其全部股份	2003年，万向收购美国制造万向节传动轴制造商Rockford 33.5%的股份	2005年，收购美国汽车零部件销售与销售公司UPS 60%的股份	2007年，收购美国模具及配及物流管理公司AI 30%的股份，成为其第一大股东，同年，并购美国传动系统制造商DANA	2009年，万向收购美国控制制冷系统制造公司Global Steering Systems	2012年，万向以2.566亿美元收购美国最大的新能源电池制造商A123	2015年，万向以Geolo合伙投资公司2亿美元的投资项目	2016年至今，万向投资超过2000万美元布局全球区块链布局，包括韩国跨境支付公司Stream和英国区块链公司Everledger等

图 3-1　均胜与万向的主要对外直接投资事件

注：图中列举了均胜与万向的主要对外直接投资活动。考虑到知识项目的性质显著程度，部分新建投资和海外并购并未展现。

3.1.3　数据收集

数据主要来源于企业年报、中国工商管理案例库、各大门户网站新闻资料和访谈资料以及相关文献成果等。由于案例企业的公众认知度和媒体曝光度较高,公开数据相对丰富,足以满足研究需要。另外,因学缘关系,作者与案例企业的中层管理人员或为案例企业提供咨询服务的单位机构存在合作关系,在整个研究过程中反复通过线上和线下两种方式与相关人员访谈互动,针对案例企业对外直接投资事件收集了部分一手资料与二手资料。这些数据既为进一步理解企业及其投资活动提供了思路,又在后续分析过程中作为补充证据验证了所收集数据和编码的可靠性。

本书案例数据的可靠性通过三个方面来保证:一是将公开数据资料与访谈互动资料进行对比,确保相互验证;二是从主观输出渠道获得案例企业的关键对外直接投资数据的同时,通过多小组讨论和行业报告分析等渠道进行交叉验证;三是本书首先依据上百份企业年报资料与其他公开资料梳理各企业的对外直接投资事迹,同时整理与投资活动相对应的知识获取目的,然后将所得框架资料分别交予相应企业管理人员或委托其交予类似投资发展部门的负责人员进行检查校对,依据反馈建议重新调整修改案例资料,然后重新交予企业相关人员和第三方咨询服务人员校对,直至确认无误。

3.2　案例发现

正式分析之前首先需要确认国内企业对外直接投资行业倾向和专业化倾向是否受企业所属行业类型或企业性质的影响,以确认研究结论的适用范围。图 3-2 描述了 10 个案例企业的历年对外直接投资行业热图,通过比较吉利与北汽(相比上汽而言)可知同一行业条件下的国有企业和民营企业均倾向于投资自身领域以外的行业,即注重对外直接投资的广度;而比较海尔与海信则发现同一行业条件下的国有企业或民营企业均以投资自身所在行业为主,即注重对外直接投资的专业化程度。两个比较基本上表明企业性质并不是影响对外直接投资企业选择投资领域的原因。同理,比较长虹与中兴可知同质性条件而处于不同行业的企业均倾向于投资自身领域以外的行业,即注重知识广度;而比较上汽与海信可知同质性条件而处于不同行业的企业倾向于投资自身所在领域,即注重知识深度。两个比较基本可以说明企业所在行业并不是影响对外直接投资企业选择投资自身所在行业或其他行业的原因。至此可以认为对外直接投资企业的性质和所在行业类型并不会影响其对投资行业及专业化水平的选择[①],研究具有一定普适性。

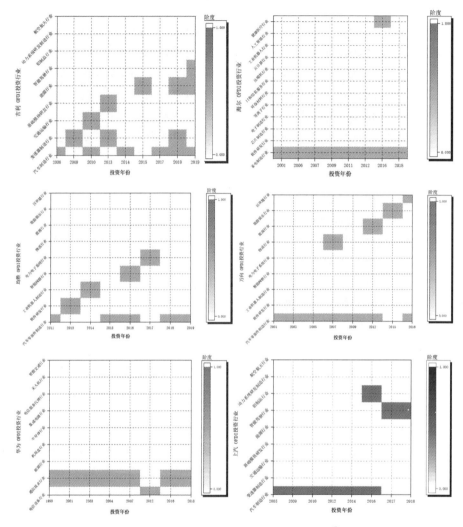

图 3-2　案例企业对外直接投资行业热图[②]

---

① 从理论上讲,要证明企业对外直接投资倾向不受企业性质和行业类型的影响,只需在控制其中一个因素的同时改变另一个因素,观察企业的投资倾向是否会发生变化。但考虑到对外直接投资企业涉及行业类型繁多,凭借案例列举穷尽所有行业是非常困难的,因此本书以对外直接投资相对集中的行业为代表,选取其中对外直接投资活动相对活跃的企业作为典型案例,也能在一定程度上说明投资者性质与行业类型是否会影响对外直接投资倾向。

② 图中吉利、上汽和北汽的核心业务领域为汽车整车制造和部分零部件研发制造,如汽车玻璃、车灯和精锻齿轮等。然而,吉利等国内汽车企业虽然对变速器、车身电脑和发动机等领域有所涉及,但放在整个国际市场上并不占优势,因此,我们将类似变速器等非竞争优势的零部件领域单列出来,作为吉利、上汽和北汽的非核心业务领域。

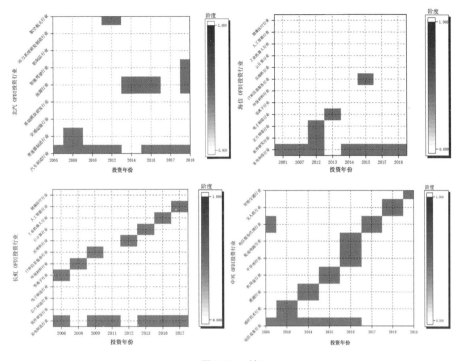

图 3-2　（续）

3.2.1　逆向溢出知识结构异质性与驱动机制

1. 偏广度-湖泊形逆向溢出知识结构与驱动机制

吉利、长虹和中兴的行业投资频数比分别为 6/9、6/7 和 5/9,意味着与其他企业相比,吉利、长虹和中兴历年来投资核心领域的频数明显少于非核心领域,三家企业在对外直接投资过程中偏向核心行业以外的领域,此时企业对外直接投资产生的逆向溢出知识结构的广度特征相对明显。

吉利的核心业务领域包括汽车整车制造及部分零部件加工制造、汽车外形设计和模型设计等。虽然对于与汽车行业紧密相关的业务领域(如能源行业等)也有所涉及,但这些既不是吉利的优势领域也不是核心领域。吉利在 2005 年便计划研发甲醇燃料技术,然而国内甲醇工业技术起步较晚,能够借鉴的经验非常少。吉利一边努力探索可持续燃料研发,一边积极寻求外部合作,最终在 2015 年以 4500 万美元的价格入股冰岛碳循环国际公司(Carbon Recycling International),从而快速积累了新能源技术知识。吉利总裁表示:"能与冰岛碳循环国际公司合作,联合开发具有全球重大意义的甲醇生产技术,无论是对吉利,还是对我国环保和能源储备事业都将起到深远影响。"

　　长虹的核心业务包括消费电子、核心器件研发与制造、机器人及自动化装备研发与制造等。2000 年前后,部分发达国家逐渐将等离子技术应用到电视机制造业中。境外快速发展的等离子电视技术使国外平板电视成为占据中国市场的有力武器,在我国等离子行业研发基础薄弱条件下,国内相关企业受到强烈冲击。与其他国内电器制造企业一样,长虹在当时并不具备等离子电视生产制造技术,而且该技术并非长虹所关注的核心领域,为快速积累等离子技术,长虹通过并购韩国 Orion 公司最终获得了包括软件、工艺和材料在内的核心知识资源,打造了拥有可持续发展能力的等离子系统研发平台,并培养了一批等离子技术专家团队。

　　中兴的核心业务包括通信设备研发和制造、无线基站与核心网等,然而其在对外直接投资过程中相对注重核心领域以外的行业领域。例如,2014 年中兴与意大利电力公司 Enel 签署了框架性合作协议,合作领域包括智能电网和可再生能源等。在可再生能源方面,中兴几乎是"门外汉",通过合作两家公司在智利奥亚圭(Ollague)共同成立了混合能源研究机构,致力于寻找适合未来发展的能源解决方案。正如中兴 CEO 所言:"与 Enel 投资合作让中兴快速步入智能电网和新能源领域,这有利于稳固公司在 ICT 解决方案领域的创新实力。"

　　吉利、长虹和中兴的对外直接投资的共同之处有两点:一是实现东道国知识资源内部化主要凭借海外并购与合资经营两种方式;二是企业对外直接投资所涉及行业范围较广,其间产生了大量自身主打领域之外的逆向溢出知识。本书将这种因投资多行业而产生的逆向溢出知识结构称为湖泊形结构(见图 3-3),其主要特征是企业对外直接投资产生的逆向溢出知识所涉及行业领域广,虽然投资领域也涉及核心行业,但就总体投资项目数量和频率而言,核心领域的关注度并不明显,意味着对外直接投资产生的逆向溢出知识广度特征比深度特征更加突出。湖泊形结构反映了逆向溢出知识综合数量对国内投资企业知识储备量的影响,知识类型与数量扩充增加了企业吸收和利用外部知识的能力,而且不同类型的反馈知识重新组合又为企业开展新标的提供了研究基础。总体而言,湖泊形驱动路径最终作用于投资者创新稳定性和创新目标领域来促进企业技术进步,可描述为:**国外关联企业知识基→逆向溢出知识(广度×强度)→知识吸收量→国内投资企业知识基(知识储备数量)→技术进步。**

　　命题 1:企业对外直接投资因注重领域多元化而形成湖泊形逆向溢出知识结构,该结构类型的优势在于帮助投资者扩充知识类型与数量,增加了企业吸收和利用外部知识的能力,而且不同类型的反馈知识重新组合又为企业开展新标的提供了研究基础,增加了企业技术进步的稳定性。

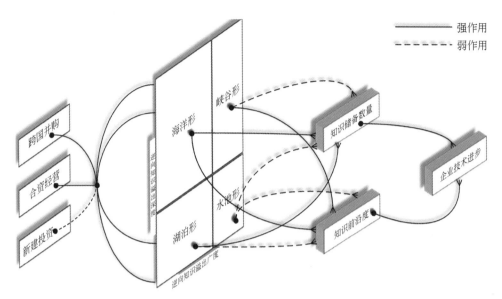

图 3-3 逆向溢出知识类型与驱动机制

2. 偏深度-峡谷形逆向溢出知识结构与驱动机制

海尔、万向、华为、上汽和海信的行业投资频数比分别为 8/1、7/4、7/1、6/3 和 7/4，表示与其他企业相比，海尔、万向和华为等历年来投资核心领域的频数明显多于非核心领域，5 家企业在对外直接投资过程中偏向核心行业，此时企业对外直接投资产生的逆向溢出知识结构的深度特征相对明显。

海尔的核心业务包括电气设计与制造、机器人与自动化装备研发和制造等。纵观海尔的对外直接投资历程，从三洋（SANYO）白色家电到斐雪派克（Fisher & Paykel）再到通用家电（GE Appliances），其对外直接投资一直面向海外同行业优质资产。以通用家电为例，2016 年海尔收购该公司之后，双方表现出了较为明显的知识协同效应，海尔和通用家电均是家电领域的领军企业，彼此在各自知识优势基础上实现了研发资源共享和技术互补，进一步推进了双方在行业领域的知识前沿水平。虽然在海尔并购通用家电的前期阶段有媒体将其比作"蛇吞象"，但此次对外直接投资拥有技术和品牌等战略资源寻求动机，最终增强了海尔的品牌影响力和技术专业化程度，可以说是一次较为成功的并购案例。

万向的核心业务包括汽车零部件制造和研发、新能源开发和食品加工制造等。2001—2003 年，万向收购了两家海外汽车零部件制造商，其中收购 UAI 使万向掌握了一些更成熟先进的制动器制造技术，极大地提高了万向的制动器产品制造技术；而通过入股美国万向节制造商罗克福德（Rockford），万向不仅可以吸收新的核心产品知识,而且借此成为美国福特汽车的一级供应商。在与福特汽车持续接触合作的过程中,万向美国公司在 2008 年收购了福特汽车旗下的传动轴供应商ACH,进一步强化了万向在汽车零部件制造领域的领先地位。

华为的核心业务包括通信技术研发与服务、通信设备研发与制造等。华为在对外直接投资过程中尤其看重与东道国高校和研究院所〔如伦敦玛丽女王大学(Queen Mary University of London)、萨里大学(University of Surrey)和伯明翰城市大学(Birmingham City University)等〕的合作。2019 年 9 月,华为与萨里大学共同成立了世界首家 5G 创新中心 5GIC,针对全球 ICT 技术问题开展校企合作。英国教育与科学大臣说:"5GIC 的宗旨是建立合作关系而非竞争关系,每个 5G 研究的参与者都将通过遵循统一的标准而受益。"华为在东道国的研究合作与技术培训帮助其与合作者抢占 5G 技术的先机,客观上推动其取得了通信技术领域的世界领先地位。

上汽的核心业务包括汽车总成和部分零部件及机械设备研发制造、汽车与设备租赁等。2004 年,上汽投资英国知名汽车品牌罗孚(MG-Rover)可以说是上汽对外直接投资历程的一个缩影。上汽在一开始未能完全收购罗孚,而是在两年之后才全面收购了该公司的技术平台。通过此次对外直接投资,上汽不仅获得了罗孚所拥有技术的使用权、部分或全部产权,也拥有了被收购方技术研发的权利;更重要的是,凭借对罗孚的控制权,上汽可以对双方的人员交流以及中方人员的学习和培训做出安排,从而掌握了知识,尤其是隐性知识向中方转移的主动权。实际上,在此次收购的第二年,上汽便推出了以罗孚技术为基础的自主车型,加深了上汽的品牌深度。

海信的核心业务包括电气设计与制造、信息技术产品设计与生产等。在众多对外直接投资项目中,收购日本著名电视品牌东芝映像解决方案公司(Toshiba Visual Solutions)是海信最具代表性的投资项目之一。海信董事长表示:"在收购东芝电视业务之后,海信会整合双方研发、供应链和销售渠道资源,在深化企业的核心技术水平的同时快速提升国际市场规模。"除了收购东芝彩电业务,2015 年海信还出资 2370 万美元收购了夏普墨西哥子公司的全部股权及资产,借此获得了夏普电视美洲地区的品牌使用权和技术资源,进一步提高了海信核心业务的知识专业化水平和前沿程度。

海尔、万向、华为、上汽和海信的对外直接投资的共同之处有两点:一是实现东道国知识资源内部化主要凭借海外并购与合资经营两种方式;二是企业对外直接投资通常围绕自身核心领域,其间产生了大量自身主打业务以内的逆向溢出知识。本书将这种因投资行业相对集中而产生的逆向溢出知识结构称为**峡谷形结构**,其主要特征是企业对外直接投资产生的逆向溢出知识所涉及行业领域集中且多为企业的核心领域,虽然投资领域也涉及其他行业类型,但就总体投资项目的数量和频率而言,非核心领域的关注度并不明显,这意味着对外直接投资产生的逆向溢出知识深度特征比广度特征更加突出。**峡谷形结构**体现了逆向溢出知识前沿水平对本土企业储备知识前沿度的影响,国外关联企业将国外先进技术、设备、理念等通过共享、转移、租赁等方式引至投资企业,国内投资企业借此寻求更能适应全新生产效率、客户要求的技术方法,提升组织创新效率和技术前沿度。总体而言,峡谷形驱动路径通过最终作用于投资者核心知识的专业化水平与前沿度来促进组织技术进步,可描述为:**国外关联企业知识基→逆向溢出知识(深度×强度)→知识吸收量→国内投资企业知识基(知识前沿水平)→技术进步**。

命题 2:企业对外直接投资因注重核心业务领域而形成峡谷形逆向溢出知识结构,该结构类型的优势在于将境外有关主打领域的先进技术、设备、理念等通过共享、转移、租赁等方式引至投资企业,国内投资企业借此寻求更能适应全新生产效率、客户要求的技术方法,提升组织创新效率和技术前沿度。

3. 偏综合-海洋形/水池形逆向溢出知识结构与驱动机制

与吉利、长虹和万向等企业不同,均胜和北汽的行业投资频数比更接近 1,分别为 5/4 和 7/6。这意味着与其他企业相比,均胜和北汽历年来投资核心领域的频数与非核心领域的频数近乎相等,两家企业在对外直接投资过程中没有明显偏向核心行业或核心行业以外的领域,此时企业对外直接投资产生的逆向溢出知识结构的综合特征更明显。

均胜的核心业务包括智能驾驶系统和安全系统研发设计、汽车功能件总成制造等。2011 年和 2012 年均胜完全并购德国老牌汽车零部件企业普瑞(Preh GmbH),此后均胜逐渐将普瑞的核心电子控制单元技术及其余零部件研发技术纳入自身技术体系中,补强了汽车零部件领域的知识短板和专业化水平。正如均胜管理人员所提到的:"在普瑞的支持下,我们将进一步拓展新业务潜力,并实现多元化的国际增长模式。"2016 年均胜与德国 TechniSat 达成并购协议,考虑到 TechniSat 所掌握知识资源与自身拥有知识资源基本不存在重叠但又具有较强的互补性,均胜把 TechniSat 远程信息控制技术及信息娱乐技术整合到自身储备知识基中,借此扩充新领域的知识资源。

北汽的核心业务包括汽车整车及部分零部件研发制造、新能源开发等。2009 年北汽以 2 亿美元的价格收购了瑞典萨博(Saab)汽车公司的相关知识产权。北汽相关负责人称:收购萨博公司具有极高的性价比,北汽充分消化了该公司的整车平台和发动机技术,其中覆盖了中高级轿车的各个细节技术,这正是北汽汽车制造领域的技术短板。核心业务知识的提高帮助北汽缩短了研发时间且降低了研发投入和风险。2012年,通用航空产业被列为"十二五"的战略新兴产业。北汽借助国家大力发展战略性新兴产业和北京市兴建第二机场的战略机遇开始筹建企业的通用航空业务。然而通用航空领域并非北汽的核心业务领域,而且当时我国航空市场相比成熟市场还处于起步阶段,并没有太多经验可循。为尽快步入航空领域,北汽2014年通过入股新西兰太平洋航空航天公司(Pacific Aerospace Limited)快速积累了通用航空知识。

与湖泊形结构和峡谷形结构的对外直接投资的相同之处在于,均胜与北汽通常也是借助海外并购与合资经营两种方式来实现东道国知识资源内部化;但与前两种逆向溢出知识结构类型的企业相比,均胜与北汽的对外直接投资项目涉及的行业类型并未偏向多元化也未明显倾向某一行业,而是呈现一种相对均衡的状态。就总体投资项目的数量和频率而言,非核心领域的关注度与核心领域的关注度没有明显差异,这意味着对外直接投资产生的逆向溢出知识深度特征和广度特征的显著性相同。虽然均胜与北汽的对外直接投资形成的逆向溢出知识结构具有相同之处,但二者之间也存在不一样的地方,表现为均胜与北汽相比,对外直接投资项目的频数相对较少,也就意味着均胜获取的逆向溢出知识会少于北汽获取的逆向溢出知识。本书将相对均衡的逆向溢出知识结构区分为对外直接投资活动相对活跃且产生的逆向溢出知识体量较多的海洋形结构与对外直接投资活动相对较少且产生的逆向溢出知识体量较少的水池形结构。如图3-3所示,海洋形结构与水池形结构代表了相对均衡的逆向溢出知识结构,其对企业技术进步的影响既包括知识储备数量方面,又包括知识前沿水平方面。此外,逆向溢出知识结构异质性的典型证据见表3-2。

3.2.2　逆向溢出知识结构的第三维作用

除了逆向溢出知识广度维度和深度维度之外,还要考虑溢出知识强度维度在企业技术进步中发挥的作用。逆向溢出知识强度是国外关联企业反馈到国内企业的知识数量与频率,如产品流通数量、技术转移数量、员工对接频率等。高逆向溢出知识强度代表关联企业之间知识流通数量和次数越多,国内投资企业就越有可能接收、模仿不同类型知识资源以及更为复杂的前沿知识。

吉利收购沃尔沃(Volvo)之初,便派遣了数百名技术人员前往瑞典学习技术。这是因为在此次并购中,吉利需要吸收大量的逆向溢出知识资源,包括九个系列产品、三个最新平台和上千个供应商体系,还包括沃尔沃安全与环保方面的知识。并购完成之后,吉利保留了沃尔沃在东道国的工厂,同时在我国建立了生产与研发工厂,使技术对接和转化更容易贴近中国市场。时至今日,吉利与沃尔沃在汽车零部件和整车制造方面实现了上千次合作。吉利帮助沃尔沃继续保持其安全、高品质、

表3-2 逆向溢出知识结构异质性的典型证据

案例名称	行业投资频数比①	逆向溢出知识结构特征①	典型例证	主要内部化方式	知识基变化
吉利	6/9	偏广度	吉利对冰岛碳循环国际公司进行了总额4500万美元的投资(A),此次入股国际领先企业对吉利而言,在清洁甲醇燃料合成生产技术方面有非常大的帮助(B)	并购、合资经营	储备量明显增加
海尔	8/1	偏深度	海尔以55.8亿美元的价格并购美国家电公司通用家电(A),海尔并购通用家电等于站在了家电制造行业的制高点上,呈现的是一个立体网状的国际分工,涉及技术高度和历史长度的多维思考(C)	并购、合资经营	前沿度明显提升
均胜	5/4	偏综合	均胜以16亿美元的价格持股德国汽车零部件供应商普瑞端74.9%的股份,同时包括诸多核心技术,均胜的技术水平将得到明显提升(A),均胜并购德国卫星直接接收器制造商TechniSat的部分业务,主要包括智能网联和卫星导航领域(A)	并购、合资经营	储备量与前沿度均有所提高
万向	7/4	偏深度	万向以280万美元收购美国制动器制造商UAI 21%的股权,成为该公司的第一大股东;之后,万向又凭借33.5%的股权成为美国翼型万向节传动轴制造商罗克福德的第一大股东(A)	并购、合资经营	前沿度明显提升
华为	7/1	偏深度	与其他企业相比,华为更注重东道国科研潜力。2015年,公司与英国14家高校、科研院所共同成立了ICT学院,鼓励当地学生参加华为职业技术认证,为ICT产业链培养创新型和应用型人才(B)	并购、合资经营和新建投资	前沿度明显提升

① 当核心行业与非核心行业的投资频数比≈1⁺(表示从右侧接近1)时,表示逆向溢出知识结构特征偏综合。在综合条件下,历年总投资频数与总年度之比速接近1,表示企业对外直接投资活动相较其他企业所得反馈效果则偏综合。当投资频数比<1时,表示企业偏向投资核心以外的领域,则逆向溢出知识结构特征偏广度。其余情况下知识结构特征偏深度。

续表

案例名称	行业投资频数比	逆向溢出知识结构特征	典型例证	主要内部化方式	知识基变化
上汽	6/3	偏深度	上汽用两年时间收购了英国汽车品牌罗孚的全部知识产权和技术平台(A)，此次对外直接投资的内在逻辑为：收购关键技术平台——并购技术研发团队——自主研发增强化——增加企业前沿技术水平(C)	并购、合资经营	前沿度明显提升
北汽	7/6	偏综合	北汽以2亿美元的价格收购了瑞典汽车公司萨博，包括三个整车平台及涡轮增压发动机和变速箱技术等。媒体认为此次收购将为北汽自主品牌研发工作插上"腾飞的翅膀"(A)。2014年，北汽收购新西兰太平洋航空航天公司的部分股权，标志着北汽正式步入通航领域(A)	并购、合资经营	储备量与前沿度均有所提高
海信	7/4	偏深度	海信通过旗下子公司以129亿日元收购日本东芝映像解决方案公司95%的股权(A)，转让完成之后，海信拥有了东芝电视产品、品牌和运营服务等一揽子业务(C)	并购、合资经营、新建投资	前沿度明显提升
长虹	6/7	偏广度	长虹投资9990万美元并购荷兰投资公司Sterope Investments B.V. 75%的股权，从而间接持有韩国第三大离子制造商Orion 75%的股权(A)。为尽快实现等离子领域技术突破，长虹将寻求转型并购作为短时间内实现知识积累的途径(C)	并购、合资经营	储备量明显增加
中兴	5/9	偏广度	中兴与意大利国家电力公司Enel在当地共同成立以开发新能源技术为目标的合营机构(A)；双方在共同感兴趣的行业领域、相互交换和共享不同行业的知识资源，使二者的技术能力更加全面(C)	并购、合资经营、新建投资	储备量明显增加

注：A 表示企业年报等公平数据资料，B 表示与企业相关人员访谈互动资料，C 表示多小组讨论资料。下同。

北欧设计以及环保的核心价值,同时也在持续的合作交流过程中完成了多轮技术升级。继收购沃尔沃之后,吉利于 2017 年收购了英国跑车与赛车生产商路特斯(Lotus),其在汽车工程及车身轻量化技术方面造诣颇深。吉利为尽快学习路特斯的高性能汽车技术,委派国内技术人员去当地工厂调研并委托路特斯技术人员对委派人员进行技术培训;后期吉利与路特斯为共同研发出大众型 SUV 产品,在前期沟通→设计构思→概念草图绘制→外观样机制作→生产监理等过程中论证与实验了上百次,最终将彼此的技术优势相融合,打造出 BMA 模块化架构下的第二款车型。

万向收购美国 Scherer 公司之前,双方已经有 16 年的供货合作关系,在此期间,两家公司在销售和研发方面构成了密切的合作网络。紧密的联系是彼此默契配合的前提,也是日后促成万向收购 Scherer 公司的基础。2000 年,万向美国公司以 42 万美元的价格获得了 Scherer 公司的技术专利、品牌和专用设备等,有了前期合作的基础,公司之间的技术交接明显顺利得多。并购后,万向保留了 Scherer 公司原有的大部分生产与研发人员,一方面,避免因公司整合而造成大面积失业问题,影响当地政府对万向的信任(Meye et al.,2009;黄苹和蔡火娣,2020);另一方面,保留原有的社会网络有利于促进公司之间的交互效率(吴航和陈劲,2020),降低逆向溢出知识损耗。此后,万向又投资了美国制动器公司 UAI,二者通过构建线上与线下一体化的对接平台促进优势资源流动,不仅帮助万向加速了企业制动器项目的知识迭代,也帮助 UAI 走出了资金与管理困境。万向的高层曾提到:"对于 UAI 公司现存的问题,我们通过合作平台持续输入万向的管理经验和资源,假以时日,肯定能够通过不断的交互融合而创造几倍的价值。"

2009 年均胜收购上海华德之后产业链得到了扩展,市场竞争力逐渐增强,这吸引了德国普瑞公司管理层的注意,此后两家公司建立了持续且稳定的交流与合作渠道。2011 年,均胜集团以 11 亿元人民币收购普瑞,虽然实现了知识资源共享,但均胜和普瑞依旧保持独立运营状态。为帮助普瑞均胜汽车电子公司快速发展,普瑞派遣了 4 名资深工程师常驻宁波;与此同时,均胜派遣技术人员常驻德国学习,包括外派实习、相互间派遣工程技术人员做项目等。其间,双方先后交接了98 项专利技术,而且均胜逐渐掌握了普瑞包括奔驰和宝马等在内的原有客户体系,进一步丰富了客户网络与知识获取渠道。2014 年,均胜斥资 6.89 亿元收购德国群英(Quin)公司。在两家公司整合之初,群英亟须先进的机器人自动化生产线,而均胜在工业机器人集成领域已有 40 年的经验和积累,可以在中国、北美和欧洲等地为群英提供高效且优质的自动化系统。均胜在帮助群英提高自动化水平和生产效率的同时增强了两家公司之间的信任关系,促进了技术交接与沟通效率,从而在短时间内掌握了人机交互、方向盘总成和内饰功能件总成等技术。

无论是以吉利为代表的湖泊形结构还是以万向为代表的峡谷形结构抑或是以均胜为代表的综合型结构,不同逆向溢出知识结构类型的企业在不同对外直接投资阶段都十分重视与东道国关联企业的交互与沟通。如前所述,本书将逆向溢出知识频率与知识数量等看作溢出知识结构的强度维度,其在逆向溢出知识广度、深度与企业技术进步之间扮演了调节角色。投资者注重逆向溢出知识强度发挥的调节作用,是因为知识图腾和知识差距的存在降低了逆向溢出知识的流动性,在知识溢出过程中会产生知识损耗(Norman,2004;Daghfous et al.,2013),国内投资企业要想尽可能实现国外知识的本土化,就离不开大量的溢出知识以及企业间频繁的知识交互,即必须依赖逆向溢出知识强度。也就是说,逆向溢出知识最终会对投资企业产生多大的影响要受到知识溢出强度的调节作用。这与 Sasidharan(2019)的观点相同:企业的知识获取程度受制于组织之间的知识交互强度或频率,即专业领域知识及其流动强度会共同影响企业生产和创新绩效,有必要在知识互动体系中考虑知识溢出强度。

　　命题3:逆向溢出知识强度在企业交互过程中发挥了重要作用,其强化了逆向溢出知识广度和深度对企业技术进步的促进效应。逆向溢出知识与国内投资企业知识基存在知识差距和属性差异,而增加企业之间的知识互动数量和频率是消除差距与差异的有效办法。

3.2.3　逆向溢出知识结构演化

1. 逆向溢出知识结构的广度演变

　　Dunning(2001)的投资发展周期理论告诉我们中宏观层面的对外直接投资优势不是一成不变的,而是呈现阶段性演化的特点。本书在 Dunning 的投资发展周期理论的基础上,依据 OLI 优势变化将企业对外直接投资过程分为前期、中期和后期三个阶段。这是因为企业与国家的对外直接投资活动的表现形式和特征在本质上是一样的,甚至可以将国家的对外投资活动看作许多企业对外投资活动的集合体;但企业的对外直接投资相对于国家投资而言周期短且规模小,继续将其划分为五个阶段容易使每个阶段之间的边界过于模糊且难以描述。从本研究来看,案例企业的投资历程也确实展现出了上述阶段性演化特征。

　　吉利继 2006 年入股英国出租车公司英国锰铜控股(Manganese Bronze)后,又于 2010 年收购瑞典知名汽车品牌沃尔沃,补强了核心业务领域的研发制造能力;2009 年吉利以 7000 万澳元收购澳大利亚变速器公司 Drivetrain System International,填补了变速器研发制造领域的空白。不难看出,吉利对外直接投资的前期阶段在致力于汽车制造业务高端化发展的同时,还对汽车制造行业关联领域进行了投资。

考虑到投资风险与资金限制,前期阶段吉利的国外投标项目并不多,整体而言形成了水池形逆向溢出知识结构。吉利在对外直接投资的中后期阶段加强了汽车制造领域以外的投资。例如:2015年以4550万美元入股冰岛碳循环国际公司,虽然投资标的并不是吉利的核心领域,但实现能源技术领先是汽车企业可持续发展的重要前提;2019年吉利联手戴姆勒,双方共同出资5000万欧元投资德国城市空中出行公司Volocopter,对于转型期的汽车企业来说,尽快从单一的汽车制造领域转向全面出行服务领域是一个合理的选择;2013年之后,吉利在对外直接投资中虽然依旧关注汽车制造领域,但投资重点已逐渐偏向新能源、智能驾驶和航空航天等其他行业领域,因此逆向溢出知识结构由前期阶段的水池形逐渐演化为湖泊形。

作为汽车零部件制造企业,万向在对外直接投资的前期和中期阶段主要面向国外同行业公司,如美国制动器公司UAI、老牌万向节供应商罗克福德和传动系统制造商DANA。当时万向在国内汽车零部件制造行业中虽然已经是佼佼者,但与国际领先企业相比依旧存在技术差距。正如万向前任董事局主席所言:"走出去就意味着与世界一流企业比高低,在前期阶段肯定是很困难的。"因此,万向在对外直接投资的前期阶段主攻汽车零部件业务,先把自身核心优势建立起来再去与其他领域的企业谈条件。随着交通出行行业逐渐向可持续性和智能化方向发展,以汽车零部件为核心的万向调整了对外直接投资策略,主要表现为多元化投资倾向,例如,以2.566亿美元的价格收购美国最大的新能源电池制造商A123,扭转了新能源技术和生产材料依赖外购的局面;以超过2500万美元的价格先后投资了包括Streami和Everledger在内的多家数据结构企业,逐渐构架了属于自己的区块链技术。万向在前期对外直接投资阶段偏向汽车零部件研发制造企业,而在后期阶段偏向投资新能源、区块链和旅游娱乐等非核心领域。其间产生的逆向溢出知识结构表现出由峡谷形向湖泊形演化的特点。

上汽的核心业务是整车制造和汽车总成,而汽车零部件研发制造在初始阶段并非核心业务。为了快速提高整车制造和汽车总成技术,上汽不再完全依靠自身积累和国内合资模式,转而投资海外汽车项目和技术,包括以6700万英镑收购英国汽车制造公司罗孚的全部知识产权和技术平台、以近5亿美元的价格收购美国通用品牌0.98%的股份以及收购英国商用车品牌LDV的知识产权和技术平台等。2015年以后,上汽积极寻求转型路径以防止在互联网时代"船大难掉头"。上汽继续借助对外直接投资的方式,将资本触角延伸至产业链和生态圈的各个领域,拓展自身业务范围,其间主要在德国投资成立铝制品合资企业KS HUAYU AliuTech GmbH、在瑞士投资导航公司Way Ray等,最终通过新旧技术更迭、新老员工交替和多领域知识糅合实现了价值重构。从上汽的对外直接投资历程来看,前中期对外直接投资产生的逆向溢出知识结构为峡谷形,在后期则演变为湖泊形。

长虹为了不断提升关键器件与核心部件领域的竞争力,2006—2012年主要围绕核心领域电器制造行业开展对外直接投资活动,如在捷克设立电视机厂、与美国通用电气公司在当地成立环保材料研发中心、通过旗下子公司出资340万美元与巴基斯坦贸易公司 Ruba General Trading FZE 在当地成立家电制造合资企业与合资销售企业、通过旗下子公司以270万欧元的价格收购西班牙商用压缩机供应商 Cubigl。当时长虹管理层认为:国内家电行业竞争日益激烈,某些家电产品市场趋于饱和,增长空间十分有限,再加上行业本身前沿技术有限,因而选择多元化对外直接投资战略相对合理。2013年以后,长虹明显加强了对核心领域以外行业的投资力度,包括与美国计算机存储和数据管理公司 NetApp 在当地成立合作机构、与瑞士电力与自动化公司 ABB 在当地成立工业机器人研发机构等。可见,长虹在对外直接投资的前期阶段主攻核心业务领域,而在中后期则逐渐转移到了云计算、工业机器人和人工智能等领域。

除了吉利、万向、上汽和长虹以外,北汽和中兴同样具有中后期向湖泊形逆向溢出知识结构演化的特征。这意味着在对外直接投资的中后期阶段企业倾向于投资非核心领域以获得其他行业的知识,进而增加逆向溢出知识广度。本书通过对外直接投资发展周期理论来解释该演化特征,如表3-3所示。在对外直接投资的前期阶段,投资者不具备技术和管理方面的所有权优势及知识内部化优势,而且对东道国市场知之甚少,没有丰富的对外直接投资经验,为了降低投资风险,尽快培育在技术、管理和金融方面的所有权优势以及核心领域知识吸收能力,投资者会谨慎选择投资标的,且多针对自身主打领域进行投资(Jeon et al.,2013)。因此,在对外直接投资前期阶段,大多数投资者倾向于选择少投资、投熟悉的业务领域,其间产生的逆向溢出知识结构多为峡谷形或水池形。进入对外直接投资的中后期阶段,投资者的知识内部化能力得到提升,且建立了一定的技术优势和管理经验,为企业主动开展多元化投资提供了可能(Kroencke et al.,2014)。还需要注意的是,东道国同质性企业在中后期阶段愈发受到投资者的冲击,在技术和市场份额方面不再具有绝对优势,当地政府为保护本土企业可能将外来投资者驱逐出某行业领域,甚至责令将其驱逐出境(Morrison,2012)。此时,东道国原本的区位优势弱化,外加行业多元融合发展的要求,驱使投资者被动选择多元化对外直接投资模式。自身优势的提升以及东道国区位优势的弱化都促使投资者开展多领域投资,从而增加逆向溢出知识广度。

逆向溢出知识结构在前期偏深度而在中后期偏广度的结论在 Cirillo(2014)的研究中同样可以找到证据:企业对外投资的起始目标往往是获得国外某一领域的专业知识,借此深入学习、模仿行业技术的创新规则和先验程序。随着逆向反馈知识的增加,企业深耕的领域知识与发展模式之间愈发僵化,最终导致组织认知纠

表3-3 逆向溢出知识结构演化的典型证据

案例名称	前期	中期	后期	演化特征	典型例证
吉利	2/2水池形①	1/3湖泊形	3/4湖泊形	（海洋形／峡谷形／湖泊形／水池形）	2006—2010年,吉利投资了锰铜控股和沃尔沃等汽车制造公司以及Drivetrain System International等变速器研发公司和交通运输企业;2013—2015年,吉利投资了Emerald Automotive和碳循环国际公司等能源技术公司;2016—2019年,吉利投资汽车零部件制造商爱信精机(Aisin Seiki)和空中出行公司Volocopter等
海尔	3/0峡谷形	2/0峡谷形	3/1峡谷形	（海洋形／峡谷形／湖泊形／水池形）	2001—2018年,海尔投资了包括Meneghetti,三洋,斐雪派克和通用电气等海内外知名电器制造公司
均胜	1/1水池形	2/2水池形	2/1偏水池形	（海洋形／峡谷形／湖泊形／水池形）	2011—2013年,均胜投资了汽车零部件公司普瑞和软件研发公司Innoventis等;2014—2016年,均胜投资了自动化研发公司IMA Automation和汽车零部件公司群英等;2017—2019年,均胜投资了康斯博格汽车零部件公司JOYSONQUIN Automotive Systems North American LLC等
万向	3/0峡谷形	2/1峡谷形	2/3湖泊形	（海洋形／峡谷形／湖泊形／水池形）	2001—2005年,万向投资了翼型万向节等传动轴制造商罗克福德公司和汽车零部件制造商PS公司;2007—2009年,万向投资了传动零部件制造商DANA和控制系统制造商Global Steering Systems;2012年至今,万向投资了新能源电池制造商A123,境外部分酒店项目和区块链公司等

① 依据案例资料的时间跨度,以1/3为节点将每个案例的对外直接投资阶段分为前期,中期和后期,然后观察每个案例在不同阶段的逆向溢出知识结构类型,借此寻求演化规律。

资频数化。根据前述逆向溢出知识结构划分逻辑判断案例投资企业在不同阶段的行业投

续表

案例名称	前期	中期	后期	演化特征	典型例证
华为	3/0峡谷形	2/0峡谷形	2/1峡谷形		1999—2018年,华为投资了包括FutureWei、H3C和Leap Wireless在内的多家通信技术公司,此外,华为还投资了包括阿尔斯特大学(Ulster University)在内的高校的研发机构,针对ICT技术方面达成合作
上汽	3/0峡谷形	2/0峡谷形	1/3湖泊形		2005—2010年,上汽投资了罗孚、LDV和通用等多家车制造商;2012—2014年,上汽投资了两家汽车制造公司,分别是正大集团和双龙汽车;2016—2018年,上汽投资了信息导航公司WayRay和自动驾驶公司Waymo,并合资成立了铝技术公司KS HUAYU AluTech GmbH
北汽	3/1峡谷形	1/2湖泊形	3/3海洋形		2009—2013年,北汽投资了萨博、英纳法(Inalfa)和宝沃(BORGWARD)三家汽车制造商;2014—2015年,北汽投资了太平洋航空和新能源技术公司Meta;2016—2019年,北汽投资了新能源公司Atieva和高端汽车品牌戴姆勒等
海信	3/2峡谷形	1/1水池形	3/1峡谷形		2001—2012年,海信投资了大宇(DAEWOO)的家电公司,同时在欧洲投资设立彩电研发中心等;2013—2014年,海信投资了电子制造公司Loewe和电器制造商Roku;2015—2018年,海信投资了夏普、东芝映像解决方案公司和古洛尼(Gorenje)等电器制造公司

续表

案例名称	前期	中期	后期	演化特征	典型例证
长虹	2/3湖泊形	1/1水池形	3/3海洋形		2006—2009年,长虹投资了等离子等技术研发公司STEROPE Investments B.V.和商业机器公司(IBM);2011—2012年,长虹在巴基斯坦成立合资电器公司并投资了压缩机供应商Cubigel;2013—2017年,长虹投资了计算存储和数据管理公司NetApp以及自动化公司ABB等
中兴	3/3海洋形	2/3湖泊形	0/3湖泊形		2005—2014年,中兴投资了电信软硬件设备制造与服务公司Alcatel-Lucent和电力公司Enel等;2015—2016年,中兴投资了半导体电子设备公司Enablence Technologiese和系统集成商Netas;2017—2019年,中兴投资了无人机公司AUTEL和智能交通公司Eng. Omar Ahmed Bin Qmair

缠,此时逆向溢出知识深度对投资企业创造力提升的帮助越来越小,需要增加组织知识结构的灵活性。另外,知识结构刚性增加会降低组织知识识别模式与组织属性之间的衔接度,加剧逆向溢出知识深度对组织灵活认知的负面影响。与逆向溢出深度相反,逆向溢出知识广度在企业早期对外投资阶段可能会导致企业认知超负荷,主要是因为早期阶段企业缺乏有效识别和处理异质性领域知识的能力,此时企业应尽可能将注意力放在小范围知识领域内,增强企业知识专业化水平。但随着反馈知识逐渐增多,企业的认知与接纳能力增加,此时跨越不同领域的逆向溢出知识反而有益于投资企业创造力的提升,从而增加组织知识结构的灵活性。

命题4:对外直接投资前期因为受到所有权劣势和内部化劣势的限制,投资者倾向于选择以深度为特征的峡谷形结构或者选择均衡且投资活动较少的水池形结构;随着企业所有权优势与内部化优势提升、东道国区位优势弱化,投资者会逐渐倾向于选择以广度为特征的湖泊形逆向溢出知识结构。

2. 其他演化特征

均胜相继投资了德国普瑞、群英和挪威康斯博格(Kongsberg)等汽车零部件制造企业,同时也投资了 Innoventis 和 IMA Automatic 等行业异质性企业;而海尔与华为在对外直接投资的各个阶段一直偏向核心领域,如海尔投资了斐雪派克和卡迪(Candy)等电器制造企业、华为投资了 FutureWei 和 Leap Wireless 等通信技术企业。均胜、海尔和华为的逆向溢出知识结构演化特征具有两个相同之处:一是在对外直接投资的前、中、后期均为一种结构形态,均胜始终保持低投资频率且综合性的水池形结构,而海尔和华为则始终保持偏知识前沿与专业化水平的峡谷形结构;二是逆向溢出知识结构类型虽然不变,但三者在后期阶段开始逐渐关注异质性行业,如均胜在 2017 年投资了阿根廷复合材料与电子设备研发公司 Highland Industries、海尔在 2016 年投资了英国医疗生物设备公司莱伯泰科(Labtech)、华为在 2017 年于芬兰投资设立电信设备研发中心。由此可以看出三家企业在后期投资阶段的逆向溢出知识结构即便没有明显表现出向广度演化的特征,但已出现多元化对外直接投资迹象。正如均胜部门管理人员所说:"公司发展越来越注重电动化、网联化、智能化和共享化,未来会增加与国外企业在其他领域的合作,促进多元化融合与技术进步。"结合企业实际对外投资演化特征,有理由认为均胜、海尔和华为在接下来的对外直接投资过程中会增加对异质性行业领域的涉猎。此外,海信在对外直接投资不同时期的逆向溢出知识结构类型表现为由峡谷形到水池形再到峡谷形的演化特征,虽然没有明显表现出后期向广度演化的倾向,但在后期对外直接投资阶段已经表现出多元化对外直接投资的迹象,如 2012 年和 2013 年先后投资了美国两家激光芯片公司 Archcom 和 Multiplex,为海信的电子信息产业发展奠定了基础。换言之,均胜、海尔、华为与海信在后期尽管并没有明显表现出向湖泊形知识结构演化,但中后期阶段表现出了异质性行业投资的迹象,在某种程度上可以把四家企业的逆向溢出知识结构演化特征描述为并不明显的广度演化特征,如表 3-3 和表 3-4 所示。

表 3-4　逆向溢出知识结构广度演变及内在机理

优 势 类 型	囊 括 内 容	前期	中期	后期
所有权优势(O)	• 技术优势 • 管理优势 • 金融与货币优势等	弱	中	强
内部化优势(I)	• 知识学习能力	弱	中	强
区位优势(L)	• 东道国市场规模 • 东道国劳动力成本 • 东道国政策等	中	强	弱
逆向溢出知识结构类型		• 峡谷形 • 湖泊形 • 水池形 • 海洋形	• 峡谷形 • 湖泊形 • 水池形	• 峡谷形 • 湖泊形 • 水池形 • 海洋形

3.3　本章小结

本章通过案例归纳法深度分析了国内企业对外直接投资对技术进步的驱动机制及演化特征,系统回答了绪论中提到的第一个问题"企业对外直接投资对技术进步的驱动机制是怎样的以及不同企业之间有何差异"。企业对外直接投资对企业技术进步的驱动机制可归结为两条路径和一个演化:①湖泊形逆向溢出知识结构发挥的驱动作用表现在投资企业的创新稳定性和创新目标迭代方面,驱动路径为"国外关联企业知识基→逆向溢出知识(广度×强度)→知识吸收量→国内投资企业知识基(知识储备数量)→技术进步";②峡谷形逆向溢出知识结构发挥的驱动作用表现在投资者的核心知识专业化水平与前沿度方面,驱动路径表现为"国外关联企业知识基→逆向溢出知识(深度×强度)→知识吸收量→国内投资企业知识基(知识前沿水平)→技术进步";③海洋形/水池形逆向溢出知识结构对技术进步的影响既包括知识储备数量方面,也包括知识前沿水平方面;④在不同投资阶段,逆向溢出知识广度和深度所发挥的效用有所变化,表现为对外直接投资前期受到所有权劣势和内部化劣势的限制,投资者倾向于选择以深度为特征的峡谷形结构或者选择均衡且投资活动较少的水池形结构;随着企业所有权优势与内部化优势提升、东道国区位优势弱化,投资者会逐渐倾向于选择以广度为特征的湖泊形逆向溢出知识结构。

第4章　逆向溢出知识视角下 OFDI驱动投资企业技术进步的实证检验

由第3章的理论模型可知企业对外直接投资驱动企业技术进步取决于逆向溢出知识结构的深度、广度和强度。企业对外直接投资通过逆向溢出知识的广度维度拓展储备知识数量与领域多元化水平,通过逆向溢出知识的深度维度提升自身掌握知识的前沿水平,并通过逆向溢出知识的强度维度夯实广度和深度对技术进步的促进作用。根据不同维度发挥作用的强弱可将不同企业对外直接投资产生的逆向溢出知识结构划分为湖泊形、峡谷形、海洋形和水池形4种类型。从投资的演进视角来看,逆向溢出知识的深度维度在企业对外直接投资的前期阶段相对重要,而在中后期阶段逆向溢出知识的广度维度则扮演了更重要的角色。与深度和广度不同,以知识交互数量与频率为代表的强度维度始终是发挥逆向溢出知识效用的重要因素。

通过典型案例比较分析得出了企业对外直接投资驱动技术进步的内在机理,但所得理论框架是否具有普适性与代表性?或者说,我们得到的理论框架准确有效吗?**解决这一问题还需要将得到的机理与框架嵌入现实情境中进行检验,即需要与企业的对外直接投资现实情境展开对话。**本章的任务本质上是对企业对外直接投资对技术进步的促进机制和理论框架进行实证检验,与已有研究的实证分析不同,接下来的研究中将从逆向溢出知识结构视角分维度检验企业对外直接投资对技术进步的内在驱动机制,并融入企业对外直接投资动态演化过程,进一步分阶段检验逆向溢出知识维度发挥的技术进步效应。另外,为保证检验结果的准确性与有效性,本研究将从理论认知与实践数据两个方面展开分析,为理论根基的实证结果上"双保险"。

4.1 理论认知视角下的仿真分析

4.1.1 驱动机制表征

知识是企业技术进步的先决条件,为了应对知识环境下的技术挑战,企业必须不断更新和完善组织知识基(内隐"量"和"质"双重特性,注意与知识储备量相区分),本书假定企业知识基是实现技术进步的重要条件,出于逻辑递推和系统完整性考虑,在系统流图中将国内投资企业知识基和技术进步同时作为核心观察变量[①]。结合第3章的理论框架,在知识储备量(包括领域类型数及整体知识数量)和知识前沿水平双视角下解读OFDI逆向知识溢出对投资企业技术进步的内在驱动机理:知识储备数量反映了企业综合应用知识资源的实力(Quintane et al.,2011),一般而言,组织储备知识过于薄弱、单一容易受到外部环境冲击,导致组织无法稳定进行研发创新甚至创新失败,可以说足量知识储备状态是企业完成技术进步的根基;与知识储备数量发挥的基础性作用不同,知识前沿水平有助于企业开发改进型或创新型产品、服务和流程(De Zubielqui et al.,2019),这是因为先进的知识资源容易激发企业产生新思维,并为企业提供准确、完整、及时的外部环境信息,进而促使企业开发新产品以及改善现有产品、服务和流程。

因此,书中锁定国内投资企业知识基、技术进步为核心水平变量,设置知识吸收量、知识耗损量和自主研发量3类关键流率变量,在此基础上延展出结构视角下的逆向知识溢出系统流图,包括3个水平变量、6个流率变量、12个辅助变量、9个常量以及一个影子变量。整体而言,OFDI逆向知识溢出驱动国内投资企业技术进步的内在机理可分为湖泊形和峡谷形两种类型(海洋形和水池形可看作二者的融合):①湖泊形驱动机制表现为国外关联企业知识基→逆向溢出知识(广度×强度)→知识吸收量→国内投资企业知识基(知识储备数量)→技术进步;②峡谷形驱动机制表现为国外关联企业知识基→逆向溢出知识(深度×强度)→知识吸收量→国内投资企业知识基(知识前沿水平)→技术进步。系统流图中的变量关系围绕两条驱动路径延展,此处不过多赘述,详见图4-1。

从本质上讲,两种驱动路径均是国内外关联企业之间通过直接或间接沟通实现国外知识本土化的过程,其中湖泊形驱动机制反映了逆向知识溢出综合数量对国内投资企业知识储备量的影响,知识类型与数量的扩充增加了组织吸收和利用

[①] 相比"技术进步","国内投资企业知识基"流动特性相对明显,而且能够与OFDI逆向知识溢出、国外关联企业知识基保持客体一致性,逆向溢出知识最先影响的一定是企业知识基,其次才是因知识运用所产生的技术进步。

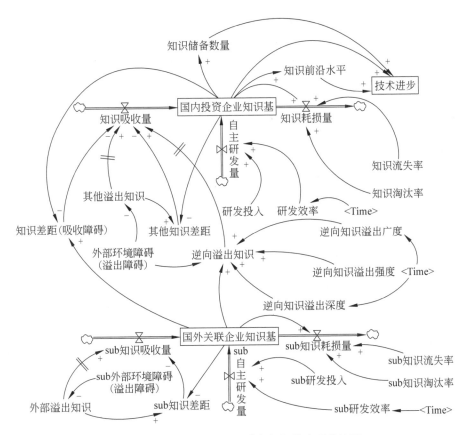

图 4-1　结构视角下 OFDI 逆向知识溢出系统流图

外部知识的能力,而且不同类型的反馈知识重新组合又为组织开展新标的提供了研究基础。总体而言,湖泊形驱动路径最终作用于投资企业创新稳定性和创新目标领域来促进组织技术进步。这与湖泊形逆向溢出知识结构促进企业技术进步的内在机理一脉相承。

峡谷形驱动机制则体现了逆向溢出知识前沿水平对本土企业储备知识前沿度的影响。国外关联企业将国外先进技术、设备、理念等通过共享、转移、租赁等方式引至投资企业,国内投资企业借此寻求更能适应全新生产效率和客户要求的技术方法,提升组织创新效率和技术前沿度。这映射了峡谷形逆向溢出知识结构促进企业技术进步的内在机理。当然,OFDI 逆向知识溢出驱动效应还受组织间知识差距、外部环境障碍等其他因素的影响,细致描述路径传递效果和系统整体联动效果需要进行仿真分析。

4.1.2 仿真分析与对现实的假设

本书在理论与概念的基础上构建了逆向知识溢出与企业技术进步的仿真模型,接下来将依据仿真结果提出研究假设,原因有两点:从优势方面来讲,如图 4-1 所示的系统模型根据现实情境构建,其能够描绘逆向知识溢出与投资企业技术进步之间的现实逻辑关联,相比理论与文献推演更具直观性和趣味性,也更能表达研究对象的实际活动规律;从劣势方面来讲,模型中部分启动变量很难被直接赋予现实数值,如国外关联企业所接受的外部溢出知识等,作者可以根据以往研究经验和对研究对象的归纳比较而赋予其相对合理的非实际值,而这与现实情况之间可能存在偏差。上述两点为书中以仿真提假设的做法提供了逻辑支撑,依据现实情境和理论框架的仿真分析通常比单纯的理论推演更清晰明了,但考虑到赋值限制,必须对仿真结果做进一步实证检验。这也是本书以仿真模拟提出假设并进一步进行实证检验的根本原因。同时,**本书为了更有力地提出研究假设,将以理论推演结合仿真分析的方法增强假设的逻辑性。**

参照相关研究成果以及企业对外直接投资逆向知识溢出现实情境,书中赋予不同变量相应的函数表达式或常数值,量化设计与说明如表 4-1 所示。其中仿真时间长度为 50 年且步长为 1 年[①],考虑函数设置较多,表 4-1 仅展示了部分变量表达式。

越来越多的研究将知识正外部性作为企业对外直接投资的触发因素(Jordaan,2005;Adler & Hashai,2007;吴晓波和黄娟,2007;Li et al.,2017),投资企业通过与海外关联企业合作来学习尚未掌握或有待提升的生产、研发技术和管理经验,并借此培养自身竞争优势,具体而言:逆向溢出知识帮助企业扩充知识类型与数量,增加了企业吸收和利用外部知识的能力,而且不同类型的反馈知识重新组合又为企业开展新标的提供了研究基础(Nair et al.,2015);另外,境外关联企业将国外先进技术、设备、理念等通过共享、转移、租赁等方式引至投资企业,国内投资企业借此寻求更能适应全新生产效率和客户要求的技术方法,提升组织创新效率和技术前沿度(Chen et al.,2012)。

图 4-2 中企业技术进步与对外直接投资逆向溢出知识表现出同增长规律,在一定程度上表示逆向溢出知识增长会促进国内投资企业实现创新与技术发展;分视角下,图 4-3 和图 4-4 展现了逆向溢出知识广度与深度对国内投资企业技术进步

---

① 通常情况下,仿真时间跨度相对较长且步长相对较短时,被模拟对象随时间演化规律表现得越具体,就越容易发现其中可能隐含的潜在特性。但考虑到 20 世纪 80 年代以来国内企业才逐渐实施"走出去"战略,国内企业整体对外投资时间在[40,50]年之间,在贴合该现实情境下尽可能延长仿真时间,因此将仿真时长设置为 50 年,并且以年份作为单位步长。

表4-1　量化设计与说明

变量名称	量化表达	量化说明
技术进步	LN（国内投资企业知识基）知识储备数量＋LN（国内投资企业知识基）知识前沿水平	参照胡峰等（2020）的知识生产函数设计理念，将技术进步拆分为知识综合储备数量与知识前沿水平部分
国内投资企业知识基	INTEG（知识吸收量＋自主研发量－知识耗损量，300）	其等于企业获取知识数量减去消失与淘汰数量的积分值；初始值设置为300
知识吸收量	知识差距（吸收障碍）×逆向溢出知识＋其他知识差距×其他溢出知识	外部溢出知识划分为逆向溢出知识与其他溢出知识之和，0＜知识差距系数＜1
逆向溢出知识	SMOOTH3（（国外关联企业知识基×外部环境障碍（溢出障碍））^（逆向知识溢出广度×逆向知识溢出强度（溢出障碍）＋（国外关联企业知识基×外部环境障碍））^（逆向知识溢出深度），1）	将整体溢出知识划分为横向和纵向两部分，构建逆向溢出知识簇后函数，滞后期设置为1，0＜广度指数（深度指数）＜1
逆向溢出知识广度	WITH LOOKUP（Time，（[0,0]－[50,1]），(0,0),(50,0.75)）	逆向知识溢出广度函数最大值设置在0.75附近，斜率逐渐递增；逆向知识溢出最大数量函数表最大值设置在0.65附近，斜率逐渐递减，并假设"深度＞广度，0≤IF Time≤25；深度＜广度，25＜IF Time≤50"
逆向溢出知识深度	WITH LOOKUP（Time，（[0,0]－[50,1]），(0,0),(50,0.65)）	
逆向溢出知识强度	(0,1)	将逆向知识溢出强度设置为常数项，值域范围为(0,1)
知识储备数量	WITH LOOKUP（国内投资企业知识基，（[0,0]－[max（国内投资企业知识基），1]），(0,0),(max（国内投资企业知识基），0.8)）	企业知识储备数量的表函数最大值设置在0.8附近，斜率随国内投资企业知识基的增加而逐渐递增（Shin et al.，2012）；逆向知识溢出深度表函数最大值设置在0.6附近，斜率随国内投资企业知识基的增加而逐渐递减（Morris et al.，1995），并假设"前沿水平＞储备数量，0≤IF国内投资企业知识基≤max（国内投资企业知识基）/2；前沿水平＜储备数量，max（国内投资企业知识基）/2＜IF国内投资企业知识基≤max（国内投资企业知识基）"
知识前沿水平	WITH LOOKUP（国内投资企业知识基，（[0,0]－[max（国内投资企业知识基），1]），(0,0),(max（国内投资企业知识基），0.6)）	

续表

变量名称	量化表达	量化说明
知识吸收量	知识差距(吸收障碍)×逆向溢出知识＋其他知识×其他溢出知识	参考 Aiman-Smith et al.(2006)对企业知识吸收量的判定思路,设计对外直接投资企业的外部知识溢出吸收量等于境外关联企业有效溢出知识量与其他外部溢出知识量之和
知识耗损量	投资企业知识基×(知识流失率＋知识淘汰率)	借鉴 Lin 等(2016)的相关研究成果,将对外直接投资企业知识耗损量划分为知识流失部分和知识淘汰部分
自主研发量	研发投入×研发效率	企业自主研发量可以表示为研发投入与研发效率的乘积(Wang et al.,2019)
知识差距(吸收障碍)	ABS(国内投资企业知识基－国外关联企业知识)/(国内投资企业知识基＋国外关联企业知识基)	借鉴 Kotha 等(2013)的研究思路,本书采用国内投资企业知识基与国外关联企业知识基之差的绝对值二者之和比值表示国内投资企业与国外关联企业之间的知识差距
其他知识差距	ABS(国内投资企业知识基－其他溢出知识)/(国内投资企业知识基＋其他溢出知识)	其他知识差距表示为国内知识基与知识之差以外的外部知识的绝对值二者之差比值表示国内投资企业非逆向溢出知识与外部掌握知识之间的差距
研发效率	WITH LOOKUP(Time,([0,0]-[50,1]),(0,0.2),(50,0.7))	本书将国内对外直接投资企业的研发效率表示为斜率保持不变的表函数。
其他溢出知识	SMOOTH3(50×外部环境障碍(溢出障碍),1)	本书将非逆向溢出知识的外部溢出知识表示为1阶滞后的常量,其中该数值还受到外部溢出障碍的影响
国外关联企业知识基	INTEG(sub 知识吸收量＋sub 自主研发量－sub 知识耗损量,300)	其等于国外关联企业知识吸收数量减去知识流失与淘汰数量的积分值;初始值设置为300
sub 知识吸收量	外部溢出知识×sub 知识差距	与国内投资企业知识吸收量不同,国外关联企业知识吸收量主要指企业接收的外部环境溢出知识,不再进行分解

续表

变 量 名 称	量 化 表 达	量 化 说 明
sub 知识耗损量	国外关联企业知识基×(sub 知识流失率+sub 知识淘汰率)	表达式设计逻辑与国内投资企业知识耗损量的设计逻辑相同
sub 自主研发量	sub 研发投入×sub 研发效率	表达式设计逻辑与国内投资企业自主研发量的设计逻辑相同
sub 知具差距	ABS(国外关联企业知识基-外部溢出知识)/(外部溢出知识+国外关联企业知识基)	本书采用国外关联企业知识基与外部环境溢出知识之差的绝对值比二者之和来表示国外关联企业所掌握的知识与外部溢出知识之间的差距
sub 研发效率	WITH LOOKUP(Time,([0,0]-[50,1]),(0,0.2),(50,0.7))	表达式设计逻辑与国内投资企业研发效率的设计逻辑相同
外部溢出知识	SMOOTH3(50×sub 外部环境障碍(溢出障碍),1)	表达式设计逻辑与国内投资企业其他溢出知识的设计逻辑相同
…	…	…

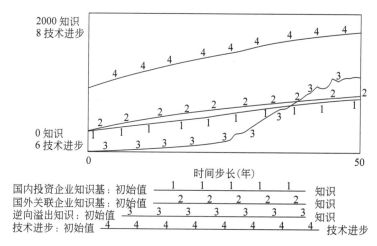

图 4-2　OFDI 逆向溢出知识与技术进步演变

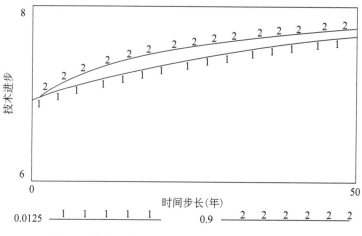

图 4-3　逆向溢出知识广度与投资企业技术进步演变

的作用效果,在控制其他系统变量保持不变的条件下,模拟逆向溢出深度和广度分别在 0.0125、0.9 赋值条件下的投资企业技术演变规律,仿真结果表明当溢出知识深度和溢出知识广度取 0.9 时投资企业技术水平明显大于 0.0125 数值下的技术水平,意味着逆向溢出知识深度和广度增加有益于提升国内投资企业技术水平。综合图 4-2、图 4-3 和图 4-4 的仿真结果,提出假设 1。

H1:对外直接投资逆向溢出知识与国内投资企业技术进步正相关,而且这种正相关关系随逆向溢出知识广度和深度的增加而增加。

对外直接投资逆向溢出知识强度更多强调了反馈知识的数量和反馈频率,并

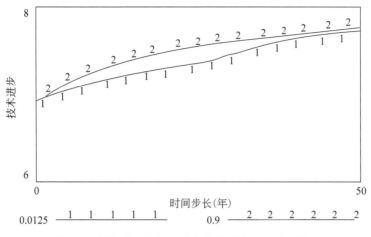

图 4-4　逆向溢出知识深度与投资企业技术进步演变

未涉及逆向溢出知识的本质特征。但是,考虑到知识图腾和知识差距的存在 (Dumas & Fentem,1998；Xie & Li,2013；Merlevede et al.,2014),国内投资企业要想尽可能实现国外知识本土化,就离不开大量的溢出知识以及组织间频繁的知识交互,即要依赖逆向溢出知识强度。也就是说,逆向溢出知识最终会如何影响投资企业,还受知识溢出强度的调节作用。这与 Sasidharan(2019)的观点相同:企业知识获取程度受制于组织之间知识交互强度或频率,即专业领域知识及其流动强度会共同影响企业生产和创新绩效,有必要在知识互动体系中考虑强度。又如命题 3 所提到的:逆向溢出知识强度在企业交互过程中发挥了重要作用,其强化了逆向溢出知识广度和深度对企业技术进步的促进效应。逆向溢出知识与国内投资企业知识基存在知识差距和属性差异,而增加企业之间的知识互动数量和频率是消除差距与差异的有效办法。

　　图 4-5 中逆向知识溢出强度与国内投资企业技术进步仿真结果表明二者之间正相关,但这种正向关系并非直接关联,而是逆向溢出知识强度通过调节"逆向溢出知识深度、广度对企业技术进步的作用效果"所展现的间接关联,这意味着如果溢出知识深度、广度与技术进步负相关,则这种正相关实际上为负向调节,判断逆向溢出知识强度与企业技术进步之间的内在关联需要明确强度、深度与技术进步的相关性。图 4-3 和图 4-4 表明对外直接投资逆向溢出知识广度和深度对投资企业技术进步具有正向促进效应,以此判断逆向溢出知识强度与技术进步之间为正向调节。这种调节作用的发挥机制表现在:逆向溢出知识与国内投资企业知识基存在知识差距和属性差异,而增加企业之间知识互动数量和频率是消除差距与差异的有效办法,本书将逆向溢出知识调节作用描述为知识差距的弥合效应,并提出

相应假设。

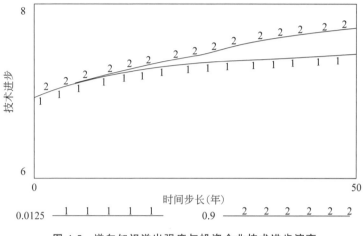

图 4-5　逆向知识溢出强度与投资企业技术进步演变

H2：对外直接投资逆向溢出知识强度通过弥合组织之间的知识差距来促进逆向溢出知识深度、广度在企业技术进步中发挥的正向作用。

企业对外投资的起始目标往往是获得国外某一领域的专业知识，借此深入学习、模仿行业技术的创新规则和先验程序。随着逆向反馈知识的增加，企业深耕的领域知识与发展模式之间愈发僵化，最终导致组织认知纠缠（Cirillo et al.，2014），此时对外直接投资逆向溢出知识深度对投资企业创造力提升的帮助越来越小，需要增加组织知识结构的灵活性。另外，知识结构刚性增加，降低组织知识识别模式与组织属性之间的衔接度，加剧了逆向溢出知识深度对组织灵活认知的负面影响（Young，2011）。与逆向溢出知识深度相反，对外直接投资逆向溢出知识广度在企业早期对外投资阶段可能会导致企业认知超负荷，这主要是因为早期阶段企业缺乏有效识别和处理异质性领域知识的能力，此时企业应尽可能将注意力放在小范围知识领域内，增强企业知识专业化水平。但随着反馈知识逐渐增多，企业认知与接纳能力增加，此时跨越不同领域的逆向溢出知识反而有益于投资企业创造力提升，可以增加组织知识结构的灵活性。正如命题4所言：对外直接投资前期受到所有权劣势和内部化劣势的限制，投资者倾向于选择以深度为特征的峡谷形结构或者选择均衡且投资活动较少的水池形结构；随着企业所有权优势与内部化优势提升、东道国区位优势弱化，投资者会逐渐倾向于选择以广度为特征的湖泊形逆向溢出知识结构。

图 4-3 和图 4-4 同样反映了该变化规律：国内投资企业技术水平增长幅度随企业对外直接投资逆向溢出知识广度增加而增加，表现为图 4-3 中线 1 与线 2 的

差值由小变大,并逐渐趋于稳定,意味着逆向溢出知识广度在逆向知识溢出中后期阶段对技术进步的驱动作用愈发明显;与之不同,图 4-4 中线 1 与线 2 的差值先增大后减小,表示对外直接投资逆向溢出知识深度在逆向知识溢出前期阶段发挥了重要作用,而在中后期阶段这种技术进步的驱动效果逐渐减弱。由此可得 H3。

H3:随着对外直接投资逆向溢出知识增加,溢出知识广度对投资企业技术进步的促进效果逐渐增强,而溢出知识深度的促进效果逐渐减弱。

确保研究假设的现实性和稳定性的前提是保证仿真结果接近现实且由结果所得假设不受变量赋值变化的影响。因此,本书对模型所得仿真结果进行现实性检验与稳定性检验,操作如下:首先,观察核心变量"企业技术进步"的模拟值与现实值的拟合度,判断仿真结果对企业现实情境的表达程度,其中企业技术进步的现实值根据 Zhao & Zhang(2018)的研究方法核算取得[①];其次,改变外生辅助变量"外部环境障碍"的初始值,比较核心观察变量及研究假设在调整前后是否发生变化,以检验研究假设的稳健性。

检验结果如图 4-6 至图 4-8 所示,其中:如图 4-6 所示的"模拟知识差距"数值变化形态(包括拟合函数与判决系数)与如图 4-7 所示的"实际知识差距"的数值走势基本保持一致,在一定程度上反映了仿真结果和所得假设并未偏离企业现实情况;图 4-9 表示将外生辅助变量"外部环境障碍"由 0.98 调整为 0.5 所得仿真结果

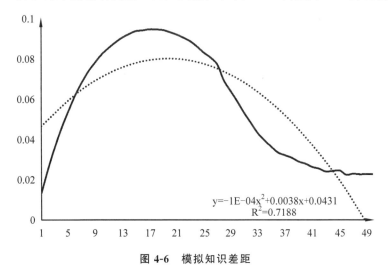

$$y=-1E\text{-}04x^2+0.0038x+0.0431$$
$$R^2=0.7188$$

图 4-6 模拟知识差距

---

① 企业技术进步实际值的核算数据及方法在后文中有详细介绍,此处不再赘述。考虑到仿真步长与实际值的观测年限(为与后文相对应,实际值的年限区间为 2009—2018 年)并不匹配,书中从形态特征方面对二者的拟合度进行检验。

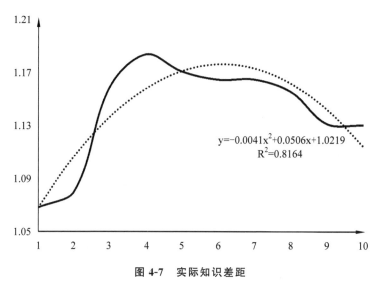

图 4-7   实际知识差距

（其余赋值条件下的检验结果在此不做展示），与图 4-2 至图 4-5 相比，图 4-8 所得结果并未改变变量演化特征，以此为基础的研究假设也未发生变化。检验结果表明，核心变量演化规律与研究假设具有现实性与稳定性，即便调整系统中外生变量的赋值条件，研究假设依然不会改变，而且通过变量的现实性检验可以基本确定仿真所得研究假设并未脱离企业的实际情况。综上，可以进一步对研究假设进行计量检验。

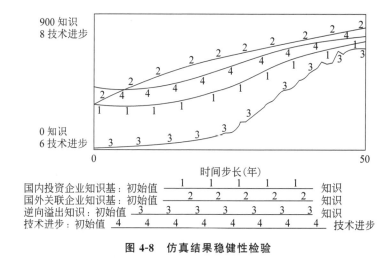

图 4-8   仿真结果稳健性检验

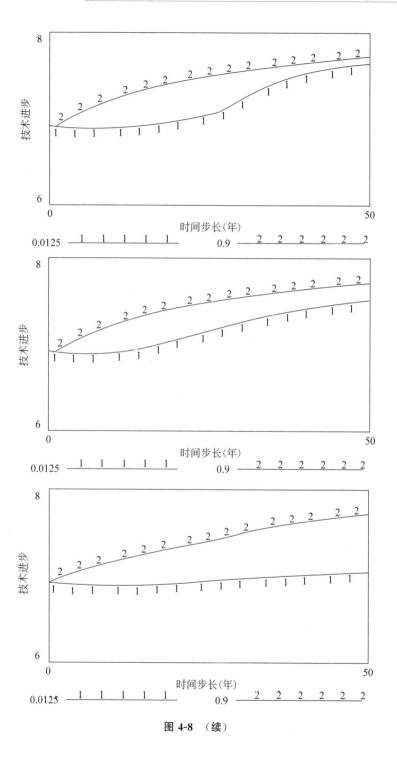

图 4-8 （续）

4.2 数据支撑下的实证分析

4.2.1 模型选择与样本收集

围绕上述三个假设选取实证变量,首先需要明确:虽然逆向知识溢出系统将国内投资企业知识基与技术进步视为近似水平变量,而且已有研究表明企业知识基础条件与技术进步之间存在潜在关联(Voss,1984;Savory,2006;Maleki et al.,2016;Leone & Schiavone,2019),但二者本质上是遵循不同演变轨迹的独立变量,技术进步是一个综合性结果,而知识基础表示一种组织状态。状态可以映射结果,但不能画等号。因此,本书将投资企业技术进步作为模型的被解释变量。

(1)技术进步(TecPro)。既定技术水平下,企业投入量会对应一个最大产出边界,而技术进步意味着企业突破现存边界,达到更高的生产效率水平。本书使用随机前沿模型估计国内投资企业技术进步,是出于三方面的考虑:①企业技术前沿面受到不可控的外部环境影响而具有了随机性,为区别可控因素造成的管理误差,需要将实证分析中的误差拆分为随机误差和单边误差两部分(Aigner et al.,1977);②随机前沿模型能够区分中立型技术进步和有偏型技术进步,同时有助于估计技术进步的时间演化规律(Battese & Coelli,1995);③变量包容特性允许随机前沿模型表现出不同因素对技术进步的差异性影响(Wadud & White,2000)。结合 Zhao & Zhang(2018)的技术有效性时变研究方法,设计超越对数生产函数模型[式(4-1)]和技术进步测度模型[式(4-2)]:

$$
\begin{aligned}
\mathrm{LnRev}_{it} =\ & \alpha_0 + \alpha_1 \mathrm{LnSpen}_{it} + \alpha_2 \mathrm{LnPers}_{it} + \alpha_3 \mathrm{LnSubs}_{it} + \alpha_4 \mathrm{LnK}_{it} + \\
& \alpha_5 \mathrm{Ln}T_t + \alpha_6 \mathrm{LnSpen}_{it} \mathrm{LnSpen}_{it} + \alpha_7 \mathrm{LnPers}_{it} \mathrm{LnPers}_{it} + \\
& \alpha_8 \mathrm{LnSubs}_{it} \mathrm{LnSubs}_{it} + \alpha_9 \mathrm{LnK}_{it} \mathrm{LnK}_{it} + \alpha_{10} \mathrm{Ln}T_t \mathrm{Ln}T_t + \\
& \alpha_{11} \mathrm{LnSpen}_{it} \mathrm{LnPers}_{it} + \alpha_{12} \mathrm{LnSpen}_{it} \mathrm{LnSubs}_{it} + \alpha_{13} \mathrm{LnSpen}_{it} \mathrm{LnK}_{it} + \\
& \alpha_{14} \mathrm{LnSpen}_{it} \mathrm{Ln}T_t + \alpha_{15} \mathrm{LnPers}_{it} \mathrm{LnSubs}_{it} + \alpha_{16} \mathrm{LnPers}_{it} \mathrm{LnK}_{it} + \\
& \alpha_{17} \mathrm{LnPers}_{it} \mathrm{Ln}T_t + \alpha_{18} \mathrm{LnSubs}_{it} \mathrm{LnK}_{it} + \alpha_{19} \mathrm{LnSubs}_{it} \mathrm{Ln}T_t + \\
& \alpha_{20} \mathrm{LnK}_{it} \mathrm{Ln}T_t + (v_{it} - \mu_{it})
\end{aligned}
\tag{4-1}
$$

$$
\begin{aligned}
\mathrm{LnTecPro}_{it} &= \frac{\partial f(X,T)}{\partial T} \\
&= \alpha_5 + 2\alpha_{10}\mathrm{Ln}T_t + \alpha_{14}\mathrm{LnSpen}_{it} + \alpha_{17}\mathrm{LnPers}_{it} + \\
& \quad \alpha_{19}\mathrm{LnSubs}_{it} + \alpha_{20}\mathrm{LnK}_{it}
\end{aligned}
\tag{4-2}
$$

式(4-1)中,Rev_{it} 表示 i 企业 t 年的营业收入,Spen_{it} 和 Pers_{it} 分别表示企业 i 在 t 年的研发投入额与研发人员数量,Subs_{it} 表示企业 i 在 t 年获得的财政补贴,K_{it} 表示企业 i 在 t 年的科技活动资本存量,采用永续盘存法进行计算,T_t 是时间趋势变量($T=1,2,3,\cdots,t$),α_n为待估参数。此外,ν_{it}表示随机误差项且假定服从正态分布 iidN($0,\sigma_\nu^2$),而μ_{it}表示非负单边误差项,表示在给定的产出和准投入水平下的非技术效率,假定其服从非负截尾正态分布 iidN+($0,\sigma_\mu^2$)。σ_ν^2和σ_μ^2分别表示随机误差的方差和技术效率的方差。式(4-2)中,X表示影响企业i在t年营业收入的因素向量,剩余变量释义与式(4-1)相同。最终所得因变量的样本观察值如图 4-9 所示,从图中可见企业技术进步样本点在 0~0.2 区间内波动,没有出现极端异常值,整体较为平稳。

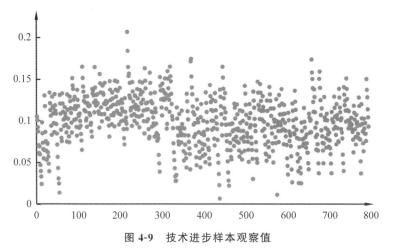

图 4-9　技术进步样本观察值

（2）逆向知识溢出广度（RKS_B）。本书将逆向知识溢出广度定义为国外关联企业反馈到国内企业的知识资源横向结构,如溢出知识涉及的行业数、技术范围、产品类型等,与组织知识广度相比,逆向知识溢出广度是动态溢出过程中所包含知识的横向结构,而组织知识广度表现为静态节点掌握知识的横向结构。产品和服务领域决定了企业内部知识范围（Reagans & McEvily,2003；Guay et al.,2016；Fatima et al.,2016）,而且在知识规模效应和研发成本的双重制约下,海外关联企业很难向国内投资企业溢出自身领域之外的知识资源,如卫星传媒地面技术企业通常会向合作伙伴提供雷达整机及其配套技术,而不是医药检测试剂或生物制品。虽然关联企业可能通过媒介、咨询、猎头等方式溢出非自身领域知识,但通常是应对特定生产与研发活动,具有临时性与应急性（Pittiglio,et al.,2016）,因此,本书将其视为特殊情况不予考虑,对逆向知识溢出广度根据海外关联企业的业务经营范围进行衡量。例如,某运输设备企业从事轨道交通、计算机系统服务、代理进出口业务,则该海外关联企业的逆向知识溢出广度为 3,若从事 10 项业务则赋值为 10。

（3）逆向知识溢出深度（RKS_D）。本书将逆向知识溢出深度定义为国外关联企业向国内投资企业所反馈知识的专业化程度,国内企业所得知识的专业化水平越高表示反馈技术、产品、设备的复杂度和前沿度越明显。与组织知识深度相比,逆向知识溢出深度是动态溢出过程中所包含知识的纵向结构,而组织知识深度表现为静态节点掌握知识的纵向结构。Lin & Wu(2010)认为知识专业化水平和复杂度能够映射出组织知识深度,并采用专利数量描述知识专业化水平和复杂度,以此衡量企业知识深度。逆向知识溢出深度本质上是流动性知识的复杂度与专业化水平,其与知识深度的表达形式异曲同工,可以考虑采用专利溢出数据加以表征。然而,有关海外关联企业逆向转移专利数据难以获取,意味着这种方法不能被直接应用到本研究中。本书采用一种间接思路:专利作为研发投入绩效指标,二者间的正相关性已得到大量证实(Cockburn & Griliches,1988;Czarnitzki et al.,2007;Khanna et al.,2016),因而在专利指标难以获取的情况下,专利的知识深度表征作用同样可以转嫁给研发投入。据此,本书以海外关联企业生产、研发投资占营业收入的比例表示逆向溢出知识深度。

(4)逆向知识溢出强度(RKS_I)。本书将逆向知识溢出强度定义为国外关联企业反馈到国内企业的知识数量与频率,如产品流通数量、技术转移数量、员工对接频率等。高逆向知识溢出强度代表关联企业之间知识流通数量和次数较多,国内投资企业也就越有可能接收、模仿不同类型的知识资源以及更为复杂的前沿知识。逆向知识溢出强度的数量和频率特征分别用国内投资企业海外营业收入占总收入比率[①]和海外交易信息来表示,两个指数乘积表示知识溢出强度。需要特别注意,逆向知识溢出强度通过弥合组织之间的知识差距来调节深度、广度在企业技术进步中的作用,因而需要明确国内投资企业与国外关联企业之间的知识差距。既有研究多借助专利数据测度主体之间的知识差距[②],实际上在外部政策的刺激作用下,部分企业专利数据并不完全与实际情况相吻合;另外,企业中尤其是研发企业的部分专利也并未完全投入生产运营中(Ernst,2001;Jeon,2015),即采用专利数据进行测度并不一定切实反映主体之间的知识差距。鉴于此,Lai 等(2009)采用投资回报率表征企业之间的知识差距,回报率之比越高表示差距越大。参照该测算方法,本书用企业之间研发与生产投资回报率之比表示企业间的知识差距,最终用逆向知识溢出强度与知识差距之积表示强度发挥的弥合效应。

---

① 逆向知识溢出数量暗含两个程度:一是企业间业务紧密程度;二是国外关联企业注入资本的重要程度。已有研究采用营业收入关联度描述"两个程度",本书借鉴这种思路,并采用国内投资企业海外营业收入占总收入的比率表示逆向知识溢出强度的数量维度。

② 这里需要注意与逆向知识溢出深度中专利的表征功能相区分:专利数据表征逆向知识溢出强度更多的是借助专利数据中所蕴含的知识与智慧,是一种直接表现;专利表征知识差距更多的是强调专利所发挥的绩效提高效果,是一种间接表现。专利数据在二者中发挥的作用不同,也就不能相提并论。

　　(5)控制变量(Control_Var)：①国内企业对外投资产生的海外关联企业类型包括子公司、合营公司、联营公司三种类型,不同关系类型的合作模式、投资方式等有所差异,从而逆向溢出知识数量、企业交互频率等也会有所区别(Foss & Pedersen,2004；Asmussen et al.,2013),依据海外企业被控制程度分别用虚拟值3、2、1代表子公司关系、合营公司关系及联营公司关系①,借此控制企业关系差别对回归结果造成的干扰；②行业差异影响企业知识诉求和逆向溢出知识结构,本书按行业代码(证监会2012版行业分类)对企业所在行业进行赋值,如企业i所在行业代码为C27,则赋值为27,若涉猎多行业则以均值表示；③海外地区的知识环境与关联企业进行知识交互从而间接影响逆向溢出知识质量、规模等,依据全球创新指数排名从高往低依次赋值,借此控制国家或地区差异化知识环境所造成的影响；④以时间固定效应控制宏观层面随时间改变的不可观测因素,并用企业固定效应控制企业层面不随时间改变的不可观测因素对结果产生的影响。

　　综合上述分析,本书将逆向知识溢出广度和深度发挥的主效应及逆向知识溢出强度发挥的调节效应纳入同一研究框架中,同时考虑企业关联类型、行业规模等控制变量,在此基础上检验逆向知识溢出广度、深度和强度在对外投资企业技术进步中发挥的直接与间接作用。参照 Kafouros et al.(2012)、Mannucci & Yong (2018)和 Farazi et al.(2019)等模型构架方法,设计模型如式(4-3)所示：

$$LnTecPro_{it} = \beta_0 + \beta_1 LnRKS\_B_{it-1} + \beta_2 LnRKS\_D_{it-1} + \beta_3 LnRKS\_I_{it-1} +$$
$$\beta_4 (LnRKS_{B\,it-1} LnRKS_{I\,it-1}) + \beta_5 (LnRKS_{D\,it-1} LnRKS_{I\,it-1}) +$$
$$\beta_6 \sum Control\_Var_{it} + \varepsilon_i + \delta_t + \omega_{it} \qquad (4-3)$$

　　式(4-3)中,β_n 表示待估参数,ε_i、δ_t 和 ω_{it} 分别为个体固定效应、时间固定效应和随机误差项,其余符号含义与前述相同；仿真过程中逆向溢出知识被国内投资企业吸收利用并转化为储备知识需要消耗1单位时间,意味着因知识基变化产生的技术进步也需要消耗1单位时间,在式(4-3)中采用解释变量滞后1期的办法与之相对应②。为尽可能保证样本完整性及避免2008年金融危机产生的影响,本书以2009—2018年国内123家上市企业的财务数据、OFDI数据及海外交易信息为数据源并构建非平衡面板,数据来源于国泰安数据库(http://www.gtarsc.com)收录的"公司基本信息表""海外关联企业信息表""研发投入情况表"等。样本企业的特

---

　　①　当投资企业拥有多家境外合作公司且关系不唯一时,采取均值法加以应对,例如,i企业在t年同时拥有一家境外子公司和一家境外合营公司,则企业之间的关系赋值为2.5。

　　②　滞后1期的判断依据是什么？其一,考虑到知识时效性与时间成本,国内投资企业实际接受境外反馈知识通常在1年之内完成,但限于样本时间节点以年为单位,所以将"知识转化时间差"近似为1年；其二,相比其他滞后阶数,1阶滞后模型的可决系数相对大,拟合优度更好；其三,1阶滞后模型单位根检验p值等于0.000,表明时间序列数据不存在单位根,面板整体表现平稳。

征分布情况和描述性统计见表 4-2 和表 4-3。

表 4-2　样本企业特征分布情况

企业特征	组别	样本数	占比/%	企业特征	组别	样本数	占比/%
企业年龄/年	10～15	18	14.6	地区分布	华北地区	11	8.9
	16～20	26	21.1		东北地区	3	2.4
	21～25	44	35.8		华东地区	60	48.8
	26～30	30	24.4		华中地区	13	10.5
	＞30	5	4.1		华南地区	28	22.8
注册资本/百万元	0～500	25	20.3		西南地区	4	3.3
	501～1000	42	34.1		西北地区	4	3.3
	1001～1500	20	16.3	企业性质	国营或国有控股	44	35.8
	1501～2000	12	9.8		私营企业	67	54.4
	＞2000	24	19.5		中外合资	12	9.8

表 4-3　变量描述性统计

变量名称	均值	标准误	最小值	最大值	观测值
$LnRev_{it}$	24.0173	1.2501	20.5671	27.3593	793
$LnRDSpen_{it}$	18.8801	1.4482	10.4663	25.0252	793
$LnRDPers_{it}$	6.2486	1.2505	1.8458	10.4799	793
$LnSubs_{it}$	17.3494	1.5734	11.5617	22.6358	791
LnK_{it}	22.8834	1.1462	19.7141	26.0644	793
T_t	6.1627	2.0811	0	9	793
$LnTecPro_{it}$	0.0987	0.0302	0.0064	0.2068	793
$LnRKS\_B_{it}$	2.7039	0.3714	1.3863	3.6256	789
$LnRKS\_D_{it}$	−3.2449	1.9652	−11.5053	2.2844	793
$LnRKS\_I_{it}$	2.6580	0.3910	1.2688	3.5790	793
$Relat_{it}$	0.9488	0.1289	0	1	793
$Industry_{it}$	16.6154	5.4518	4	38	793
$Area_{it}$	0.0814	0.0508	0	0.4114	793

4.2.2 回归结果分析与稳健性检验

关键解释变量滞后1期能够弱化模型整体的多重共线性问题,但仍需要检验同期变量之间的共线性。首先,从表 4-4 中的 Pearson 相关系数矩阵中可知,所有变量之间的相关系数都小于 0.4;其次,同期变量方差膨胀因子 VIF1、VIF2 和整体方差膨胀因子 VIF3 的检验结果都小于 10。由 Mammadova & Ozkale(2021)的研究经验可知,表 4-4 中的相关系数矩阵与方差膨胀因子检验结果均表明模型中不存在或存在较弱的共线性问题,但预期添加交互项会加重模型的共线性问题。参照既有研究方法(温珂等,2014;Michaelides & Spanos,2020),本书对核心解释变量做中心化处理以降低模型整体共线性问题。在此基础上,采用固定效应模型对 H1-H3 进行检验,结果如表 4-5 所示。

表 4-4　Pearson 相关系数矩阵和方差膨胀因子检验

变量名称	1	2	3	4	5	6	7	VIF1	VIF2	VIF3
$LnRKS\_B_{it-1}$	1							3.16		6.24
$LnRKS\_D_{it-1}$	0.0557	1						1.02		1.08
$LnRKS\_I_{it-1}$	0.2285	0.1120	1					3.19		6.71
$Relat_{it}$	0.1213	−0.1086	−0.1852	1					1.02	1.72
$Industry_{it}$	0.2526	0.0365	0.3161	−0.1918	1				1.05	8.72
$Area_{it}$	0.1395	0.0274	0.2163	−0.0582	0.1785	1			1.03	1.04
$LnTecpro_{it}$	0.0441	−0.0890	−0.0102	0.1155	0.0569	−0.2391	1			

表 4-5　逆向知识溢出广度、深度、强度与企业技术进步

变量名称	M1	M2-RE	M3-FE	M4-F5	M5-B5
$LnRKS\_B_{it-1}$	0.0012 (0.27)	0.0123** [2.55]	0.0072* (1.83)	0.0084† (1.64)	0.0091*** (2.73)
$LnRKS\_D_{it-1}$	0.0012*** (4.04)	0.0021*** [4.67]	0.0010** (2.28)	0.0009** (2.04)	0.0010** (1.98)
$LnRKS\_I_{it-1}$	0.0132*** (2.70)	0.0219*** [5.13]	0.0176*** (6.99)	0.0169*** (5.13)	0.0121*** (3.25)
$LnRKS\_B_{it-1} \times LnRKS\_I_{it-1}$		0.0111*** [2.84]	0.0090*** (2.70)	0.0099** (2.52)	0.0065* (1.73)
$LnRKS\_D_{it-1} \times LnRKS\_I_{it-1}$		0.0026*** [3.12]	0.0024*** (3.65)	0.0023*** (3.30)	0.0017** (2.19)

续表

变量名称	M1	M2-RE	M3-FE	M4-F5	M5-B5
Relat$_{it}$	0.0065 (1.29)	0.0117* [1.80]	0.0045 (0.90)	0.0039 (0.78)	0.0056 (0.83)
Industry$_{it}$	0.0081*** (13.03)	0.0051*** [10.90]	0.0076*** (15.11)	0.0073*** (11.57)	0.0079*** (19.27)
Area$_{it}$	−0.0759** (−1.83)	−0.1919*** [−5.33]	−0.0721** (−2.07)	−0.0589† (−1.58)	−0.1073*** (−2.92)
Cons	−0.0341*** (−2.61)	0.0216* [1.83]	−0.0252** (−2.33)	−0.0230* (−1.92)	−0.0276*** (−3.17)
时间固定	是	否	是	是	是
个体固定	是	否	是	是	是
Hausman test		130.99***			
R2	0.8745	0.8684	0.8819	0.8441	0.8287
Obs	666	666	666	543	489

注：†、*、**、***表示参数估计量分别在0.15、0.10、0.05、0.01水平上显著；()内表示 t 值，[]内表示 Z 值，下同。

表 4-4 中，Hausman 检验结果表明固定效应所得参数估计量优于随机效应估计结果，进一步佐证了估计方法的合理性。首先，M3 检验结果显示逆向溢出知识广度和深度参数估计量为 0.0072 和 0.001，且均通过了显著性检验，表明二者与投资企业技术进步显著正相关，H1 得到证实。拓展逆向溢出知识结构的广度维度和深度维度有利于促进企业技术的驱动机制进一步得到证实：其一，以逆向溢出知识广度为代表的湖泊形逆向溢出知识结构有利于投资者扩充知识类型与数量，增加企业吸收和利用外部知识的能力，而且不同类型的反馈知识重新组合又可以为企业开展新标的提供研究基础，增加企业技术进步的稳定性；其二，以逆向溢出知识深度为代表的峡谷形逆向溢出知识结构的优势在于将境外有关主打领域的先进技术、设备、理念等通过共享、转移、租赁等方式引至投资企业，国内投资企业借此寻求更能适应全新生产效率、客户要求的技术方法，提升组织创新效率和技术前沿度。

其次，M3 中交互项检验结果分别为 0.009 和 0.0024，且 p 值均小于 0.01，表明逆向知识溢出强度明显正向调节逆向知识溢出广度和深度对企业技术进步的促进效果，在图 4-10 中表现为高逆向知识溢出强度的简单斜率明显大于低强度的简单斜率，两种结果都表明 H2 成立。这进一步佐证了逆向溢出知识结构强度维度驱动企业技术进步的内在机制符合当前国内现实状况：逆向溢出知识强度在企业交互过程中发挥了重要作用,其强化了逆向溢出知识广度和深度对企业技术进步的促进效应。逆向溢出知识与国内投资企业知识基存在知识差距和属性差异,而增加企业之间的知识互动数量和频率是消除差距与差异的有效办法。

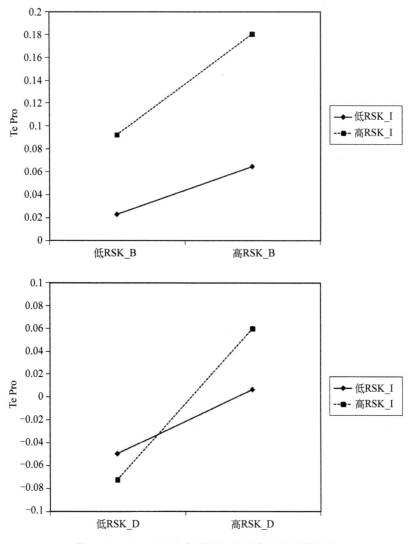

图 4-10　2009—2018 年逆向知识溢出强度调节效应

最后为检验 H3,本书将面板分为两个部分:第 1 部分时间序列为 2013—2017 年,代表前期逆向知识溢出;第 2 部分时间序列为 2014—2018 年,代表后期逆向知识溢出。参数估计结果见 M4 和 M5,进一步采用边际效应之比来比较逆向知识溢出广度和深度在溢出前期与后期所发挥作用的大小。最终核算结果为:M4 中逆向知识溢出广度和逆向知识溢出深度的边际效应之比是 5.7188,而后期这一比率提高到 5.7778,表明逆向溢出知识广度在知识溢出后期对技术进步的重要性有所提升,因此 H3 得到验证。至此,理论框架的最后一部分也得到了验证:对外直接投资前期受到所有权劣势和内部化劣势的限制,投资者倾向于选择以深度为特征的峡谷形结构或选择均衡且投资活动较少的水池形结构;随着企业所有权优势与内部化优势提升,东道国区位优势弱化,投资者会逐渐倾向于选择以广度为特征的湖泊形逆向溢出知识结构。

关键解释变量滞后 1 期在一定程度上可以应对模型因互为因果产生的内生性问题,但模型中若存在测量误差或者遗漏关键控制变量仍可能导致参数估计结果不准确。本书采用工具变量方法检验书中可能存在的内生性问题是否会导致结果产生偏误,参考 Porta 等(1997)和 Rajan and Zingales(1998)的研究思路:当工具变量难以寻求时,也可以将滞后解释变量的方式作为工具变量,这种做法也可以在一定程度上检验书中的内生性问题。基于该逻辑,本书尝试以滞后 2 期的逆向知识溢出深度作为工具变量并采用两阶段最小二乘法检验模型内生性问题。

回归过程中,第一阶段因变量为逆向知识溢出深度,自变量为工具变量以及变量设计中的其他控制变量;然后将第一阶段逆向知识溢出深度拟合值作为自变量代入模型中进行回归,内生性检验结果见表 4-6。首先,根据 Staiger & Stock(1997)的研究经验可知,Kleibergen-Paap rk LM 统计量的 P 值显示检验结果在 1% 显著水平上拒绝了"工具变量识别不足"的原假设,而且 Kleibergen-Paap rk Wald F 统计量大于 Stock-Yogo 检验的临界值(15% 水平),同样拒绝了"工具变量为弱识别"的原假设,基于两个检验,初步认为本书的工具变量是合理的;其次,M6、M7 和 M8 分别表示整体时间序列、前期逆向知识溢出和后期逆向知识溢出的第二阶段参数估计结果,其中每个模型的参数估计量与表 4-5 所得结果在数值大小与显著性方面基本保持一致;最后,Hausman 检验结果表明采用两阶段最小二乘法或者采用固定效应估计方法对于该模型并没有显著差异,即无法拒绝原假设"模型中没有因显著内生问题所导致的估计偏误"。因此,有理由相信书中不存在因遗漏变量而导致的内生性问题或者遗漏变量导致的内生性问题并不影响本书的研究结论。

表 4-6　内生性检验

变　量　名　称	M6	M7	M8
LnRKS_B$_{it-1}$	0.0086** [2.24]	0.0104** [1.99]	0.0061* [1.74]

续表

变 量 名 称	M6	M7	M8
LnRKS_D$_{it-1}$	0.0033** [2.07]	0.0034** [2.04]	0.0040* [1.83]
LnRKS_I$_{it-1}$	0.0120** [2.48]	0.0090** [1.95]	0.0091† [1.28]
LnRKS_B$_{it-1}$×LnRKS_I$_{it-1}$	0.0053† [1.25]	0.0059† [1.30]	0.0075* [1.53]
LnRKS_D$_{it-1}$×LnRKS_I$_{it-1}$	0.0042** [2.42]	0.0038*** [2.61]	0.0018* [1.72]
Relat$_{it}$	0.0068† [1.30]	0.0069 [1.11]	0.0114 [0.76]
Industry$_{it}$	0.0074*** [11.40]	0.0069*** [9.05]	0.0085** [2.16]
Area$_{it}$	−0.0969** [−2.32]	−0.0961** [−2.08]	−0.1652* [−1.95]
时间固定	否	否	否
个体固定	是	是	是
Kleibergen-Paap rk LM statistic（P-value）	8.512(0.0035)	8.908(0.0028)	6.202(0.0831)
Kleibergen-Paap rk Wald F statistic〔15% maximal IV size〕	4.58{4.22}	6.079{4.58}	4.60{4.58}
Hausman test＜Prob＞F＞	0.43＜0.9999＞	3.02＜0.9978＞	0.61＜0.9999＞
R2	0.8505	0.8031	0.7771
Obs	543	421	366

注：$\dagger$、*、**、***表示参数估计量分别在 0.15、0.10、0.05、0.01 水平上显著；〔〕内表示 Z 值。另外，Kleibergen-Paap rk LM statistic 对应的原假设为"工具变量识别不足"，若拒绝原假设则说明工具变量是合理的；Kleibergen-Paap rk Wald F statistic 对应的原假设为"工具变量为弱识别"，若拒绝原假设则说明工具变量是合理的。

为了增强研究结论的可靠性，本书在内生性检验的基础上进一步进行稳健性检验。借鉴于丽华（2019）的研究思路：资产负债率代表了企业的资本结构，其是衡量企业经营绩效的重要指标，资产负债率越高，企业偿债压力越大，研发投入也就相对越低。企业资产负债率与逆向知识溢出深度的原始表征指标截然相反，基于该逻辑，本书尝试以"1/资产负债率"作为逆向知识溢出深度的替代变量来检验模型是否稳健。检验结果如表 4-7 所示。

表 4-7　稳健性检验

变量名称	M6	M7	M8
$LnRKS\_B_{it-1}$	0.0065* (1.67)	0.0078† (1.55)	0.0092** (2.57)
$LnRKS\_D_{it-1}$	0.0020*** (2.91)	0.0018*** (2.89)	0.0020** (1.98)
$LnRKS\_I_{it-1}$	0.0166*** (5.92)	0.0160*** (5.13)	0.0127*** (3.38)
$LnRKS\_B_{it-1} \times LnRKS\_I_{it-1}$	0.0089** (2.38)	0.0095** (2.09)	0.0068* (1.70)
$LnRKS\_D_{it-1} \times LnRKS\_I_{it-1}$	0.0019*** (1.58)	0.0019† (3.30)	0.0006† (2.56)
$Relat_{it}$	0.0040 (0.75)	0.0027 (0.52)	0.0074 (1.09)
$Industry_{it}$	−0.0007 (−0.35)	−0.0012 (−1.08)	−0.0021 (−0.44)
$Area_{it}$	−0.0843*** (−3.05)	−0.0715** (−2.23)	−0.1164*** (−4.01)
$Cons$	0.0721*** (2.71)	0.0774*** (4.82)	0.1359* (1.76)
时间固定	是	是	是
个体固定	是	是	是
R^2	0.8817	0.8433	0.8248
Obs	666	543	489

注：†、*、**、***表示参数估计量分别在 0.15、0.10、0.05、0.01 水平上显著；()内表示 t 值。

M9、M10 和 M11 分别表示替换样本值之后的整体时间序列、前期逆向知识溢出和后期逆向知识溢出的参数估计结果，与表 4-7 所得结果相比，稳健性检验呈现的主要结论并未发生改变，因此可以认为本书的实证结论是稳健可靠的。

4.3　本章小结

本章对企业对外直接投资对技术进步的促进机制和理论框架进行实证检验，与已有研究的实证分析不同，书中在逆向溢出知识结构视角下分维度检验企业对外直接投资对技术进步的内在驱动机制，并融入企业对外直接投资动态演化过程，进一步分阶段检验逆向溢出知识维度发挥的技术进步效应。另外，为保证检验结果的准确性与有效性,本研究将从理论认知与实践数据两个方面展开分析,为理论根基的实证结果上"双保险"。首先,由理论机制构建仿真模型,在认知的视角下表征了企业对外直接投资驱动技术进步的内在机理,与此同时,结合相关理论提出实证假设;其次,构建以上市企业数据为基础的调节模型,检验仿真所得假设是否成立。

　　主要实证结论有:国内投资企业获取境外逆向溢出知识来促进自身技术进步,其中逆向溢出知识所涉及的行业范围、技术范围、产品种类等越丰富,企业越容易完成技术升级,这与湖泊形逆向溢出知识结构驱动企业技术进步的内在机理别无二致;逆向溢出知识专业化水平越高,越容易取得技术进步,这与峡谷形逆向溢出知识结构驱动企业技术进步的内在机理相同;另外,这一促进效应还受到关联企业之间知识交互数量和互动频率的正向调节作用。当然,逆向溢出知识结构的广度、深度和强度维度与企业技术进步正相关也可以说明海洋形或水池形逆向溢出知识结构会对企业技术进步产生更综合性的影响。随着反馈知识增加,且深耕的领域知识与发展模式之间愈发僵化,OFDI逆向溢出知识深度对企业技术进步的帮助越来越小,而溢出知识广度的重要性则逐渐凸显;与之相反,逆向知识溢出前期阶段企业缺乏有效识别和处理异质性领域知识的能力,因而在早期对外投资阶段若OFDI逆向溢出知识广度过大可能会导致企业认知超负荷,此时,企业应尽可能将注意力放在小范围知识领域内,增强企业知识专业化水平。所得结论基本验证了本书所构建理论机制与框架的合理性和有效性,能够与国内企业的现实情境相结合。

第 5 章

逆向溢出知识结构调整机制研究

国内对外直接投资企业的实践结果验证了逆向溢出知识深度和广度有益于促进企业技术进步的结论,而且由上述理论与实证分析发现,国内企业在对外直接投资的前期阶段注重逆向溢出知识深度,形成的逆向溢出知识结构多为峡谷形,而在对外直接投资的中后期阶段则越来越重视逆向溢出知识广度,形成的逆向溢出知识结构逐渐以湖泊形为主。不同对外直接投资阶段的逆向溢出知识结构的深度维度和广度维度对企业技术进步产生的影响有所差异,而且面对当前国际形势变化,国内投资者应主动制定应对策略以及时调整逆向溢出知识结构,那么应该如何提高逆向溢出知识深度和广度呢?

由跨国投资内部化理论可知,不同的对外直接投资模式和投资标的给投资者带来的所有权优势有所差异,如 Chang & Rosenzweig(2001) 提到的"合资经营和跨国并购相较新建投资而言更有可能取得境外知识资源"这一论点与前文中的案例研究结论相吻合,即国内大多数对外直接投资企业倾向于选择并购或合资经营来获取逆向溢出知识。该观点及类似的观点一方面描述了不同直接投资模式所带来的差异化优势,另一方面为寻求增加逆向溢出知识深度和广度的切入点提供了研究视角。本书借助知识不对称及企业异质性的古诺模型尝试解释增加逆向溢出知识深度和广度的收益条件,以此获得投资者调整逆向溢出知识结构的决策启示。

本书提到的结构调整路径是一种相对高效和优选的方法而不是唯一的方法,除了书中提到的逆向溢出知识结构调整思路外,其他对外直接投资模式或许也可以起到结构调整的效果,但却不是最优选择或最有效的选择。当然,如果对外直接投资者在逆向溢出知识结构调整的基础上不以收益最大化为目标(投资者首先是以逆向溢出知识结构调整为目标,在此基础上还要确保收益最大),此时的调整思路便不再有针对性。

5.1 主体同质性条件下的深度抉择

5.1.1 东道国市场描述

Raff 等(2009)在讨论企业进入国外市场模式的研究中将目标市场假设为双

寡头垄断市场,为简化分析结果,本书借鉴该研究假设①并进一步将主体非对称竞争特性加入其中。因此,本书假设对外直接投资企业的目标市场是知识不对称型寡头垄断市场,即东道国市场上存在高技术企业1和低技术企业2两家企业,这弥补了Raff等在研究中所忽视的市场上高技术企业和低技术企业并存这一现实特征。境外企业可借助并购当地企业、在当地成立合资企业和新建投资等三种方式进入东道国市场,境外企业进入之前的东道国市场结构可描述如下:

两家存在技术差异的东道国企业1和2向市场提供同一产品,边际生产成本为c_1和c_2,总生产成本分别为$c(q_1)=c_1q_1$和$c(q_2)=c_2q_2$,其中q_1和q_2分别表示企业1和企业2的产出,考虑到企业1采用相对高技术进行生产,则有$c_1<c_2$。另外,古诺均衡条件下不同寡头之间的产品价格相等,此时假定反需求函数为线性方程$p=p_0-b(q_1+q_2)$,p表示市场价格、p_0和b分别表示价格截距项和反需求函数斜率,为简化分析,把斜率b设定为-1。基于以上条件可得企业1和企业2实现利润最大化条件下的产出水平为

$$q_1=\frac{1}{3}(p_0-2c_1+c_2) \tag{5-1}$$

$$q_2=\frac{1}{3}(p_0-2c_2+c_1) \tag{5-2}$$

东道国市场上的总产出和市场价格等于

$$Q=\frac{1}{3}(2p_0-c_1-c_2) \tag{5-3}$$

$$p=\frac{1}{3}(p_0+c_1+c_2) \tag{5-4}$$

依据式(5-1)、式(5-2)和式(5-4)可得企业1和企业2的利润如式(5-5)和式(5-6)所示,π_1和π_2依次表示企业1和企业2所得利润。依据条件$c_1<c_2$可证$q_1>q_2$,由此可得东道国市场上无境外企业入场情况下企业1所得利润大于企业2所得利润

$$\pi_1=\frac{1}{9}(p_0-2c_1+c_2)^2=q_1^2 \tag{5-5}$$

$$\pi_2=\frac{1}{9}(p_0-2c_2+c_1)^2=q_2^2 \tag{5-6}$$

---

① 假设寡头市场上的厂商数量为m,每个厂商的生产成本相近,此时市场上的总产量是完全竞争市场上的$m/(m+1)$倍,随着m增大,原寡头市场逐渐接近完全竞争市场。寡头模型简化了分析过程,且可以通过放宽主体假设条件推广到一般情况,借助寡头市场假设有助于分析对外直接投资模式对企业最终收益的影响,这与本书的研究具有契合之处。

5.1.2 对外直接投资企业入场成本

为了获取知识资源及超额利润,境外企业 3[①] 通过对外直接投资进入东道国市场,此时有 5 种方式可供其选择:一是并购当地高技术企业 1(S1);二是并购当地低技术企业 2(S2);三是与当地高技术企业 1 成立合资企业(S3);四是与当地低技术企业 2 成立合资企业(S4);五是在东道国进行新建投资(S5)。假设企业 3 的技术水平高于企业 2 但低于企业 1,然而相较企业 1 而言对外直接投资企业 3 具有金融、货币和原始生产资料等方面的所有权优势,在一定程度上弥补了技术落后的劣势,综合而言企业 3 的边际生产成本 c_3 小于企业 1 的边际成本 c_1。与在本国生产相比,企业 3 入驻东道国市场必然面临额外的进入成本,主要包括溢价成本(Keuschnigg,2008)、适应成本(Tomassen et al.,2012)、固定成本(Woo,2013)和营销成本(Barilan & Borodko,2019),下面具体予以分析。

首先,企业并购需要投资企业向东道国市场上的目标企业 1 或 2 支付股本溢价 u_1 或 u_2,虽然被收购企业能够为收购定价,但最终成交价格取决于企业 1 或 2 的盈利能力,即最终定价不能高于目标企业的预期收益水平。由已知推论 $\pi_1 > \pi_2$ 可知,并购企业 1 所需支付的股本溢价 u_1 大于并购企业 2 所需支付的股本溢价 u_2。

其次,考虑到企业 1 与企业 2 为同一市场条件下的同行竞争者,对外直接投资企业与其中任意一方达成合作之后为了避免违约惩罚和声誉损失等将难以与另一方达成合作,因此本书不再讨论三方合营的情况。合营投资是合作双方的自愿出资行为,合同约束条件下,合营投资具有不可收缩性(Raff et al.,2009;Lee et al.,2014;Edgar et al.,2020),这意味着对外直接投资企业为了与高技术企业 1 达成合作可能愿意忍受更多的投资成本 i_3^1,而与低技术企业 2 建立合营企业所愿意支付的投资成本 i_3^2 要少于 i_3^1。东道国企业 1 完成合营投资需要支付的股本价格 i_1 高于企业 2 支付的股本价格 i_2,这是因为高技术合营企业相较低技术合营企业在成立之初更需要成本较高的设施设备,而东道国企业有责任利用地理优势承担部分难以随空间转移的投资成本。另外,企业 3 作为合作发起者,通常要背负更多的投资成本,即便支付的低投资成本 i_3^2 也要大于 S3 情境下的 i_1。综合之下有 $i_3^1 > i_3^2 > i_1 > i_2$。

[①] 需要注意,此处对外直接投资企业 3 所获投资收益均来自东道国市场上的关联企业,包括新建子公司、合资经营企业和并购企业等,关联企业通过股权配比或其他约定进行分红,并通过技术共享和人员流动等方向投资企业 3 反馈知识。考虑到二者之间的利益关联通常为正相关关系,为方便描述,本书以关联企业所得收益作为投资企业的直接投资收益,在每一种直接投资模式下均以企业 3 所获收益来描述。企业 3 所获收益表示的是关联企业(同一类)所获收益,而不是局限于某一个体。

再次,对外直接投资企业在东道国新建子公司需要支付额外的固定成本 F_3 和营销成本 m_3,但在并购与合资经营的情况下,企业3可以利用并购企业或合营企业既有的基础设施和营销知识,不需要支付额外的固定成本与营销成本,因此推得 $F_3>0$ 及 $m_3>0$ 且 $F_1=F_2=m_1=m_2=0$ 。

最后,对外直接投资企业进入东道国必须适应当地的消费偏好和生产过程,为实现该目标,企业3必须承担适应成本 d_3 。根据假设"企业3与企业2之间技术差距相对明显,而与企业1技术水平接近",可推论无论是并购低技术企业2还是与其成立合资企业,企业3都必须同时调整生产流程(适应低技术水平生产流程)和产品(适应当地消费偏好);而在并购企业1或者与其合作的情况下,企业3调整产品的同时仅需要小幅调整生产流程。企业3新建投资相比并购与合资经营只需要增加产品适应成本而不需要增加过程适应成本。由此可得 $d_3^{S2}=d_3^{S4}>d_3^{S1}=d_3^{S3}>d_3^{S5}$,其中 d_3^{Sn} 表示不同情境下对外直接投资企业3所需付出的适应成本。考虑到适应成本与目标企业技术水平相关而与投资企业选择并购还是合资经营关系不大,所以本书假设企业3对同一目标实施并购的适应成本与合资经营的适应成本相等。

股本溢价、固定成本和适应成本等与企业利润最大化的一阶条件不相关,而且仅当企业3的现值等于或小于其在投资期限内的预期折现利润之和时,企业3才会承担这些额外成本。当然,企业3进入东道国可能改变原市场结构和市场参与主体的利润水平,本书分别在5种对外直接投资模式下展开讨论,并假设纳入了境外投资者的反需求函数为 $p=p_0-b(q_1+q_2+q_3)$,其中 q_3 表示新进企业的总产出且 $q_n \geq 0$ 。为简化分析结果,将参数 b 设定为1。

5.1.3　不同情境下的收益与比较分析

(1)并购高技术企业1(S1)。该情境下,东道国市场上存在高技术企业3和低技术企业2,企业3的收益 π_3^{S1} 和企业2的收益 π_2^{S1} 分别如式(5-7)和式(5-8)所示。此时企业2所获收益小于企业3进入之前所得收益[①],而且由成本假设 $c_3<c_1$ 可得 $q_{S1\sim3}^2>q_1^2$ 。

$$\pi_2^{S1}=\frac{1}{9}(p_0-2c_2+c_3)^2=q_{S1\sim2}^2 \tag{5-7}$$

$$\pi_3^{S1}=\frac{1}{9}(p_0-2c_3+c_2)^2-u_1-d_3^{S1}=q_{S1\sim3}^2-u_1-d_3^{S1} \tag{5-8}$$

[①]　采用反证法,若 $\pi_3^{S1}>\pi_2$ 则有 $c_3>c_1$,这违背了前提假设 $c_3<c_1$,因而企业2在S1情境下所得收益高于企业3未进入条件下的收益是不可行的。

(2) 并购低技术企业 2(S2)。该情境下,东道国市场上存在高技术企业 3 和高技术企业 1,企业 3 的收益 π_3^{S2} 和企业 1 的收益 π_1^{S2} 分别如式(5-9)和式(5-10)所示。此时企业 1 所获收益小于企业 3 进入之前所得收益,由假设条件 $c_1 < c_2$ 可得 $q_{S2\sim3}^2 < q_{S1\sim3}^2$。

$$\pi_1^{S2} = \frac{1}{9}(p_0 - 2c_1 + c_3)^2 = q_{S2\sim1}^2 \tag{5-9}$$

$$\pi_3^{S2} = \frac{1}{9}(p_0 - 2c_3 + c_1)^2 - u_2 - d_3^{S2} = q_{S2\sim3}^2 - u_2 - d_3^{S2} \tag{5-10}$$

(3) 与高技术企业 1 成立合资企业(S3)。该情境下,东道国市场上存在高技术企业 1、低技术企业 2 和高技术企业 3[①],考虑到此时的企业 3 是企业 1 和对外直接投资企业的共同附属企业,三家企业形成资源共享和成本共担的协同联盟,在此假设三家企业的边际成本为同一水平 $\min\{c_1, c_3\}$。可得企业的收益 π_3^{S3}、企业 1 的收益 π_1^{S3} 和企业 2 的收益 π_2^{S3} 分别如式(5-11)至式(5-13)所示,虽然企业 1 与企业 3 的边际生产成本相同,但为了增加主体成本辨识度,收益方程中对 c_1 和 c_3 不做化简,下同。此时企业 1 和企业 2 的产出量小于企业 3 进入之前的水平[②],而且可证 $q_{S3\sim3}^2 < q_{S2\sim3}^2$。

$$
\begin{aligned}
\pi_1^{S3} &= \frac{1}{16}(p_0 - 3c_1 + c_2 + c_3)^2 - i_1 \\
&= q_{S3\sim1}^2 - i_1, c_1 = c_3 = \min\{c_1, c_3\}
\end{aligned}
\tag{5-11}
$$

$$
\begin{aligned}
\pi_2^{S3} &= \frac{1}{16}(p_0 - 3c_2 + c_1 + c_3)^2 \\
&= q_{S3\sim2}^2, c_1 = c_3 = \min\{c_1, c_3\}
\end{aligned}
\tag{5-12}
$$

$$
\begin{aligned}
\pi_3^{S3} &= \frac{1}{16}(p_0 - 3c_3 + c_1 + c_2)^2 - i_3^1 - d_3^{S3} \\
&= q_{S3\sim3}^2 - i_3^1 - d_3^{S3}, c_1 = c_3 = \min\{c_1, c_3\}
\end{aligned}
\tag{5-13}
$$

(4) 与低技术企业 2 成立合资企业(S4)。该情境下,东道国市场上存在高技术企业 1、低技术企业 2 和中高技术企业 3,此时企业 2 与企业 3 的边际成本均为 $\min\{c_2, c_3\}$。可得企业 3 的收益 π_3^{S4}、企业 1 的收益 π_1^{S4} 和企业 2 的收益 π_2^{S4} 分别如式(5-14)至式(5-16)所示。此时企业 1 的产出水平小于 S3 情境下的产出水平,而企业 2 的产出水平大于 S3 情境下的产出水平,另外由假设条件 $d_3^{S4} > d_3^{S3}$ 及

---

① 如上文脚注所述,这里的高技术合资企业 3 等同于对外直接投资企业 3,下同。

② 以企业 1 为例,若 $q_{S3\sim1}^2 > q_1$ 则有 $c_3 > \dfrac{p_0 + c_1 + c_2}{3}$,此时企业 3 的产出为负,所以企业 1 在 S3 情境下的产出从理论上讲应小于投资企业 3 进入之前的产出水平;同理可证企业 2。

$i_3^2 > i_3^1$ 可推得 $\pi_3^{S4} < \pi_3^{S3}$。

$$\pi_1^{S4} = \frac{1}{16}(p_0 - 3c_1 + c_2 + c_3)^2$$
$$= q_{S4\sim1}^2, c_2 = c_3 = \min\{c_2, c_3\} \qquad (5\text{-}14)$$

$$\pi_2^{S4} = \frac{1}{16}(p_0 - 3c_2 + c_1 + c_3)^2 - i_2$$
$$= q_{S4\sim2}^2 - i_2, c_2 = c_3 = \min\{c_2, c_3\} \qquad (5\text{-}15)$$

$$\pi_3^{S4} = \frac{1}{16}(p_0 - 3c_3 + c_1 + c_2)^2 - i_3^2 - d_3^{S4}$$
$$= q_{S4\sim3}^2 - i_3^2 - d_3^{S4}, c_2 = c_3 = \min\{c_2, c_3\} \qquad (5\text{-}16)$$

（5）新建投资（S5）。该情境下，东道国市场上存在高技术企业1、低技术企业2和高技术企业3，此时企业3的收益 π_3^{S5}、企业1的收益 π_1^{S5} 和企业2的收益 π_2^{S5} 分别如式（5-17）至式（5-19）所示。进一步由成本假设可得 $q_{S3\sim3}^2 > q_{S5\sim3}^2 > q_{S4\sim3}^2$，其余推论不再逐一描述。

$$\pi_1^{S5} = \frac{1}{16}(p_0 - 3c_1 + c_2 + c_3)^2 = q_{S5\sim1}^2 \qquad (5\text{-}17)$$

$$\pi_2^{S5} = \frac{1}{16}(p_0 - 3c_2 + c_1 + c_3)^2 = q_{S5\sim2}^2 \qquad (5\text{-}18)$$

$$\pi_3^{S5} = \frac{1}{16}(p_0 - 3c_3 + c_1 + c_2)^2 - F_3 - m_3 - d_3^{S5}$$
$$= q_{S5\sim3}^2 - F_3 - m_3 - d_3^{S5} \qquad (5\text{-}19)$$

本研究中，国内企业对外直接投资首先以逆向溢出知识结构调整为目标，在此基础上要确保收益最大化。比较对外直接投资企业在各种模式下的收益情况，有助于投资者厘清选择不同结构调整模式所应具备的基本条件是什么。在正式比较之前，考虑到各情境下企业3的生产能力不尽相同，故而假设对外直接投资企业在S1～S5情境下的总产出各不相同，而且在边际产量递减规律的作用下，低技术水平的总产出很难达到高技术产出水平；另外，上述已推得 $q_{S1\sim3}^2 > q_{S2\sim3}^2 > q_{S3\sim3}^2 > q_{S5\sim3}^2 > q_{S4\sim3}^2$，综合之下可得对外直接投资企业在各入场模式下的收益曲线 Π_1～Π_5，如图5-1所示。

在此提出两个重要的分析条件：其一，同样收益水平下，企业产出越多则产生的沉没成本越大（Johnson & Hoopes，2003；Schmalensee，2004；Cabral & Ross，2008），这表示不同入场方式若能保证最终收益相等，则企业倾向于选择低产出模式；其二，高技术企业往往是知识密集型组织（李西良等，2020；郭秀强和孙延明，2020），对外直接投资企业通过收购高技术企业或者与其合资经营更容易取得专业化和前沿型知识资源，这意味着以高技术企业为目标的两种入场模式将大概率增

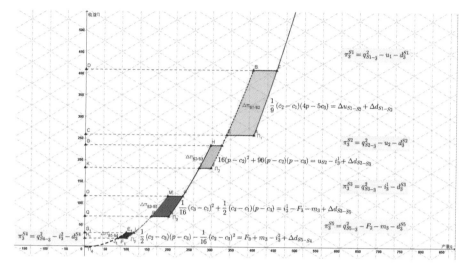

图 5-1　主体同质性条件下的投资者收益曲线

加逆向溢出知识深度,这与上文中海尔、万向和华为等峡谷形逆向溢出知识结构企业的对外直接投资方式与标的选择的逻辑相一致。当然,投资者调整逆向溢出知识结构的同时要确保收益最大化,在该条件下,国内对外直接投资企业应该怎样抉择才能完成逆向溢出知识深度调整呢?

(1) S1 情境下的逆向溢出知识深度结构调整机理。国内投资企业选择并购高技术企业必须满足条件: $\frac{1}{9}(c_2-c_1)(4p-5c_3)>\Delta u_{S1-S2}+\Delta d_{S1-S2}$。首先,当并购高技术企业所需支付的股本溢价与并购低技术企业所需支付的股本溢价接近或者两种选择所需付出的适应成本相对接近时,国内投资者选择并购高技术企业更加合理;其次,高技术企业的生产成本与低技术企业的生产成本差距较大时,同样是选择并购高技术企业更加合理。

由 S1 可得,国内投资者通过并购高技术企业完成逆向溢出知识深度调整有主动选择东道国市场和调整自身生产条件两种途径。从东道国的市场特征来看:其一,投资者选择低技术企业所有权优势相对明显的东道国市场进行投资,在低技术企业追赶压力下以及投资者拥有更多备择标的条件下,当地高技术企业倾向于与投资者达成并购协议;其二,投资者选择适应成本在不同入场模式条件下差异较小的东道国市场,此时并购高技术企业相对合理且更容易达成目的。从生产成本来看,国内投资者选择低技术企业与高技术企业技术差距相对明显的东道国市场更为合理,在这个过程中,投资者可以通过压低生产成本来增加竞争优势,为并购高技术企业打下基础。

（2）S3 情境下的逆向溢出知识深度结构调整机理。此时，国内投资企业选择与高技术企业合资经营必须满足条件：$\frac{1}{16}(c_3-c_1)^2+\frac{1}{2}(c_3-c_1)(p-c_3)>i_3^1-F_3-m_3+\Delta d_{s3-s5}$。首先，当新建投资所需支付的固定成本和营销成本较大或者投资者与高技术企业合作投资成本较低时，相比新建投资而言国内投资者选择与高技术企业合作更加有利；其次，投资者与高技术企业成立合资企业的适应成本和新建投资所付出的适应成本相差较小或者投资者的生产成本与高技术企业的生产成本接近时[①]，同样是与高技术企业合资经营为最优选择。

由 S3 可得，国内投资企业可主动选择具有某些市场特征的东道国来达成逆向溢出知识深度调整的目的：其一，投资者选择在不同入场模式条件下的消费偏好适应成本差异较小的东道国市场进行投资时，投资者与高技术企业合资经营更加合理；其二，选择东道国市场上技术水平相对接近的高技术企业进行合作，这是因为投资者与技术水平相对接近的高技术企业合作所需支付的投资成本相对较低，因而选择与其成立合资企业更加合理且更容易达成投资合作。

5.2 主体异质性条件下的广度抉择

5.2.1 东道国市场描述及入场成本

东道国市场上存在两家相互独立且不存在竞合关系的异质性企业 4 和企业 5，假设企业 4 与对外直接投资企业 3 为同质性企业且技术水平接近，但企业 5 与企业 3 不属于同一行业领域。与同质性市场条件不同，主体异质性条件下无法直接判断企业 4 的边际成本 c_4 与企业 5 的边际成本 c_5 孰大孰小，且市场产出不再局限于单一产品，此时的反需求函数为 $p_4=p_0'-q_4$ 和 $p_5=p_0''-q_5$，p_4 和 p_5 分别表示企业 4 和企业 5 的产品价格、p_0' 和 p_0'' 表示两个不同的价格截距项，为简化分析结果，将反需求函数的斜率设定为 -1。基于这些条件可得东道国市场上无境外企业入场情况下企业 4 所得收益 π_4 和企业 5 所得收益 π_5：

$$\pi_4=\frac{1}{4}(p_0'-c_4)^2=q_4^2 \tag{5-20}$$

$$\pi_5=\frac{1}{4}(p_0''-c_5)^2=q_5^2 \tag{5-21}$$

---

① 由前述假设可知 $c_0<c_1$，则有 $\frac{1}{2}(c_3-c_1)(p-c_3)<0$，当投资者的生产成本与高技术企业的生产成本接近，或者说投资者的生产成本相对较高时，投资者选择与高技术企业合作更加合理。

主体异质性条件下对外直接投资企业进入东道国市场同样具有五种模式,并购同质性企业 4(S6)、并购异质性企业 5(S7)、与同质性企业 4 合资经营(S8)、与异质性企业 5 合资经营(S9)以及新建投资(S10)。直接投资模式不变意味着投资者入驻东道国市场产生的额外成本类型不变,但部分成本大小可能发生变化。下面具体予以分析。

首先,异质性企业之间的收益水平无法直接比较,因此并购企业 4 和企业 5 所需付出的股本溢价 u_4 和 u_5 的大小关系不能直接确定;其次,受组织知识差异性影响,当合作对象为异质性企业时,对外直接投资企业与其接洽时需要付出更多的对接成本,因此假设 $i_3^5 > i_3^4$;再次,投资者与异质性企业合作一般需要更长的磨合期,企业 3 无论并购企业 5 还是与其合资经营都需要投入更多的适应成本,而且假设以同一企业为投资目标的并购适应成本 $d_3^{S6}(d_3^{S7})$ 与合资经营的适应成本 $d_3^{S8}(d_3^{S9})$ 相等,新建投资相比并购与合资经营只需要企业 3 增加产品适应成本而不需要增加过程适应成本,由此可得 $d_3^{S7} = d_3^{S9} > d_3^{S6} = d_3^{S8} > d_3^{S10}$;最后,新建投资需要投资者支付额外的固定成本 F_3' 和营销成本 m_3',但在并购与合资经营的情况下,企业 3 可利用并购企业或者合营企业既有的基础设施和营销知识,不需要支付额外的固定成本与营销成本,这与同质性研究的假设相同。

5.2.2 不同情境下的收益与比较分析

(1) 并购同质性企业 4(S6)。该情境下,东道国市场上存在对外直接投资企业 3 和异质性企业 5,此时企业 3 所得收益如式(5-22)所示。假设技术水平接近令企业 3 与企业 4 的边际生产成本差异可忽略不计,则有 $q_4^2 \approx q_{S6\sim3}^2$。

$$\pi_3^{S6} = \frac{1}{4}(p_0' - c_3)^2 - u_4 - d_3^{S6} = q_{S6\sim3}^2 - u_4 - d_3^{S6} \qquad (5\text{-}22)$$

(2) 并购异质性企业 5(S7)。该情境下,东道国市场上存在对外直接投资企业 3 和同质性企业 4,假设企业 3 并购异质性企业 5 但在东道国继续生产异质性产品,此时企业 3 所得收益如式(5-23)所示,可得 $q_5^2 = q_{S7\sim3}^2$。

$$\pi_3^{S7} = \frac{1}{4}(p_0'' - c_5)^2 - u_5 - d_3^{S7} = q_{S7\sim3}^2 - u_5 - d_3^{S7} \qquad (5\text{-}23)$$

(3) 与同质性企业 4 合资经营(S8)。该情境下,东道国市场上存在同质性企业 4、异质性企业 5 和同质性企业 3,考虑到此时的企业 3 是企业 4 和对外直接投资企业的共同附属企业,三家企业形成资源共享和成本共担的协同联盟,在此假设三家企业边际成本为同一水平 $\min\{c_3, c_4\}$,S8 情境下企业 3 的收益如式(5-24)所示。虽然企业 3 与企业 4 的边际生产成本接近,但为了增加主体成本辨识度,收益方程中的 c_3 和 c_4 不做化简,下同。另外,考虑到企业 4 产出必须大于 0 且 $\frac{1}{9} <$

$\dfrac{1}{4}$,则有 $q_{S6\sim3}^2 > q_{S8\sim3}^2$。

$$\pi_3^{S8} = \frac{1}{9}(p'_0 - 2c_3 + c_4)^2 - i_3^4 - d_3^{S8}$$
$$= q_{S8\sim3}^2 - i_3^4 - d_3^{S8}, c_3 = c_4 = \min\{c_3, c_4\} \tag{5-24}$$

（4）与异质性企业 5 合资经营（S9）。该情境下,东道国市场上存在同质性企业 4、异质性企业 5 和异质性企业 3,此时企业 3 与企业 5 的边际生产成本均为 $\min\{c_3, c_5\}$,S9 情境下企业 3 的收益如式(5-25)所示。由条件"企业 5 产出 $q_{S9\sim5} > 0$"且 $\dfrac{1}{9} < \dfrac{1}{4}$,可证 $q_{S7\sim3}^2 > q_{S9\sim3}^2$。

$$\pi_3^{S9} = \frac{1}{9}(p''_0 - 2c_3 + c_5)^2 - i_3^5 - d_3^{S9}$$
$$= q_{S9\sim3}^2 - i_3^5 - d_3^{S9}, c_3 = c_5 = \min\{c_3, c_5\} \tag{5-25}$$

（5）新建投资（S10）。该情境下,东道国市场上存在同质性企业 4、异质性企业 5 和同质性企业 3,S10 情境下对外直接投资企业所得收益如式(5-26)所示。由企业 3 和企业 4 之间的边际生产成本相近可得 $q_{S8\sim3}^2 = q_{S10\sim3}^2$。

$$\pi_3^{S10} = \frac{1}{9}(p'_0 - 2c_3 + c_4)^2 - F'_3 - m'_3 - d_3^{S10}$$
$$= q_{S10\sim3}^2 - F'_3 - m'_3 - d_3^{S10} \tag{5-26}$$

与完全同质性市场条件下的比较不同,存在异质性企业令对外直接投资者在 S6~S10 情境下的产出水平还具有相等和未知两种状态,体现在:①S6、S8 和 S10 情境下的产出无法与 S7 和 S9 情境下的产出直接比较;②由企业 3 和企业 4 之间边际生产成本相近所得推论 $q_{S8\sim3}^2 = q_{S10\sim3}^2$。此外,异质性企业之间的收益水平无法直接比较令股本溢价 u_4 和 u_5 的大小关系也无法直接确定。在此基础上,结合已知推论可得对外直接投资企业在主体异质性条件下的收益曲线 $\Pi_6 \sim \Pi_{10}$,如图 5-2 所示。

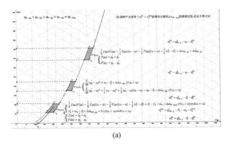

(a)

图 5-2　主体异质性条件下的投资者收益曲线

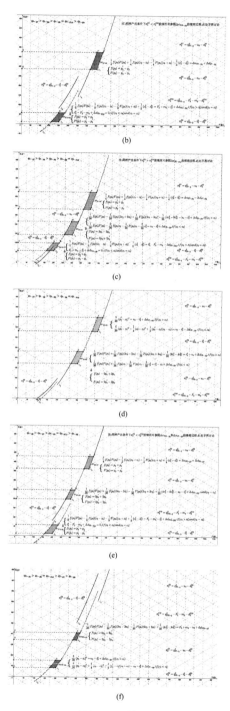

图 5-2　（续）

与逆向溢出知识深度抉择分析一样,在逆向溢出知识广度抉择分析中同样需要提出两个重要的分析条件:其一,同样收益水平下,企业产出越多则产生的沉没成本越大(Johnson & Hoopes,2003;Schmalensee,2004;Cabral & Ross,2008),这表示不同入场方式若能保证最终收益相等,则企业倾向于选择低产出模式;其二,对外直接投资企业通过收购异质性企业或者与其合资经营更容易取得自身行业领域之外的知识资源(任海云和聂景春,2018;贺炎林和单志诚,2019),这意味着以异质性企业为目标的两种入场模式将大概率增加逆向溢出知识的广度,这与上文中吉利、上汽和中兴等湖泊形逆向溢出知识结构企业的对外直接投资方式与标的选择的逻辑别无二致。与深度调整相同,投资者调整逆向溢出知识的广度同时要确保收益最大化,那么国内对外直接投资企业应该怎样抉择才能在完成逆向溢出知识广度调整的前提下实现收益最大化呢?

图 5-2(a)中的产出条件设定为 $q_{S7\sim3} > q_{S9\sim3} > q_{S6\sim3} > q_{S8\sim3} = q_{S10\sim3}$,假设 $c_3 > c_5$,国内投资者选择并购异质性企业需满足条件 $\frac{5}{36}(p_0'' - c_5)^2 > u_5 - i_3^5 + \Delta d_{S7-S9}$。首先,当并购异质性企业所需支付的股本溢价较低或者投资者与异质性企业合作投资成本较高时,国内企业选择并购异质性企业是有利的;其次,异质性企业生产成本较低时选择并购异质性企业更有利。依据前述条件,并购异质性企业所需付出的适应性成本和投资者与异质性企业合资经营所需付出的适应性成本相等($\Delta d_{S7-S9} = 0$),此处不作讨论。由以上可得,国内投资者完成逆向溢出知识广度调整可有以下路径:投资者选择并购所有权优势不明显且交叉领域较少的异质性企业来拓展逆向溢出知识广度,此时国内投资者在完成逆向溢出知识广度调整的同时能够确保收益最大。

依旧在 $c_3 > c_5$ 的假设条件下,国内投资者选择与异质性企业合资经营需满足条件 $\frac{1}{36}f(p_0)F(p_0) + \frac{1}{36}f(p_0)(3c_3 - 2c_5) - \frac{1}{36}F(p_0)(3c_3 + 2c_5) - \frac{1}{36}(9c_3^2 - 4c_5^2) > i_3^5 - u_4 + \Delta d_{S9-S6}$。首先,当国内投资者与异质性企业合资经营所支付的投资成本较低或者并购同质性企业所需支付的股本溢价较高时,国内投资者与异质性企业合资经营为最合理的选择;其次,投资者与异质性企业合资经营所付出的适应成本与并购同质性企业所付出的适应成本相对接近或者异质性企业生产成本较低时[①],投资者同样适合选择与异质性企业合资经营。由此可得逆向溢出知识广度调整的思路为:投资者选择在同质性企业所有权优势相对明显的东道国市场上

---

① 将逻辑关系式中包含 c_5 的同类项合并化简得 $\frac{c_5^2 - 2p_0''c_5}{9}$,通常情况下截距项 $p_0'' \geqslant c_5$,又因化简式为单调递减性,其随着 c_5 的增加而减小,所以异质性企业成本越低,关系式越合理。

投资具有交叉领域的异质性企业来拓展逆向溢出知识广度，而且异质性企业生产成本越低、投资者与异质性企业合资经营的适应成本和并购同质性企业的适应成本越接近，投资者选择与异质性企业合资经营越合理。另外，投资者也可以通过降低生产成本增加行业竞争力，吸引异质性企业合作。

假设 $c_3 < c_5$，国内投资者选择并购异质性企业需满足条件 $\frac{5}{36}(p_0'' - c_3)^2 + \frac{1}{4}(c_3 - c_5)^2 + \frac{1}{2}(p_0'' - c_3)(c_3 - c_5) > u_5 - i_3^5 + \Delta d_{S7-S9}$，而选择与异质性企业合资经营则需要满足条件 $\frac{1}{36}f(p_0)F(p_0) + \frac{1}{36}f(p_0)c_3 - \frac{5}{36}F(p_0)c_3 - \frac{5}{36}c_3^2 > i_3^5 - u_4 + \Delta d_{S9-S6}$。两个条件的延伸含义和内在逆向溢出知识广度调整机理与在 $c_3 > c_5$ 条件下相同，这里不再赘述。

图 5-2(b) 中的产出条件设定为 $q_{S7\sim3} > q_{S6\sim3} > q_{S9\sim3} > q_{S8\sim3} = q_{S10\sim3}$，国内投资者选择并购异质性企业需满足条件 $\frac{1}{4}f(p_0)F(p_0) + \frac{1}{4}f(p_0)(c_3 - c_5) - \frac{1}{4}F(p_0)(c_3 + c_5) - \frac{1}{4}(c_3^2 - c_5^2) > \Delta u_{S7-S6} + \Delta d_{S7-S6}$。首先，当并购同质性企业所需支付的股本溢价与并购异质性企业所需支付的股本溢价接近或者两种模式的适应成本差异较小时，国内投资者选择并购异质性企业较为合理；其次，异质性企业生产成本较低时[1]，国内投资者选择并购异质性企业同样是相对合理的选择。由此可得，国内投资者选择同质性企业所有权优势相对明显的东道国进行投资，此时通过并购异质性企业来完成逆向溢出知识广度调整更加合理可靠；此外，异质性企业生产成本越低或者与其合作的适应成本越低，并购异质性企业的合理性越强且完成知识结构调整也相对容易。

国内投资者选择与异质性企业合资经营涉及合作企业之间成本归同的问题，需要考虑投资者与异质性企业的生产成本孰高孰低。假设 $c_3 > c_5$，国内投资者选择与异质性企业合资经营须满足条件 $\frac{1}{9}f(p_0)F(p_0) + \frac{1}{9}f(p_0)(c_3 - c_5) - \frac{1}{9}F(p_0)(c_3 + c_5) - \frac{1}{9}(c_3^2 - c_5^2) > i_3^5 - F_3' - m_3' + \Delta d_{S9-S10}$。首先，投资者与异质性企业合资经营所需支付的投资成本较低或者新建投资付出的固定成本和营销成本较高时，投资者选择与异质性企业合资经营而非在东道国新建投资更加合理；其

---

① 将逻辑关系式左边进行合并整理得 $(c_3 - c_5)[2p_0' - (c_3 + c_5)]$，其中 $2p_0' > (c_3 + c_5)$，易证 c_5 越小，合并项的值越大。

次，当投资者与异质性企业合资经营的适应性成本和新建投资所付出的适应成本差异较小或者异质性企业生产成本较低时，投资者选择与异质性企业合资经营是相对合理的选择。由此可得，投资者在不同入场模式下过程适应成本较低且消费者偏好适应成本差别不大的东道国市场上，选择生产成本较低且与投资者之间存在交叉领域的异质性企业进行合资经营时，可以在拓展逆向溢出知识广度的同时确保收益最大。$c_3 < c_5$ 时，投资者与异质性企业合资经营需要满足条件 $F_3' + m_3' - i_3^5 + \Delta d_{S10-S9}$，其蕴含的逆向溢出知识广度调整机理可参照 $c_3 > c_5$ 所得结论。

图 5-2(c)中的产出条件设定为 $q_{S7\sim3} > q_{S6\sim3} > q_{S8\sim3} = q_{S10\sim3} > q_{S9\sim3}$，国内投资者选择并购异质性企业需满足条件 $\frac{1}{4} f(p_0) F(p_0) + \frac{1}{4} f(p_0)(c_3 - c_5) - \frac{1}{4} F(p_0)(c_3 + c_5) - \frac{1}{4}(c_3^2 - c_5^2) > \Delta u_{S7-S6} + \Delta d_{S7-S6}$。与图 5-2(b)中所示条件相同，此时国内投资者拓展逆向溢出知识广度的路径为：首先，选择同质性企业所有权优势相对明显的东道国进行投资，此时通过并购异质性企业来完成逆向溢出知识广度调整更加合理可靠；此外，异质性企业的生产成本越低或者与其合作的适应成本越低，并购异质性企业合理性越强且完成知识结构调整也相对容易。

国内投资者可通过与异质性企业合资经营来调整逆向溢出知识广度，但需要满足条件 $\frac{1}{9}(p_0'' - 2c_3 + c_5)^2 > i_3^5 + d_3^{S9}$。首先，投资者与异质性企业之间存在交叉领域或者与异质性企业合资经营所付出的适应成本较低时，选择该模式拓展逆向溢出知识广度相对合理；其次，投资者与生产成本处于劣势的异质性企业合作的主动性高，达成合资经营的概率相对较大。由此可得逆向溢出知识广度的拓展思路：国内投资者选择与之存在交叉领域的异质性企业合资经营；此外，可以通过降低自身生产成本或者选择高生产成本异质性企业来增加自身成本优势，从而提高合作主动权以及成功与异质性企业合资经营的概率。

图 5-2(d)中的产出条件设定为 $q_{S6\sim3} > q_{S7\sim3} > q_{S9\sim3} > q_{S8\sim3} = q_{S10\sim3}$，假设 $c_3 > c_5$，国内投资者选择并购异质性企业需满足条件 $\frac{5}{36}(p_0'' - c_5)^2 > u_5 - i_3^5 + \Delta d_{S7-S9}$。与图 5-2(a)中的并购情境相同，并购异质性企业所需付出的适应性成本和投资者与异质性企业合资经营所付出的适应性成本相等时，因 $\Delta d_{S7-S9} = 0$ 而不再讨论。据此，国内投资者完成逆向溢出知识广度调整的思路为：国内投资者选择并购所有权优势不明显且交叉领域较少的异质性企业来拓展逆向溢出知识广度时，通过并购异质性企业调整逆向溢出知识广度是相对合理的选择。此外，异质性企业的生产成本也是需要考虑的因素之一，表现为成本越低并购异质性企业的

合理性越强。

依旧在 $c_3 > c_5$ 的前提下,国内投资者选择与异质性企业合资经营须满足条件 $\frac{1}{9}f(p_0)F(p_0) + \frac{1}{9}f(p_0)(c_3 - c_5) - \frac{1}{9}F(p_0)(c_3 + c_5) - \frac{1}{9}(c_3^2 - c_5^2) > i_3^5 - F_3' - m_3' + \Delta d_{S9-S10}$。与图 5-2(b)中的合资经营情境一致,投资者拓展逆向溢出知识广度的逻辑为:投资者在不同入场模式下过程适应成本较低且消费者偏好在适应成本差别不大的东道国市场上选择生产成本较低且与投资者之间存在交叉领域的异质性企业开展合资经营时,可以在拓展逆向溢出知识广度的同时确保收益最大。当 $c_3 < c_5$ 时,国内投资者通过并购以及合资经营完成逆向溢出知识广度调整的逻辑与 $c_3 > c_5$ 时相同,主要调整思路包括投资者选择并购所有权优势不明显且交叉领域较少的异质性企业来拓展逆向溢出知识广度等。

图 5-2(e)中的产出条件设定为 $q_{S6\sim3} > q_{S7\sim3} > q_{S8\sim3} = q_{S10\sim3} > q_{S9\sim3}$,国内投资者选择并购异质性企业需满足条件 $\frac{1}{36}f(p_0)F(p_0) + \frac{1}{36}f(p_0)(2c_3 - 3c_5) - \frac{1}{36}F(p_0)(2c_3 + 3c_5) - \frac{1}{36}(4c_3^2 - 9c_5^2) > u_5 - i_3^4 + \Delta d_{S7-S8}$。首先,当并购异质性企业所需支付的股本溢价较小或者投资者与同质性企业合作投资成本较高时,国内企业选择并购异质性企业是有利的;其次,并购异质性企业所付出的适应成本和企业与同质性企业合资经营所付出的适应成本接近或者异质性企业生产成本较低时,投资者选择并购异质性企业相对合理。由此可得国内企业调整逆向溢出知识广度的思路:投资者以所有权优势不明显且生产成本较低的异质性企业为投资标的时,可以在拓展逆向溢出知识广度的同时确保收益最大;此外,投资者选择在不同入场模式条件下消费偏好适应成本差异较小的东道国市场上进行投资时,选择并购异质性企业更加合理。

国内投资者可以通过与异质性企业合资经营调整逆向溢出知识广度,但需要满足条件 $\frac{1}{9}(p_0'' - 2c_3 + c_5)^2 > i_3^5 + d_3^{S9}$。这与图 5-2(c)中的合资经营情境一致。由此可得逆向溢出知识广度拓展的思路:国内投资者选择与之存在交叉领域的异质性企业合资经营;此外,通过降低生产成本或者选择高生产成本异质性企业来增加自身成本优势来提高合作主动权以及成功与异质性企业合资经营的概率。

图 5-2(f)中的产出条件设定为 $q_{S6\sim3} > q_{S8\sim3} = q_{S10\sim3} > q_{S7\sim3} > q_{S9\sim3}$,假设 $c_3 > c_5$,国内投资者选择并购异质性企业需满足条件 $\frac{5}{36}(p_0'' - c_5)^2 > u_5 - i_3^5 + \Delta d_{S7-S9}$。首先,当并购异质性企业所需支付的股本溢价较小或者投资者与异质性企业合作投资成本较高时,国内企业选择并购异质性企业是有利的;其次,异质性

企业在生产成本较低时选择并购异质性企业更为有利。依据前述条件,并购异质性企业所需付出的适应性成本和投资者与异质性企业合资经营所需付出的适应性成本相等($\Delta d_{S7-S9}=0$),在此不予考虑。由上述可得,国内投资者完成逆向溢出知识广度调整可遵循以下路径:国内投资者选择并购所有权优势不明显且交叉领域较少的异质性企业来拓展逆向溢出知识广度时能够完成逆向溢出知识广度调整且是相对合理的选择。假设 $c_3 < c_5$,投资者选择并购异质性企业需满足条件 $\frac{5}{36}(p_0''-c_3)^2+\frac{1}{4}(c_3-c_5)^2+\frac{1}{2}(p_0''-c_3)(c_3-c_5)>u_5-i_3^5+\Delta d_{S7-S9}$,其延伸含义和逆向溢出知识广度调整机理可参照 $c_3 > c_5$ 所得结论。

在此产出条件下,国内投资者通过与异质性企业合资经营调整逆向溢出知识广度需要满足条件 $\frac{1}{9}(p_0''-2c_3+c_5)^2>i_3^5+d_3^{S9}$。首先,投资者与异质性企业之间存在交叉领域或者与异质性企业合资经营所付出的适应成本较低时,选择该模式拓展逆向溢出知识广度相对合理;其次,投资者与生产成本处于劣势的异质性企业合作的主动性高,达成合资经营的概率相对较大。由此可得逆向溢出知识广度的拓展思路:国内投资者选择与之存在交叉领域的异质性企业合资经营;此外,通过降低自身生产成本或者选择高生产成本异质性企业来增加自身成本优势以提高合作主动权以及成功与异质性企业合资经营的概率。

5.3 本章小结

第3章的理论推演与第4章的实证检验都表明国内企业对外直接投资产生的逆向溢出知识结构并不是一成不变的。国内投资者在前期投资阶段侧重逆向溢出知识深度,而在后期侧重逆向溢出知识广度。此外,以美国为首的部分发达国家对境外直接投资企业实施知识封锁,短期内可能对逆向溢出知识结构调整尤其是深度调整产生一定的负面影响。面对内外环境的双重需求,我国对外直接投资企业首先要明确逆向溢出知识深度和广度的调整机理是怎样的,针对该问题本章借助古诺模型推演了逆向溢出知识结构调整的内在机理。主要结论有下面两个。

一是东道国市场上主体同质性条件下的深度抉择。此时投资者对逆向溢出知识深度的调整可通过并购高技术企业或者投资者与高技术企业合资经营来完成,其间需要注意两类入场条件:一类是投资者自身生产成本和投资标的生产成本;另一类是溢价成本、固定成本、营销成本和适应成本等额外的入场成本。对外直接投资企业在调整逆向溢出知识深度时要同时考虑以上成本条件,确保逆向溢出知识深度调整过程中收益最大。例如,投资者与高技术企业合资经营需要选择在不同入场模式下与消费者偏好的适应成本相对接近的东道国市场进行投资；此外还应注意自身与投资标的之间的技术水平差异度。

二是东道国市场上主体异质性条件下的广度抉择。与主体同质性市场条件下的比较不同，存在异质性企业令对外直接投资者在异质性条件下的并购、合资经营及新建投资等入场模式的产出水平还具有相等和未知两种状态，需要分情况讨论。此时投资者对逆向溢出知识广度的调整可通过并购异质性企业或者投资者与异质性企业合资经营来完成，其间同样需要考虑企业的生产成本与入场成本，以确保投资者在调整逆向溢出知识广度时的收益最大。例如，在以异质性企业为投资目标的产出大于其他入场模式的产出时，投资者并购异质性企业时应尽量选择所有权优势不明显且交叉领域较少的异质性企业等。诸如此类的结论此处不再逐一论述，接下来的章节将在本章推论的基础上设计具体的逆向溢出知识调整框架来回答"投资者面对内外双重变化时应该怎么办"的问题。

第6章 "内拉外推"视阈下的逆向溢出知识结构调整框架

依据第5章逆向溢出知识结构调整机制的推演结论可得逆向溢出知识深度和广度的调整框架,如表6-1所示。那么国内投资企业应该如何调整对外直接投资策略和知识策略以应对国际形势的变化和自身知识需求的变化呢?本章将在逆向溢出知识深度和广度调整机制的基础上进一步讨论两个结构调整框架:其一是来自投资者自身知识需要的"内拉"作用,针对投资者在不同阶段对逆向溢出知识深度和广度需求的变化制定相应的结构调整框架;其二是来自东道国知识封锁的"外推"作用,针对以美国为首的发达国家对中国企业施行知识封锁问题制定相应的结构调整框架。

表 6-1 逆向溢出知识结构调整框架[①]

逆向溢出知识结构调整维度	产出条件	逆向溢出知识结构调整路径	具体实施办法
增加逆向溢出知识深度	投资者并购高技术企业的产出最多而与高技术企业合资经营的产出少于并购低技术企业的产出	并购高技术企业	①选择低技术企业所有权优势相对明显的东道国市场;②选择适应成本在不同入场模式条件下差异较小的东道国市场;③选择低技术企业与高技术企业技术差距相对明显的东道国市场;④通过压低自身生产成本来增加竞争优势
		与高技术企业合资经营	①选择在不同入场模式条件下消费偏好适应成本差异较小的东道国市场;②选择东道国市场上技术水平相对接近的高技术企业进行合作

[①] 针对框架中提到的东道国市场条件,本书在附录Ⅰ中添加了"国外市场条件自查表",以帮助投资者筛选出投资目的地,减少试错成本与时间成本。

逆向溢出知识结构调整维度	产出条件	逆向溢出知识结构调整路径	具体实施办法
拓展逆向溢出知识广度	Ⅰ：投资者以异质性企业为投资目标的产出多于其他入场模式的产出	并购异质性企业	选择并购所有权优势不明显且交叉领域较少的异质性企业来拓展逆向溢出知识广度
		与异质性企业合资经营	①选择在同质性企业所有权优势相对明显的东道国市场上投资具有交叉领域的异质性企业来拓展逆向溢出知识广度；②异质性企业生产成本越低、投资者与异质性企业合资经营的适应成本和并购同质性企业的适应成本越接近，选择与异质性企业合资经营越合理；③压低自身生产成本
	Ⅱ：投资者并购异质性企业产出最多，而与异质性企业合作的产出却少于并购同质性企业的产出	并购异质性企业	①选择同质性企业所有权优势相对明显的东道国进行投资；②异质性企业生产成本越低或者与其合作的适应成本越低，并购异质性企业越合理
		与异质性企业合资经营	在不同入场模式下投资者的过程适应成本较低且消费者偏好适应成本差别不大的东道国市场时，选择生产成本较低且与投资者之间存在交叉领域的异质性企业进行合资经营
	Ⅲ：投资者并购异质性企业产出最多，而与异质性企业合作的产出最少	并购异质性企业	①选择同质性企业所有权优势相对明显的东道国进行投资；②异质性企业生产成本越低或者与其合作的适应成本越低，并购异质性企业越合理
		与异质性企业合资经营	①选择与自己存在交叉领域的异质性企业合资经营；②降低自身生产成本或者选择高成本异质性企业合资经营
	Ⅳ：投资者以异质性企业为投资目标的产出水平少于并购同质性企业的产出水平	并购异质性企业	①选择并购所有权优势不明显且交叉领域较少的异质性企业来拓展逆向溢出知识广度；②选择并购生产成本较低的异质性企业
		与异质性企业合资经营	在不同入场模式下投资者的过程适应成本较低且消费者偏好适应成本差别不大的东道国市场时，选择生产成本较低且与投资者之间存在交叉领域的异质性企业进行合资经营

续表

逆向溢出知识结构调整维度	产出条件	逆向溢出知识结构调整路径	具体实施办法
拓展逆向溢出知识广度	V：投资者并购异质性企业产出少于并购同质性企业的产出而且投资者与异质性企业合资经营的产出最少	并购异质性企业	①以所有权优势不明显且生产成本较低的异质性企业为投资标的；②选择在不同入场模式条件下消费偏好适应成本差异较小的东道国市场进行投资
		与异质性企业合资经营	①选择与自己存在交叉领域的异质性企业合资经营；②降低自身生产成本或者选择高成本异质性企业合资经营
	VI：投资者以异质性企业为投资目标的产出少于其他入场模式的产出水平	并购异质性企业	选择并购所有权优势不明显且交叉领域较少的异质性企业来拓展逆向溢出知识广度
		与异质性企业合资经营	①选择与自己存在交叉领域的异质性企业合资经营；②降低自身生产成本或者选择高成本异质性企业合资经营

6.1 "内拉"：应对逆向溢出知识维度的效用变化

吉利、万向和上汽等案例分析结果与国内123家对外直接投资企业的实证检验结果均表明国内投资者对外直接投资具有阶段性特征，表现为前期阶段专注核心行业领域而在中后期逐渐注重多领域投资，相应的逆向溢出知识结构也表现为前期阶段重深度而中后期阶段重广度的阶段性变化。考虑到投资者为达成技术进步目标而产生阶段性的知识诉求，企业对逆向溢出知识维度需求的变化实际上是改变对外直接投资策略的初衷，也就是说知识结构维度需求变化决定了企业投资策略，反之则不成立。

6.1.1 前期阶段的深度增加

企业对外投资的起始目标往往是获得国外某一领域的专业知识，借此深入学习、模仿行业技术的创新规则和先验程序。此外，逆向溢出知识广度在企业早期对外投资阶段可能会导致企业认知超负荷，主要是因为早期阶段企业缺乏有效识别和处理异质性领域知识的能力，此时企业应尽可能将注意力放在小范围知识领域内，提升企业知识专业化水平。投资企业以高技术企业为投资标的时，若自身产出较多则可以选择并购模式，若自身产出较少则可以选择合资经营模式。调整逆向溢出知识深度的入场模式可归结为并购高技术企业以及投资者与高技术企业合资经营两类，其间需要注意东道国市场条件、投资标的特征及自身生产成本三个方面，如图6-1所示。

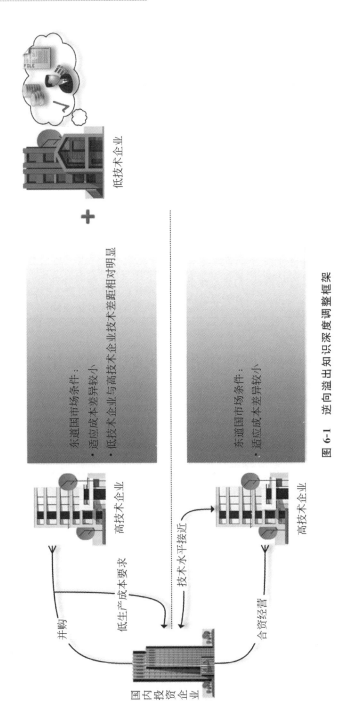

图 6-1 逆向溢出知识深度调整框架

从东道国市场条件来看,并购高技术企业需要考虑三个条件:一是东道国市场上的低技术企业在资金、人才和管理经验等方面是否具有优势;二是东道国市场上的低技术企业与高技术企业相比是否具有局部领域的技术优势或者彼此之间技术差距是否相对明显;三是投资者通过不同入场模式进入东道国的适应成本差异是否明显。条件一反映了东道国市场的健全程度,东道国市场的低技术企业在资金和人才等方面具有一定的所有权优势表明该市场在资源流通与制度规则方面相对均衡,或者说当地政府鼓励知识资源合法共享和传播,投资者并购该市场上的高技术企业更容易实现技术与人员的转移;条件二中高技术企业与低技术企业技术差距越明显表明实行并购的价值越高,投资者通过并购高技术企业获得前沿型和高专业化水平知识的可能性越高;条件三所提及的适应成本在并购模式下并不占优势,其大于投资者通过新建投资所付出的适应成本,不同入场模式的适应成本越接近,通过并购高技术企业入场东道国市场越合理。此外,并购高技术企业相比合资经营需要投资者投入更多的资金和时间与东道国高技术企业洽谈,此时低生产成本可以为投资者争取谈判优势和外部吸引力,增加投资者通过并购高技术企业提升逆向溢出知识深度的可能。

与并购模式不同,投资者选择与高技术企业合资经营模式的东道国市场仅需要满足一个条件:在不同入场模式下的适应成本相对接近,尤其是消费者偏好适应成本。这是因为消费者偏好变化要求投资者进入东道国市场时对产品做出相应的调整,其间产生的产品适应成本不可避免;而过程适应成本取决于投资者的技术水平,当投资者掌握一定的技术优势时,因调整生产过程而产生的过程适应成本相较产品适应成本并不明显。在此基础上,投资者与高技术企业合资经营所付出的产品适应成本相比并购和新建投资模式下的产品适应成本不具有优势,因而投资者通过与高技术企业合资经营入场东道国时需要考虑产品适应成本。当东道国的产品适应成本在不同入场模式下接近时,投资者选择与高技术企业合资经营来增加逆向溢出知识深度是合理有效的。此外,与高技术企业合资经营需要投资者与投资标的之间技术水平接近。这是因为与并购相比,合资经营模式在技术交接与人员合作等方面需要花费更多的精力与成本,而且为了维护自身利益与谈判筹码,东道国合资企业会加强知识产权保护。此时,如果高技术企业与投资者之间技术水平差距较大很容易造成知识资源在溢出过程中产生大量损耗,反而得不偿失。

6.1.2 中后期的广度增加

随着对外直接投资的持续进行,关于核心行业的逆向反馈知识逐渐增加,企业深耕的领域知识与发展模式之间愈发僵化,最终导致组织认知纠缠,此时逆向溢出知识深度对投资企业创造力提升的帮助越来越小,需要增加组织知识结构的灵活性。此外,知识结构刚性增加,降低了组织知识识别模式与组织属性之间的衔接度,加剧了逆向溢出知识深度对组织灵活性认知的负面影响。随着反馈知识逐渐增多,企业认知与接纳能力增加,此时吸收不同领域的逆向溢出知识反而有益于投资企业创造力提升,从而增加组织知识结构的灵活性。调整逆向溢出知识广度的入场模式可归结为并购异质性企业以及投资者与异质性企业合资经营两类,在投资过程中需要注意东道国市场条件、投资标的特征及自身生产成本三个方面。

图 6-2 表示投资者以异质性企业为投资目标的产出大于其他入场模式的产出时,投资者通过并购异质性企业以及与异质性企业合资经营来增加逆向溢出知识广度的调整框架。投资者通过并购异质性企业拓展逆向溢出知识广度时需要注意投资目标的选取,这是因为以异质性企业为投资目标的收益最大或最小时,东道国市场的适应成本和同质性企业所有权优势等条件对投资者并购异质性企业而言不再是关注焦点。此时投资标的特征成为关键考虑因素:首先,投资标的在资金、管理经验和人才资源等方面的所有权优势较弱,以确保国内投资者在海外并购过程中占有谈判优势与主动权;其次,考虑到并购异质性企业可以在不同行业领域给投资者带来最大产出与收益,因此,投资者出于拓展逆向溢出知识广度效率和效益的考虑,应尽可能以交叉领域较少的异质性企业为标的。

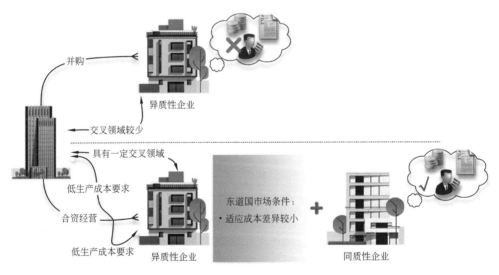

图 6-2　产出条件 I 下的逆向溢出知识广度调整框架

同样是在图 6-2 的产出收益条件(产出条件 I)下,投资者与异质性企业合资经营需要考虑两个东道国市场条件:一是不同入场模式下的适应成本差异较小,这是因为异质性企业之间在生产过程和产品方面具有明显差异,意味着投资者与异质性企业合作需要付出更多的适应成本。当投资者与异质性企业合资经营所付出的适应成本远超过投资者与同质性企业合作所付出的适应成本时,与异质性企业合资经营并不是合理选择。二是东道国市场上的同质性企业在资金和管理经验等方面具有一定的所有权优势,这是因为同质性企业具有所有权优势能够推动和加深东道国市场上的异质性企业对该领域合作模式与知识条件的认识,从而在投资者与异质性企业合资经营时可以快速形成默契,缩短磨合时间。此外,当东道国的同质性企业与异质性企业之间具有一定的竞争领域时,同质性企业的所有权优势将对投资者与异质性企业达成合资经营产生倒逼作用。

从投资标的所应具备的特征来讲:首先,投资者应选择与自身具有一定交叉领域的异质性企业进行合作,这是因为拥有相同的业务领域能够增加企业之间合作的深度与效率,有利于投资者融合不同领域的知识资源,充分发挥逆向溢出知识广度的有效性;与投资者具有一定的交叉领域意味着异质性企业与东道国的同质性企业也存在交叉业务,当东道国的同质性企业与异质性企业之间具有一定的竞争领域时,同质性企业的所有权优势将对投资者与异质性企业达成合资经营产生倒逼作用。其次,低生产成本是保障高收益的基础,同时低生产成本通常标志着企业技术水平较高。以异质性企业为投资目标的产出和收益较高的条件下,投资者理应选择生产成本较低的异质性企业为标的,保证在调整逆向溢出知识广度的条件下实现收益最大化。此外,相较并购异质性企业这种买断式合作而言,与异质性企业合资经营需要投资者投入更多的资金、时间和精力与其谈判、对接与合作,此时低生产成本可以为投资者争取谈判优势和外部吸引力,增加投资者通过与异质性企业合资经营来提升逆向溢出知识深度的可能。

图 6-3 的产出特征表现为并购入场模式的产出大于合资经营的产出,在这一前提下,无论是并购还是合资经营均以异质性企业为投资目标的产出最大。投资者通过并购异质性企业拓展逆向溢出知识广度需要满足两个东道国市场条件:其一,考虑到该产出条件下投资者并购异质性企业与并购同质性企业的产出水平接近,而且由前述推论可知并购异质性企业所付出的适应成本要大于并购同质性企业所付出的适应成本,若适应成本差距较大,投资者继续选择并购异质性企业虽然拓展了逆向溢出知识广度,但从总体收益水平来看并不是最合理的选择。因此,投资者应选择不同入场模式下适应成本相接近的东道国进行异质性企业并购。其二,东道国市场上同质性企业在资金、管理经验和人才方面具有一定的所有权优势,这是因为同质性企业具有所有权优势能够加深东道国市场上异质性企业对该领域合作模式与知识条件的认识,从而在投资者与异质性企业合资经营时可以快速形成默契,缩短二者之间的磨合时间。此外,在该产出条件下投资者并购异质性企业还应注意投资标的是否具备低生产成本优势,这是因为低生产成本是保障高收益的基础,同时低生产成本通常标志着企业技术水平较高。一方面,以异质性企

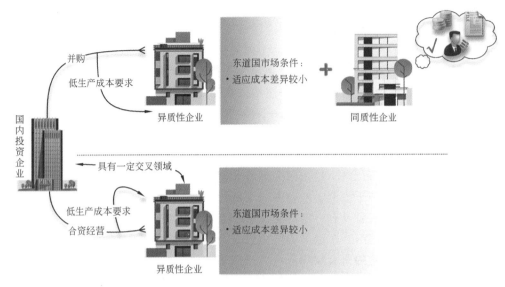

图6-3　产出条件Ⅱ下逆向溢出知识广度调整框架

业为并购目标的产出和收益较高的条件下,投资者理应选择生产成本较低的异质性企业为标的,保证在调整逆向溢出知识广度的条件下实现收益最大化;另一方面,以技术水平相对较高的异质性企业为投资标的有利于投资者获取高质量异质性知识资源,增加逆向溢出知识广度的拓展效率。

与产出条件Ⅰ不同,此处投资者与异质性企业合资经营的产出小于并购同质性企业的产出,若东道国的同质性企业存在所有权优势外加地理邻近优势,当地异质性企业具有合作诉求时将优先考虑东道国的同质性企业而非境外投资者,因而放松了"同质性企业在资金和管理经验等方面具有一定所有权优势"的东道国市场条件。由前述推论可知与异质性企业合资经营所付出的适应成本要大于与同质性企业合资经营所付出的适应成本,若适应成本差距较大,投资者继续选择与异质性企业合资经营虽然拓展了逆向溢出知识广度,但从总体收益水平来看并不是最合理的选择。因此,投资者应选择不同入场模式下适应成本相接近的东道国异质性企业开展合资经营。

产出条件Ⅱ与产出条件Ⅰ下的投资标的特征相同:首先,投资者应选择与自身具有一定交叉领域的异质性企业进行合作,这是因为拥有相同的业务领域能够增加企业之间的合作深度与效率,有利于投资者融合不同领域的知识资源,充分发挥逆向溢出知识广度的有效性;与投资者具有一定的交叉领域意味着异质性企业与东道国的同质性企业也存在交叉业务,当东道国的同质性企业与异质性企业之间具有一定的竞争领域时,同质性企业的竞争效应将对投资者与异质性企业达成合资经营产生倒逼作用。其次,低生产成本是保障高收益的基础,同时低生产成本通常标志着企业技术水平较高。一方面,以异质性企业为投资目标的产出和收益较高的条件下,投资者理应选择生产成本较低的异质性企业为标的,保证在调整逆向溢出知识广度的条件下实现收益最大化;另一方面,以技术水平相对较高的异质性企业为投资标的有利于投资者获取高质量异质性知识资源,增加逆向溢出知识广度的拓展效率。

图 6-4 的产出特征表现为并购异质性企业的产出最多而与异质性企业合资经营的产出最少,投资者在该产出条件下选择并购异质性企业的逻辑与产出条件Ⅱ相同,具体而言,投资者通过并购异质性企业来调整逆向溢出知识广度需要注意两个东道国市场条件:其一,考虑到该产出条件下投资者并购异质性企业与并购同质性企业的产出水平接近,并且由前述推论可知并购异质性企业所付出的适应成本要大于并购同质性企业所付出的适应成本,若适应成本差距较大,投资者继续选择并购异质性企业虽然拓展了逆向溢出知识广度,但从总体收益水平来看并不是最合理的选择。因此,投资者应选择不同入场模式下适应成本相接近的东道国进行异质性企业并购。其二,东道国市场上同质性企业在资金、管理经验和人才方面具有一定的所有权优势,这是因为同质性企业具有所有权优势能够加深东道国市场上异质性企业对该领域合作模式与知识条件的认识,从而在投资者与异质性企业合资经营时可以快速形成默契,缩短二者之间的磨合时间。此外,在该产出条件下投资者并购异质性企业还应注意投资标的是否具备低生产成本优势,这是因为

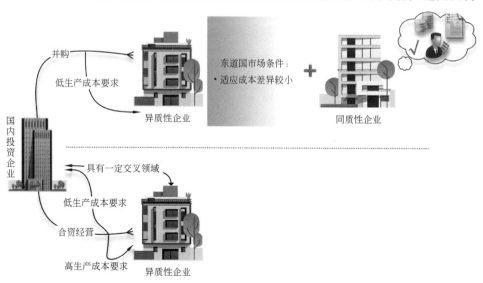

图 6-4 产出条件Ⅲ下逆向溢出知识广度调整框架

低生产成本是保障高收益的基础,同时低生产成本通常标志着企业的技术水平较高。一方面,以异质性企业为投资目标的产出和收益较高的条件下,投资者理应选择生产成本较低的异质性企业为标的,保证在调整逆向溢出知识广度的条件下实现收益最大化;另一方面,以技术水平相对较高的异质性企业为投资标的有利于投资者获取高质量异质性知识资源,增加逆向溢出知识广度的拓展效率。

产出条件Ⅲ下投资者与异质性企业合资经营的产出和收益与其余入场模式相比完全不占优势。此时,投资者主动与异质性企业合资经营并不是最有利的选择,在这种不占优势的情况下投资者可将主动合作策略转变为被动合作策略,从而提高自己在谈判中的主动性,通过压缩合作成本来间接增加与异质性企业合资经营的收益水平。从投资标的的特征来看:首先,异质性企业与投资者之间具有一定的交叉领域,这是因为拥有相同的业务领域能够增加企业之间合作的深度与效率,有利于投资者融合不同领域知识资源,充分发挥逆向溢出知识广度的有效性;与投资者具有一定的交叉领域意味着异质性企业与东道国的同质性企业存在交叉业务,当东道国的同质性企业与异质性企业之间具有一定的竞争领域时,同质性企业的竞争效应将对投资者与异质性企业达成合资经营产生倒逼作用。其次,投资者应注意异质性企业生产成本是否占有优势,当异质性企业在东道国市场上不具有生产成本优势时,其对外寻求合作的倾向越明显,投资者与其合作时的谈判空间越大。除此之外,投资者保持低生产成本可以为自己争取谈判优势和外部吸引力,增加投资者通过与异质性企业合资经营提升逆向溢出知识广度的可能。

图 6-5 的产出特征表现为以异质性企业为投资目标的产出小于并购同质性企业的产出但大于投资者与同质性企业合资经营和新建投资的产出。此时投资者并购异质性企业需要考虑三个投资标的特征:首先,投资标的在资金、管理经验和人才资源等方面的所有权优势较弱,以确保国内投资者在海外并购过程中占有谈判优势与主动权;其次,考虑到并购异质性企业可以在不同行业领域给投资者带来最大产出与收益,因此投资者出于拓展逆向溢出知识广度效率和效益的考虑,应尽可能以交叉领域较少的异质性企业为标的;最后,在该产出条件下投资者并购异质性企业同样应注意投资标的是否具备低生产成本优势,这是因为低生产成本是保障高收益的基础,同时低生产成本通常标志着企业的技术水平较高。一方面,投资者选择生产成本较低的异质性企业为标的可以保证在调整逆向溢出知识广度的条件下实现收益最大化;另一方面,以技术水平相对较高的异质性企业为投资标的有利于投资者获取高质量异质性知识资源,增加逆向溢出知识广度的拓展效率。

与产出条件Ⅱ相同,此处投资者与异质性企业合资经营的产出小于并购同质性企业的产出。由前述推论可知,与异质性企业合资经营所付出的适应成本要大于与同质性企业合资经营所付出的适应成本,若适应成本差距较大,投资者继续选

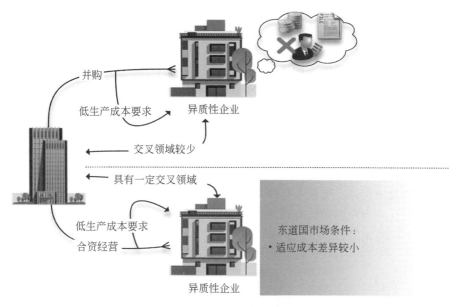

图6-5 产出条件Ⅳ下逆向溢出知识广度调整框架

择与异质性企业合资经营虽然拓展了逆向溢出知识广度,但从总体收益水平来看并不是最合理的选择。因此,投资者应选择不同入场模式下适应成本相接近的东道国异质性企业开展合资经营。

从投资标的的特征来看:首先,投资者应选择与自身具有一定交叉领域的异质性企业进行合作,这是因为拥有相同的业务领域能够增加企业之间合作的深度与效率,有利于投资者融合不同领域的知识资源,充分发挥逆向溢出知识广度的有效性;与投资者具有一定的交叉领域意味着异质性企业与东道国的同质性企业存在交叉业务,当东道国的同质性企业与异质性企业之间具有一定的竞争领域时,同质性企业的竞争效应将对投资者与异质性企业达成合资经营产生倒逼作用。其次,低生产成本是保障高收益的基础,同时低生产成本通常标志着企业技术水平较高。一方面,以异质性企业为投资目标的产出和收益较高的条件下,投资者理应选择生产成本较低的异质性企业为标的,保证在调整逆向溢出知识广度的条件下实现收益最大化;另一方面,以技术水平相对较高的异质性企业为投资标的有利于投资者获取高质量异质性知识资源,增加逆向溢出知识广度的拓展效率。

图6-6的产出特征表现为并购异质性企业的产出低于并购同质性企业的产出并且与异质性企业合资经营的产出与其他入场模式相比较低。此时,投资者通过并购异质性企业拓展逆向溢出知识广度需要关注一个东道国市场条件:考虑到该产出条件下投资者并购异质性企业的产出低于并购同质性企业的产出水平,并且

由前述推论可知并购异质性企业所付出的适应成本要大于并购同质性企业所付出的适应成本,若适应成本差距较大,投资者继续选择并购异质性企业虽然拓展了逆向溢出知识广度,但从总体收益水平来看并不是最合理的选择。因此,投资者应选择不同入场模式下适应成本相接近的东道国进行异质性企业并购。从投资标的特征来看需要注意两点:首先,投资标的在资金、管理经验和人才资源等方面的所有权优势较弱,以确保国内投资者在海外并购过程中占有谈判优势与主动权;其次,在该产出条件下投资者并购异质性企业同样应注意投资标的是否具备低生产成本优势,这是因为低生产成本是保障高收益的基础,同时低生产成本通常标志着企业技术水平较高。一方面,投资者选择生产成本较低的异质性企业为标的可以保证在调整逆向溢出知识广度的条件下实现收益最大化;另一方面,以技术水平相对较高的异质性企业为投资标的有利于投资者获取高质量异质性知识资源,增加逆向溢出知识广度的拓展效率。

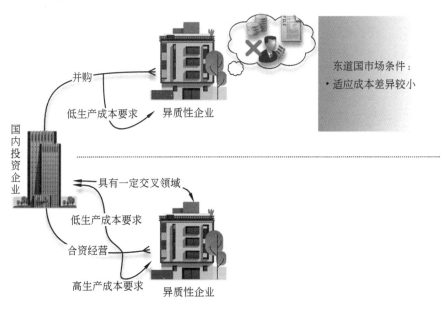

图6-6   产出条件Ⅴ下逆向溢出知识广度调整框架

产出条件Ⅴ下投资者与异质性企业合资经营的产出和收益与其余入场模式相比完全不占优势,这与产出条件Ⅲ相同。此时,投资者主动与异质性企业合资经营并不是最有利的选择,在这种不占优势的情况下投资者可将主动合作策略转变为被动合作策略,从而提高自己在谈判中的主动性,通过压缩合作成本来间接增加与异质性企业合资经营的收益水平。从投资标的的特征来看:首先,异质性企业与投资者之间具有一定的交叉领域,这是因为拥有相同业务领域能够增加企业之间合作的深度与效率,有利于投资者融合不同领域的知识资源,充分发挥逆向溢出知识广度的作用;与投资者具有一定的交叉领域意味着异质性企业与东道国的同质性企业也存在交叉业务,当东道国的同质性企业与异质性企业之间具有一定的竞争领域时,同质性企业的竞争效应将对投资者与异质性企业达成合资经营产生倒逼作用。其次,投资者应注意异质性企业的生产成本是否占有优势,当异质性企业在东道国市场上不具有生产成本优势时,其对外寻求合作的倾向较为明显,投资者与其合作时的议价空间较大。除此之外,投资者保持低生产成本可以为自己争取谈判优势和外部吸引力,增加投资者通过与异质性企业合资经营来提升逆向溢出知识广度的可能。

图 6-7 中产出条件Ⅵ的特征表现为以异质性企业为投资目标的产出完全不占优势,东道国市场的适应成本条件和同质性企业所有权条件等不再是投资者并购异质性企业或者与其合资经营所关注的焦点,投资标的的特征决定了该产出条件下投资者拓展逆向溢出知识广度的最大收益。从并购异质性企业来看:首先,投资标的在资金、管理经验和人才资源等方面的所有权优势较弱,以确保国内投资者在海外并购过程中占有谈判优势与主动权;其次,考虑到并购异质性企业可以在不同行业领域给投资者带来最大产出与收益,因此投资者出于拓展逆向溢出知识广度的效率和效益的考虑,应尽可能以交叉领域较少的异质性企业为标的。

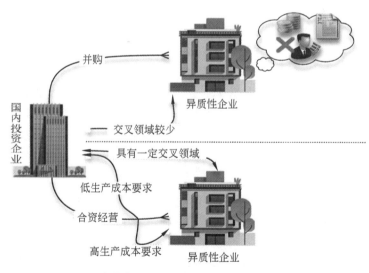

图 6-7 产出条件Ⅵ下逆向溢出知识广度调整框架

产出条件Ⅵ下投资者与异质性企业合资经营的产出和收益与其余入场模式相比完全不占优势,这与产出条件Ⅲ和条件Ⅴ的情况相同。此时,投资者主动与异质性企业合资经营并不是最有利的选择,在这种不占优势的情况下投资者可以将主动合作策略转变为被动合作策略,从而提高自己在谈判中的主动性,通过压缩合作成本来间接增加与异质性企业合资经营的收益水平。从投资标的的特征来看:首先,异质性企业与投资者之间具有一定的交叉领域,这是因为拥有相同的业务领域能够增加企业之间合作的深度与效率,有利于投资者融合不同领域的知识资源,充分发挥逆向溢出知识广度的作用;与投资者具有一定的交叉领域代表异质性企业与东道国的同质性企业也存在交叉业务,当东道国的同质性企业与异质性企业之间具有一定的竞争领域时,同质性企业的竞争效应将对投资者与异质性企业达成合资经营产生倒逼作用。其次,投资者应注意异质性企业的生产成本是否占有优势,当异质性企业在东道国市场上不具有生产成本优势时,其对外寻求合作的倾向较为明显,投资者与其合作时的议价空间较大。除此之外,投资者保持低生产成本可以为自己争取谈判优势和外部吸引力,增加投资者通过与异质性企业合资经营提升逆向溢出知识广度的可能。

6.2 "外推":突破以美国为首的部分发达国家的知识封锁

东道国整体知识水平较高或者创新实力较强有利于国内投资企业技术进步,这一论点已在前文实证研究中得到验证。部分发达国家的贸易保护主义以及逆全球化策略增加了国际形势的不确定性,在一定程度上抑制了国内企业的对外直接投资。例如:美国在301调查中提出限制中国在美国的投资并购活动,尤其是在高新技术领域的投资活动,截至目前,中国企业在美国的投资活动受到了不同程度的限制;美日欧等发达国家发力WTO改革,主要增强了对国有企业海外投资活动的审查力度,从而使资金实力雄厚的国有企业通过对外直接投资获取溢出知识增加了难度,当然,其他所有制企业的对外直接投资活动也受到了不同程度的影响。

6.2.1 提升逆向溢出知识广度优势与自身研发优势

以美国为首的部分发达国家对境外直接投资企业实施知识封锁,短期内可能对逆向溢出知识结构调整尤其是深度调整产生一定的负面影响,但从长远来看,知识封锁反而有利于激发国内企业的创新活力,并加速国内投资者扩张对外直接投资渠道。投资者在提升自主创新实力与逆向溢出知识广度优势的条件下逐渐构筑竞争优势,通过吸引东道国企业主动寻求合作的方式打破"知识壁垒",从而在新一轮的对外直接投资周期中进一步强化逆向溢出知识深度。这种"迂回式"的调整框架如图6-8所示。

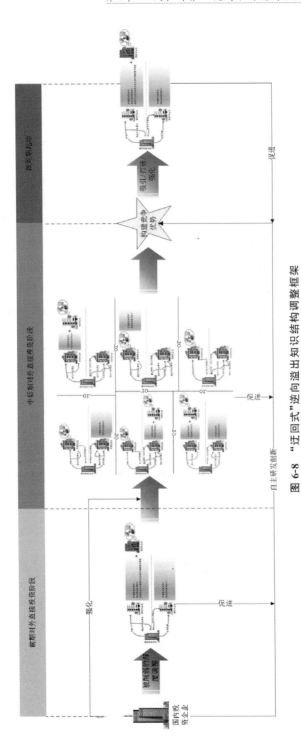

图 6-8 "迂回式"逆向溢出知识结构调整框架

请扫描二
维码查看
彩图

　　部分发达国家的保护主义政策使国内企业在当地的投资活动受到了不同程度的限制,尤其是对知识密集型企业的投资。例如:2011年华为并购美国三叶公司的审查申请被美国外资投资委员会单方面拒绝,该委员会还建议华为撤销对该公司的并购;2018年英国政府以国家安全为由,叫停了中国炼石有色公司对北方航空航天公司(Northern Aerospace Limited)的收购;2020年德国政府以军事安全为由,拒绝了中国先导稀材收购PPM Pure Metals的申请。被限制的投资标的多为专业型和相对前沿的技术公司,而且多涉及投资者的核心业务领域,这意味着国内投资者在前期阶段的逆向溢出知识深度将被削弱。虽然这会降低逆向溢出知识的专业化水平和前沿程度,但反过来讲,部分投资活动被限制或者叫停有助于投资者节省资金、时间和人力等。进入对外直接投资中后期阶段,投资者应凭借前期累积的所有权优势以及逐渐增强的内部化优势把对外直接投资前期阶段被迫节省的资金与精力投放到更广阔的东道国市场上或者更加多元化的领域,通过逆向溢出知识广度建立国际竞争优势与合作优势;与此同时,国内投资企业应针对自身薄弱的知识环节加大定向投入,以提升自主创新实力与国际竞争优势。在新一轮的对外直接投资过程中,国内投资者将依靠更加灵活和多元化的知识结构以及更具延展性的国际合作网络吸引知识封锁国家的企业主动寻求合作,给当地政府施加外部压力,从而逐渐打破东道国构筑的知识壁垒。这一过程又会强化对外直接投资企业的竞争优势,形成良性循环。

　　投资者在强化多元化投资过程中要拒绝盲目决策,在进行投资之前应调查东道国外资政策、产权条例和人文环境等因素,借鉴已有境外企业在当地的投资案例。另外,投资者还需要深入了解标的企业的组织文化等细节,重点考察投资者与投资标的之间是否具有共同价值取向,以最大限度地避免陷入具有知识壁垒的东道国市场,降低对外直接投资风险。

6.2.2　寻求替代型合作伙伴

　　调整逆向溢出知识深度和广度需要注意东道国市场条件、投资标的的特征和自身生产成本三个方面,只有在满足一定条件的前提下,投资者通过并购或者与投资标的的合资经营达成调整逆向溢出知识结构的目的才是相对合理的。显然,以美国为首的发达国家阻碍国内投资者在当地实施投资只会减少国内投资者对外直接投资的选择,而不会造成更多影响。部分国家禁止国内企业在当地收购或者与投资标的的合资经营的情况下,国内投资者可以在其他国家寻求与之相类似的投资标的的开展合作,以此来替代其在逆向溢出知识结构调整中发挥的作用。这种"替代式"逆向溢出知识结构调整框架见图6-9。

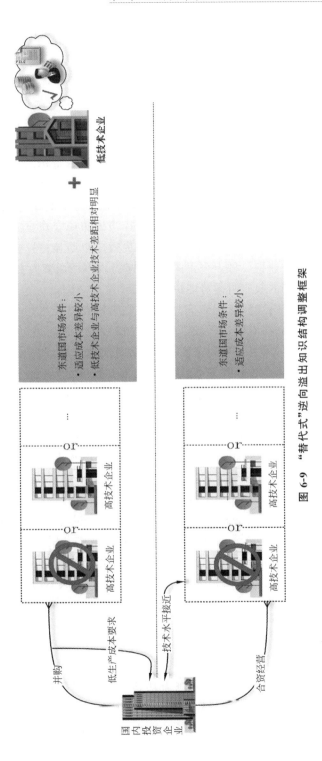

图 6-9 "替代式"逆向溢出知识结构调整框架

　　部分发达国家设置的知识壁垒阻碍了跨国企业之间的知识流通,但国内企业对外直接投资的目标领域均可以找到两个以上的投资标的,虽然涉及同一行业领域的投资标的在技术与人才方面具有差距,但彼此掌握的知识资源各具特色。当投资标的具有低生产成本特征而且东道国市场满足适应成本差异较小和技术差距相对明显等条件时,投资者可以选择在当地并购与原投资标的相类似的高技术企业;或者当投资者与其他东道国的高技术企业技术水平接近且东道国市场满足适应成本差异较小的条件时,投资者可以在当地选择与原投资标的相类似的高技术企业合资经营。这要求国内投资者有效识别地缘政治风险,认真区分发达国家的投资价值,与瑞典、以色列和芬兰等国家日益深化在细分领域的合作:一方面,考虑到这些国家拥有部分国际前沿企业,投资者在当地布局合作更有可能获得前沿型与专业化知识资源,对原计划投资目标的替代效应更明显;另一方面,这些地区和国家对外部投资企业持一种更公正的态度,坚持以市场调节为主,因此投资者在当地的投资活动受到的政府阻碍可能更少。

　　"一带一路"倡议持续深化背景下,投资企业应积极提升与"一带一路"沿线国家的合作水平,逐渐向高端制造领域延伸。这是因为"一带一路"倡议促进了国家及区域间的战略对接,同时也是我国新一轮高水平对外开放、推行互利共赢原则的重要平台,投资者在当地进行投资能够避免陷入知识壁垒,降低对外直接投资风险。具体而言,中国积极与相关国家推进市场化、全方位的产能合作,促进沿线国家实现产业结构升级和提升产业发展层次。截至 2019 年,中国已同哈萨克斯坦、埃及、埃塞俄比亚、巴西等 40 多个国家签署了产能合作文件,同东盟、非盟、拉美和加勒比国家共同体等区域组织进行了合作对接,开展机制化产能合作。中国与意大利、西班牙、法国、日本、葡萄牙等国家签署了第三方市场合作文件。共建"一带一路"产能合作正由能源资源、加工制造、基础设施、农业等传统领域向绿色经济、数字经济、跨境电子商务、金融科技等新经济领域方向发展。境外经贸合作区建设助力国内企业的对外直接投资活动呈现集群式和链条式发展,建立了以国内企业为龙头的深度合作产业链。其间,国内投资企业与海外关联企业在技术研发方面积极分享知识资源,投资者帮助合作伙伴压缩了技术升级成本与效率,同时也会增加逆向溢出知识专业化水平与前沿程度,进而实现了对施行知识壁垒市场的替代。

6.3　本章小结

　　本章以逆向溢出知识结构调整机制为基础,归纳总结了两套逆向溢出知识结构调整框架,系统回答了绪论部分提出的第二个问题:国内投资企业应该如何调整对外直接投资和知识策略以应对国际形势的变化和自身知识需求的变化?

其中,第1套逆向溢出知识调整框架针对投资者在不同对外直接投资阶段对逆向溢出知识结构维度需求的变化,即如何在前期阶段调整逆向溢出知识深度而在中后期调整逆向溢出知识广度。研究认为:调整逆向溢出知识深度的入场模式可归结为并购高技术企业以及投资者与高技术企业合资经营两类,其间需要注意东道国市场条件、高技术企业特征及自身生产成本三个方面;调整逆向溢出知识广度的入场模式可归结为并购异质性企业以及投资者与异质性企业合资经营两类,其间需要注意东道国市场条件、异质性企业特征和自身生产成本三个方面。与深度调整不同,逆向溢出知识广度调整需要考虑不同的产出条件,其影响了投资者对东道国市场和投资目标的选择以及对自身生产成本的基本要求。

第2套逆向溢出知识调整框架针对以美国为首的部分发达国家对境外直接投资企业实施知识封锁的问题,这在短期内可能对逆向溢出知识结构调整尤其是深度调整产生一定的负面影响。第2套逆向溢出知识管理框架整体上是建立在第1套逆向溢出知识调整框架的基础上。为了应对国际环境变化带来的挑战,本书提出了"迂回式"和"替代式"两种思路,其中"迂回式"逆向溢出知识管理框架的核心思想可概括为:投资者在提升自主创新实力与逆向溢出知识广度优势的条件下逐渐构筑竞争优势,通过吸引东道国企业主动寻求合作的方式打破"知识壁垒",从而在新一轮的对外直接投资周期中进一步强化逆向溢出知识深度。"替代式"逆向溢出知识管理框架的核心思想可概括为:以美国为首的发达国家阻碍国内投资者在当地实施投资只会减少国内投资者对外直接投资的选择,而不会造成更多影响。部分国家禁止国内企业在当地收购或者与投资标的合资经营的情况下,国内投资者可以在其他国家寻求与之相类似的投资标的开展合作,以此替代其在逆向溢出知识结构调整中发挥的作用。

CHAPTER 7
第7章　　　主要结论与政策建议

7.1　主要结论与讨论

知识是企业技术进步的源泉（Hans & Almas,2001；Stephen & Nola,2015），多数有关对外直接投资与企业技术进步的研究也验证了该论点（Chen et al.,2012；Zamborský & Jacobs,2016；Chen et al.,2020）：将企业对外直接投资促进技术进步的原因归结到逆向溢出知识上。遗憾的是，并没有文献进一步剖析逆向溢出知识驱动企业技术进步的内在机制，更没有文献直接讨论如何调整对外直接投资和逆向溢出知识才能提高技术进步促进效率。为了弥补研究缺口，本书首先通过多案例对比归纳方法总结国内企业对外直接投资驱动技术进步的内在机制，构建全书的理论框架，主要结论可归结为两条路径和一个演化。企业对外直接投资驱动企业技术进步的路径包括：①国外关联企业知识基→逆向溢出知识（广度×强度）→知识吸收量→国内投资企业知识基（知识储备数量）→技术进步；②国外关联企业知识基→逆向溢出知识（深度×强度）→知识吸收量→国内投资企业知识基（知识前沿水平）→技术进步。但在不同投资阶段，逆向溢出知识广度和深度所发挥的效用有所变化，表现为：对外直接投资前期受到所有权劣势和内部化劣势的限制，投资者倾向于选择以深度为特征的峡谷形结构或者均衡且投资活动较少的水池形结构；随着企业所有权优势与内部化优势的提升、东道国区位优势的弱化，投资者会倾向于选择以广度为特征的湖泊形逆向溢出知识结构。针对上述结论，本书采用基于理论认知的系统仿真方法进行表征，并进一步采用基于现实数据的计量方法进行实证检验，双重检验下确保理论框架与企业投资实践形成有效对话。

驱动机制部分主要受到 Kafouros 等（2012）和 Mannucci & Yong（2018）等的成果的启发，将逆向知识溢出概念和知识结构理论相融合，从逆向知识溢出结构视角解释企业对外直接投资对技术进步的驱动机制。Kafouros 等（2012）基于国际化深度和广度视角阐释了企业跨国投资与技术进步之间的内在关联，与之不同，本书的切入点没有停留在组织活动层面，而是从投资活动所引发的溢出知识层面揭示了企业对外直接投资驱动技术进步的内在机理,更深刻地揭示了其中的内涵。Mannucci & Yong(2018)用知识结构理论解释了员工知识对个人创新能力的静态和动态影响,考虑到知识结构可以用来解释不同个体之间知识接收能力、整合能力和创新能力的差异性,而且"结构"属性便于我们从时间轴上观察个体知识的动态演化特征,这迎合了本书对于根源性探索和演化探索的研究需求,因此本书借鉴了该思想,从知识的不同维度探究逆向知识溢出对投资企业技术进步的影响。

不同于其他有关知识结构的文献(Ferreras-Méndez et al.,2015;Farazi et al.,2019),本书将逆向溢出知识结构划分为深度、广度和强度三个维度。既有文献并未明确区分知识强度和知识深度,甚至在部分研究中知识强度和知识深度交叉出现,被混为一谈。本书认为在动态视角下观察知识强度和深度会发现二者具有本质上的差异,即知识强度的"数量、频率"含义明显有别于知识深度的"复杂、专业"含义。正如 De Meulenaere 等(2019)提到的:知识强度是企业生产所需要的知识资源数量,高知识强度意味着企业从事更多的智力工作,其需要匹配相当的技能型和经验型劳动力资源。当然,更细致的结构划分有助于深入挖掘企业对外直接投资对技术进步的作用机理。

企业对外直接投资各个阶段的逆向知识溢出属性对企业技术进步的重要性有所差异,而大多数研究者并没有关注这一点。本书与 Li 等(2016)、Li(2016)、Chen 等(2020)的研究的不同之处在于不仅检验了逆向知识溢出对于投资企业技术进步的整体作用效果,而且在不同投资阶段和不同知识结构维度条件下分析了逆向知识溢出对企业技术进步的影响。虽然逆向知识溢出有益于投资者技术进步,但这种促进效应并不是一成不变的,在前期投资阶段逆向知识溢出深度发挥的作用要大于逆向知识溢出广度发挥的作用,而在后期投资阶段则恰好相反。该结论弥补了动态情境下的理论空缺。

从驱动机制研究中可知,对外直接投资企业在不同投资阶段的知识诉求可能有所差异,具体表现为逆向知识溢出深度在对外直接投资前期阶段扮演了重要角色,而随着投资过程的持续深化,逆向知识溢出广度发挥的作用会逐渐增强。此外,逆全球化和地区合作盛行的国际背景下,中国对外直接投资企业需要重新审视所面临的投资环境。部分投资合作和逆向知识溢出渠道被迫中断,投资者要想维持自身竞争优势就必须主动调整对外直接投资策略与逆向溢出知识结构。本书通过构建主体同质性和主体异质性的东道国市场模型,分别从东道国市场条件、投资标的特征和投资者生产成本三个方面论证了国内投资者调整逆向溢出知识结构的内在机理：从调整逆向溢出知识深度来看，投资者选择不同入场模式的适应成本差异较小、低技术企业所有权优势相对明显且低技术企业与高技术企业技术差距相对较小的东道国市场有利于并购高技术企业或者有利于和高技术企业合资经营；投资者以技术水平相对接近的高技术企业为投资标的是合理的选择；此外，投资者还可以通过降低生产成本增加并购实力或者吸引高技术企业合作。从调整逆向溢出知识广度来看，不同产出条件下所得知识结构的调整逻辑有所差异，投资者除了要考虑所有权、适应成本、技术差距和生产成本等因素以外，还要考虑与异质性企业之间的交叉领域，其会通过影响投资者所支付的投资成本而改变入场模式的合理性，进而影响逆向溢出知识结构的调整机理。

本书最后依据逆向溢出知识结构调整机理设计了具有针对性的调整框架，解决了"国内投资企业应该如何调整对外直接投资和知识策略以应对国际形势的变化和自身知识需求的变化"的问题。本书归纳总结了两套逆向溢出知识结构调整框架，其中第 1 套逆向溢出知识结构调整框架针对投资者在不同对外直接投资阶段对逆向溢出知识结构维度需求的变化，即如何在前期阶段调整逆向溢出知识深度而在中后期阶段调整逆向溢出知识广度。第 2 套逆向溢出知识结构调整框架针对以美国为首的部分发达国家对境外直接投资企业实施知识封锁的问题，这在短期内可能对逆向溢出知识结构调整尤其是深度调整产生一定的负面影响。第 2 套逆向溢出知识结构调整框架整体建立在第 1 套框架的基础上，本书认为应对国际环境变化带来的挑战，国内投资企业可以采取"迂回式"和"替代式"两种调整思路。为了强化调整框架的实用价值，本书运用 KWW 贸易增加值分解法针对框架中的东道国市场条件设计了国外市场条件自查表。构建国外市场条件自查表最重要的价值在于给投资者提供国外市场部分显性与隐性特征数据，用这些特征数据结合逆向溢出知识结构调整框架中的东道国选择条件，可以帮助投资者筛选出投资目的地，减少试错成本与时间成本。

7.2　政策启示

最大限度地发挥对外直接投资驱动企业技术进步的作用不仅需要企业制定相匹配的投资策略和知识策略，还需要政策环境的支持，尤其在保护主义与区域合作盛行的国际背景下，出台利好性政策显得尤为重要。依据上述企业对外直接投资驱动企业技术进步的理论框架与逆向溢出知识结构调整框架可得以下政策启示：

（1）发挥政府信息中介作用，间接强化逆向知识溢出强度。为寻求效益最大化，国内外关联企业会主动寻求沟通交流，但是考虑到市场失灵的存在，需要外部政策来促进企业之间的合作黏性。除了必要的税收优惠政策外，政府还应承担起信息中介角色，协助对外投资企业克服信息差距，这些信息包括境外产品价格和质量、技术前沿和资本流动趋向，甚至包括国外关联企业基本信息及其所在地区的外部政策环境、行业环境等信息，借此降低国内投资企业在合作过程中的被动地位。

（2）对外积极谈判、对内增加定向投入，通过"内外兼修"的政策模式减弱"知识壁垒"对国内投资企业增加逆向溢出知识深度的阻碍作用。对外继续与存在分歧的国家展开磋商，抓住对方局部痛点来打开局面；适当放宽国内企业走出去的门槛，激发更多的对外投资活力，以此平衡与其他国家特别是美国的综合逆差。此外，鼓励国内企业就投资地区进行多元化布局，缓冲贸易摩擦及合作脱钩等造成的负面影响。通过签订双边和区域贸易协定、深度落实"一带一路"倡议以及提高开放质量等途径进一步增加我国在重构全球贸易规则过程中的话语权，间接增加国内投资者在跨境合作中的影响力。对内实施创新战略，尽快推动一批重点创新项目，引导人才和资金转移到亟须提升但又相对薄弱的行业中，提升企业整体国际竞争力。

（3）加强双边或多边投资协定，以区域特色为导向帮助企业拓展逆向溢出知识广度。双边与多边的协定内容包括贸易、服务、投资问题和政策条例等，成为国际投资规则的共同价值取向。厘清以美国为代表的部分发达国家的立场与价值取向，明确我国在参与国际投资重构过程中的优势。与此同时，进一步完善国内市场经济体系建设、深化国有企业改革以及健全知识产权保护体系，同时推动"准入前国民待遇负面清单"的管理模式，从而加大双边或多边投资贸易协定中的负面清单和缔约方市场开放的谈判力度，提高"走出去"产业市场选择的多元化水平，构建与开放水平相适应的监管制度。

除此之外，相关部门应充分发挥引导作用，支持国内企业对外直接投资。一是做大做强龙头企业。完善创新融资模式与融资机制，鼓励实力强、规模大和信用好的企业对外直接投资，给予其通关便利和借贷融资等支持。加速企业资源整合，培育一批具有国际竞争力、影响力的跨国企业。二是搭建线上线下综合服务平台，通过平台及时了解国内投资企业对外直接投资需求，协助企业充分挖掘国际市场。充分利用合作地区的市场资源，积极组织境内外企业的高层之间开展商务活动，借此寻求合作商机。三是构建一批具有针对性的信息咨询服务机构，同时建立健全投资保险、法律和金融等辅助型咨询机构,提升国内信息咨询服务机构的国际化水平。四是进一步推进企业对外直接投资的便利化与自由化程度,大胆探索投资贸易服务型政策,以我国自贸试验区为突破口,优化制度安排,激发企业对外直接投资活力。

7.3　研究局限:知识溢出世界观仍要继续完善

企业对外直接投资产生的逆向溢出知识仅是企业所获取的所有外部知识中的一部分,企业掌握的外部知识还包括外资组织在国内投资产生的溢出知识、本土组织溢出知识、政策溢出知识和消费者溢出知识等。具体而言,围绕企业的外部溢出知识大致可分为外商直接投资知识溢出、逆向知识溢出、双向知识溢出、消费者知识溢出和因贸易活动产生的知识溢出 5 个部分,如图 7-1 所示。本研究主要针对区域 Ⅱ 中的逆向溢出知识展开详细讨论。

一次性讨论所有外部溢出知识对企业技术进步的作用机理是一项较为繁杂的工作,考虑到时间与精力的限制,本研究仅挑选了当前背景下亟须解决但可供参考与研读的文献成果相对匮乏的逆向溢出知识领域作为研究对象,详细探究了企业对外直接投资驱动技术进步的内在机理,并提出了发挥其最大作用的调整机理,以期为我国对外直接投资企业和有关部门提供可供借鉴的决策依据。但不能否认,本书并没有明确指出逆向溢出知识对企业技术进步的贡献度在所有外部溢出知识中的占比是多少,也没有讨论其他外部溢出知识对企业技术进步的促进作用,就研究的系统性而言显然是不够的。当然,作者也考虑到了这一点,因此在后续的研究工作中拟进一步讨论其他外部溢出知识对企业技术进步的影响效果与作用机制,逐个击破后再从外部溢出知识系统整体视角详细讨论外部溢出知识到底在我国企业技术进步中扮演了怎样的角色,以及针对日益变化的内外环境又该做出怎样的调整等问题。

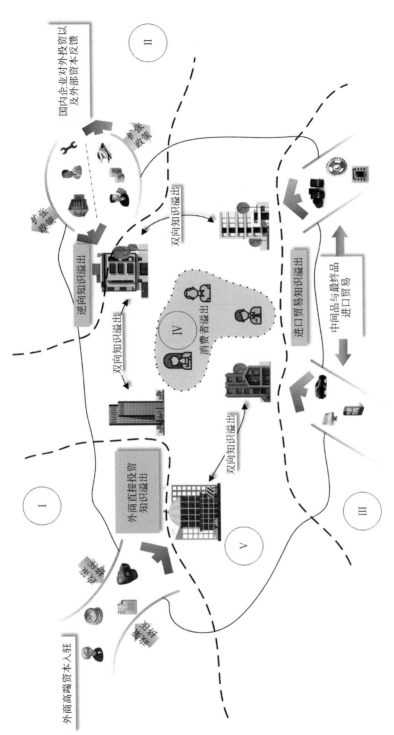

图 7-1 围绕企业的外部知识溢出系统

参 考 文 献

[1] ADLER N, HASHAI N. Knowledge flows and the modelling of the multinational enterprise[J]. Journal of International Business Studies,2007,38(4): 639-657.

[2] AGHION P, HOWITT P. A model of growth through creative destruction [J]. Econometrica,1992,60(2): 323-351.

[3] AIGNER D, LOVELL C A K, SCHMIDT P. Formulation and estimation of stochastic frontier production function models[J]. Journal of Econometrics,1977,6(1): 21-37.

[4] AIMAN S L, BERGEY P, CANTWELL A R, et al. The coming knowledge and capability shortage: Knowledge, skills and experience walk out industry's door opened by the growing wave of retirees[J]. Research-Technology Management,2006,49(4): 15-23.

[5] AITKEN B J, HARRISON A E. Do domestic firms benefit from direct foreign investment? Evidence from Venezuela[J]. American Economic Review,1999,89(3): 605-618.

[6] ALFARO L, CHANDA A, KALEMLI-OZCAN S, SAYEK S. FDI and economic growth: the role of local financial markets[J]. Journal of International Economics,2004,64(1): 89-112.

[7] ALI M, CANTNER U, ROY I. Knowledge spillovers through FDI and trade: the moderating role of quality-adjusted human capital[J]. Journal of Evolutionary Economics, 2015,26(4): 1-32.

[8] ANDERSON R C. Some reflections on the acquisition of knowledge [J]. Educational Researcher,1984,13(9): 5-10.

[9] ANP M C R, RN S M H R, FAAN S C R R. Knowledge for the good of the individual and society: Linking philosophy, disciplinary goals, theory, and practice [J]. Nursing Philosophy,2010,11(1): 42-52.

[10] ANTONY J, KLARL T, LEHMANN E E. Productive and harmful entrepreneurship in a knowledge economy[J]. Small Business Economics,2017,49(1): 1-14.

[11] ARROW K J. Limited knowledge and economic analysis[J]. American Economic Review, 1974,64(1): 1-10.

[12] ASMUSSEN C G, FOSS N J, PEDERSEN T. Knowledge transfer and accommodation effects in multinational corporations: Evidence from European subsidiaries[J]. Journal of Management,2013,39(6): 1397-1429.

[13] ASMUSSEN C G, NICOLAI J F, TORBEN P. Knowledge transfer and accommodation effects in multinational corporations: Evidence from European subsidiaries[J]. Journal of Management,2013,39(6): 1397-1429.

[14] ATHREYE S, BATSAKIS G, SINGH S. Local, global, and internal knowledge sourcing: The trilemma of foreign-based R&D subsidiaries[J]. Journal of Business Research,2016, 69(12): 5694-5702.

[15]　AZZIMONTI M. The politics of FDI expropriation[J]. International Economic Review, 2018,59(2): 479-510.

[16]　BARILAN A,BORODKO I. Foreign direct investment and the correlation between cost and revenue[J]. Review of International Economics,2019,27(4): 1252-1267.

[17]　BATTESE G E,COELLI T J. A model for technical inefficiency effects in a stochastic frontier production function for panel data[J]. Empirical Economics,1995,20(2): 325-32.

[18]　BATTESE G E,COELLI T J. Frontier production functions,technical efficiency and panel data: With application to paddy farmers in India[J]. Journal of Productivity Analysis, 1992,3(1): 153-69.

[19]　BECERRA M,LUNNAN R,HUEMER L. Trustworthiness,risk,and the transfer of tacit and explicit knowledge between alliance partners[J]. Journal of Management Studies, 2010,45(4): 691-713.

[20]　BEERS C V,BERGHAELL E,POOT T. R&D internationalization,R&D collaboration and public knowledge institutions in small economies: Evidence from Finland and the Netherlands[J]. Research Policy,2008,37(2): 294-308.

[21]　BENGOA M, VALERIANO M S R, Patricio P. Do R&D activities matter for productivity? A regional spatial approach assessing the role of human and social capital [J]. Economic Modelling,2017,60(1): 448-461.

[22]　BERTONI F, ELIA S, RABBIOSI L. Driver of acquisitions from BRICs to advanced countries: Firm level evidence [R]. DIG-Politecnico di Milano Working Paper,2008.

[23]　BERTRAND O, CAPRON L. Productivity enhancement at home via cross-border acquisitions: The roles of learning and contemporaneous domestic investments [J]. Strategic Management Journal,2015,36(5): 640-658.

[24]　BHAUMIK S K,DRIFFIELD N,ZHOU Y. Country specific advantage,firm specific advantage and multinationality-sources of competitive advantage in emerging markets: Evidence from the electronics industry in China[J]. International Business Review,2016, 25(1): 165-176.

[25]　BIERLY P,CHAKRABARTI A. Generic knowledge strategies in the US pharmaceutical industry[J]. Strategic Management Journal,1996,17(S2): 123-135.

[26]　BITZER J,GORG H. Foreign direct investment,competition and industry performance [J]. The World Economy,2009,32(2): 221-233.

[27]　BITZER J, KEREKES M. Does foreign direct investment transfer technology across borders? New evidence[J]. Economics Letters,2008,100(3): 355-358.

[28]　BLISS C J E. Heterogeneous capital, the production function and the theory of distribution: Comment[J]. Review of Economic Studies,1970,37(3): 437-438.

[29]　BLOMSTROM M, SJOHOLM F. Technology transfer and spillovers? Does local participation with multinationals matter? [J]. European Economic Review,1999,43(4):

915-923.

[30] BRACONIER H,EKHOLM K,KNARVIK K H M. Does FDI work as a channel for R & D spillovers? Evidence based on Swedish data[J]. Review of World Economics,2001,137 (4): 644-665.

[31] BRESCHI S,LISSONI F. Knowledge spillovers and local innovation systems: A critical survey[J]. Industrial and Corporate Change,2001,10(4): 975-1005.

[32] BROWN J S,DUGUID P. Knowledge and organization: A social-practice perspective[J]. Organization Science,2001,12(2): 198-213.

[33] BUCKLEY P J,CASSON M. The Internalisation theory of the multinational enterprise: A review of the progress of a research agenda after 30 years[J]. Journal of International Business Studies,2009,40(9): 1563-1580.

[34] BUCKLEY P J,CASSON M. The optimal timing of a foreign direct investment[J]. The Economic Journal,1981,91(361): 75-87.

[35] BUSSELLE R,BILANDZIC H. Measuring narrative engagement[J]. Media Psychology, 2009,12(4): 321-347.

[36] CABRAL L M B, ROSS T W. Are sunk costs a barrier to entry? [J]. Journal of Economics & Management Strategy,2008,17(1): 97-112.

[37] CANTWELL J, TOLENTION P E. Technological accumulation and third world multinationals[J]. Discussion Paper in International Investment and Business Studies, 1990,139(1): 1-58.

[38] CHANG S J,ROSENZWEIG P M. The choice of entry mode in sequential foreign direct investment[J]. Strategic Management Journal,2001,22(8): 747-776.

[39] CHEN H,PAN J,XIAO W. Chinese outward foreign direct investment and industrial upgrading from the perspective of differences among countries[J]. China & World Economy,2020,28(3): 1-28.

[40] CHEN T J,KU Y H. Foreign direct investment and firm growth: The case of Taiwan's manufacturers[J]. Japan & the World Economy,2000,12(2): 153-172.

[41] CHEN V Z,LI J,SHAPIRO D M. International reverse spillover effects on parent firms: Evidences from emerging-market MNEs in developed markets[J]. European Management Journal,2012,30(3): 204-218.

[42] CHENG L K,KWAN Y K. What are the determinants of the location of foreign direct investment? The Chinese Experience[J]. Journal of International Economics,2000,51 (2): 379-400.

[43] CHENG Z H,LI W W. Independent R and D,technology introduction,and green growth in China's manufacturing[J]. Sustainability,2018,10(2): 311-325.

[44] CIRILLO B, BRUSONI S, VALENTINI G. The rejuvenation of inventors through corporate spinouts[J]. Organization Science,2014,25(6): 1764-1784.

[45]　COASE R H. The nature of the firm[J]. Economica,1937,4(16): 386-405.

[46]　COCKBURN I,GRILICHES Z. Industry effects and appropriability measures in the stock market's valuation of R&D and patents[J]. American Economic Review,1988,78(2): 419-423.

[47]　COZZA C, RABELLOTTI R, Sanfilippo M. The impact of outward FDI on the performance of Chinese firms[J]. China Economic Review,2015,36: 42-57.

[48]　CROSSAN M M. The knowledge-creating company: How Japanese companies create the dynamics of innovation[J]. Journal of International Business Studies, 1996, 27(1): 196-201.

[49]　CZARNITZKI D, EBERSBERGER B, FIER A. The relationship between R&D collaboration,subsidies and R&D performance: Empirical evidence from Finland and Germany[J]. Journal of Applied Econometrics,2007,22(7): 1347-1366.

[50]　DAGHFOUS A, BELKHODJA O C, ANGELL L. Understanding and managing knowledge loss[J]. Journal of Knowledge Management,2013,17(5): 639 - 660.

[51]　DE MEULENAERE K, DE WINNE S, MARESCAUX E. The role of firm size and knowledge intensity in the performance effects of collective turnover[J]. Journal of Management,2019: 0149206319880957.

[52]　DE ZUBIELQUI, LINDSAY N J, LINDSAY W A, JONES J. Knowledge quality, innovation and firm performance: A study of knowledge transfer in SMEs[J]. Small Business Economics,2019,53(1): 145-164.

[53]　DENISON E F. The sources of economic growth in the United States and the alternatives before US[M]. New York: Committee for Economic Development, 1962.

[54]　DRONGELEN I K V, PEARSON A, NIXON B. Organisation and management of research and development facilities-from cost to profit focus[J]. International Journal of Technology Management,2003,25(8): 746-765.

[55]　DUMAS A, FENTEM A. Totemics: New metaphor techniques to manage knowledge from discovery to storage and retrieval[J]. Technovation,1998,18(8-9): 585-586.

[56]　DUNNING J H. Explaining the international direct investment position of countries: Towards a dynamic or development approach[J]. Weltwirtschaftliches Archiv,1981,177: 30-64.

[57]　DUNNING J H. The eclectic (OLI) paradigm of international production: Past,present and future[J]. International Journal of the Economics of Business,2001,8(2): 173-190.

[58]　DUNNING J H. The eclectic paradigm as an envelope for economic and business theories of MNE activity[J]. International Business Review,2000,9(2): 163-190.

[59]　DUNNING J H. Trade, Location of economic activity and the MNE: A search for an eclectic approach[M]//The International Allocation of Economic Activity. Basingstoke, UK: Palgrave Macmillan,1977.

[60] EDGAR E, LOIS D, JAMES B. Agreeing to disagree: structuring future capital investment provisions in joint ventures[J]. The Journal of World Energy Law & Business,2020,13(1): 12-22.

[61] ERNST H. Patent applications and subsequent changes of performance: Evidence from time-series cross-section analyses on the firm level[J]. Research Policy, 2001, 30(1): 143-157.

[62] FALLAH M H, IBRAHIM S. Knowledge spillover and innovation in technological clusters[C]//Proceedings, IAMOT 2004 Conference, Washington, DC. 2004: 1-16.

[63] FARAZI M S, Gopalakrishnan S, Perezluno A. Depth and breadth of knowledge and the governance of technology alliances [J]. Journal of Engineering and Technology Management,2019(54): 28-40.

[64] FATIMA J K, KHAN H Z, GOH E. Environmental knowledge and behavioural outcomes of tourism students in Australia: Towards testing a range of mediation and moderated mediation effects[J]. Environmental Education Research,2016,22(5): 747-764.

[65] FERRERAS-MÉNDEZ J L, NEWELL S, FERNÁNDEZ-MESA A. Depth and breadth of external knowledge search and performance: The mediating role of absorptive capacity [J]. Industrial Marketing Management,2015(47): 86-97.

[66] FOSFURI A, MOTTA M. Multinationals without advantages[J]. Scandinavian Journal of Economies,1999,101(4): 617-630.

[67] FOSS N J, PEDERSEN T. Organizing knowledge processes in the multinational corporation: An introduction[J]. Journal of International Business Studies,2004,35(5): 340-349.

[68] GALUNIC D C, RODAN S. Resource recombinations in the firm: Knowledge structures and the potential for schumpeterian innovation[J]. Strategic Management Journal,1998, 19(12): 1193-1201.

[69] GAREGNANI P. The neoclassical production function: Comment [J]. American Economic Review,1976,66(3): 428-433.

[70] GRANT R M. The knowledge-based view of the firm: Implications for management practice[J]. Long Range Planning,1997,30(3): 450-454.

[71] GROSSMAN G M, HELPMAN E. Trade, Knowledge spillovers, and growth [J]. European Economic Review,1991,35(2-3): 517-526.

[72] GUAY J L, LEBRETORE B M, MAIN J M, DEFRANGESCO K E, TAYLOR J L, AMEDORO S M. The era of sport concussion: evolution of knowledge, practice, and the role of psychology[J]. American Psychologist,2016,71(9): 875-887.

[73] GUGLER P, BOIE B. The emergence of Chinese FDI: Determinants and strategies of Chinese MNEs [C]. Conference "Emerging multinationals: Outward foreign direct investment from emerging and developing countries", Copenhagen: Copenhagen Business

School,2008.

[74] HANS L,ALMAS H. Knowledge capital and performance heterogeneity: A firm-level innovation study[J]. International Journal of Production Economics,2001,76(1): 61-85.

[75] HARMS P,MEON P G. Good and bad FDI: The growth effects of greenfield investment and mergers and acquisitions in developing countries [J]. Review of International Economics,2018,26(1): 37-59.

[76] HAROLD H. Edgeworth's taxation paradox and the nature of demand and supply functions[J]. Journal of Political Economy,1932,40: 577-616.

[77] HAYEK F A. The use of knowledge in society[J]. American Economic Review,1945,35 (4):519-530.

[78] HENISZ W J, DELIOS A. Uncertainty, imitation, and plant location: Japanese multinational corporations,1990-1996[J]. Administrative Science Quarterly,2001,46(3): 443-475.

[79] HYNES N. Corporate Culture, Strategic Orientation, and Business Performance: New Approaches to Modeling Complex Relationships[J]. Technological Forecasting & Social Change,2009,76(5): 644-651.

[80] JEON H. Patent infringement, litigation, and settlement-science direct [J]. Economic Modelling,2015,51: 99-111.

[81] JEON Y,PARK B I,GHAURI P N. Foreign direct investment spillover effects in China: Are they different across industries with different technological levels? [J]. China Economic Review,2013,26(9): 105-117.

[82] JOHNSON D R,HOOPES D G. Managerial cognition,sunk costs,and the evolution of industry structure[J]. Strategic Management Journal,2003,24(10): 1057-1068.

[83] JORDAAN J A. Determinants of FDI-induced externalities: New empirical evidence for Mexican manufacturing industries[J]. World Development,2005,33(12): 2103-2118.

[84] KAFOUROS M I,BUCKLEY P J,CLEGG J. The effects of global knowledge reservoirs on the productivity of multinational enterprises: The role of international depth and breadth[J]. Research Policy,2012,41(5): 848-861.

[85] KANG Y,JIANG F. FDI location choice of Chinese multinationals in east and southeast Asia: Traditional economic factors and institutional perspective[J]. Journal of World Business,2012,47(1): 45-53.

[86] KEDIA B, GAFFNEY N, CLAMPIT J. EMNEs and knowledge-seeking FDI [J]. Management International Review,2012,52(2): 155-173.

[87] KEUSCHNIGG C. Exports,foreign direct investment,and the costs of corporate taxation [J]. International Tax & Public Finance,2008,15(4): 460-477,

[88] KHANNA R,GULER I,NERKAR A. Fail often, fail big, and fail fast? Learning from small failures and R&D performance in the pharmaceutical industry[J]. Academy of

Management Journal,2016,59(2): 436-459.

[89] KIM J, KING J. Managing knowledge work: specialization and collaboration of engineering problem-solving[J]. Journal of Knowledge Management,2004,8(2): 53-63.

[90] KOJIMA K. Direct foreign investment: A Japanese model of multinational business operations[M]. London: Croom Helm,1978.

[91] KONINGS J. The effects of foreign direct investment on domestic firms: Evidence from firm level panel data in emerging economies[J]. Economics of Transition,2001,9(3): 619-633.

[92] KOTHA R, GEORGE G, SRIKANTH K. Bridging the mutual knowledge gap: Coordination and the commercialization of university science[J]. Academy of Management Journal,2013,56(2): 498-524.

[93] KROENCKE T A, FELIX S, ANDREAS S. International diversification benefits with foreign exchange investment styles[J]. Review of Finance,2014,18(5): 1847-1883.

[94] LAI M Y, WANG H, ZHU S J. Double-edged effects of the technology gap and technology spillovers: Evidence from the Chinese industrial sector[J]. China Economic Review,2009,20(3): 414-424.

[95] LAM A. Embedded firms, embedded knowledge: Problems of collaboration and knowledge transfer in global cooperative ventures[J]. Organization Studies,1997,18(6): 973-996.

[96] LEE H, BIGLAISER G, STAATS J L. The effects of political risk on different entry modes of foreign direct investment[J]. International Interactions,2014,40(5): 683-710.

[97] LEONE D, SCHIAVONE F. Innovation and knowledge sharing in crowdfunding: How social dynamics affect project success[J]. Technology Analysis & Strategic Management, 2019,31(7): 803-816.

[98] LI J, STRANGE R, NING L, SUTHERLAND D. Outward foreign direct investment and domestic innovation performance: Evidence from China [J]. International Business Review,2016,25(5): 1010-1019.

[99] LI J, SUTHERLAND D, NING L. Inward FDI spillovers and innovation capabilities in Chinese business: exploring the moderating role of local industrial externalities[J]. Technology analysis & strategic management,2017,29(8): 932-945.

[100] LI L. Research on regional differences of OFDI-driven domestic investment [J]. International Economics and Trade Research,2016,32(10): 87-98.

[101] LIN B W, WU C H. How does knowledge depth moderate the performance of internal and external knowledge sourcing strategies? [J]. Technovation, 2010, 30 (11-12): 582-589.

[102] LIN T C, CHANG L H, TSAI W C. The influences of knowledge loss and knowledge retention mechanisms on the absorptive capacity and performance of a MIS department

[J]. Management Decision,2016,54(7): 1757-1787.

[103] MALEKI A,ROSIELLO A,WIELD D. The effect of the dynamics of knowledge base complexity on Schumpeterian patterns of innovation: The upstream petroleum industry [J]. R & D Management,2016,48(8): 379-393.

[104] MAMMADOVA U,OZKALE M R. Profile monitoring for count data using Poisson and Conway-Maxwell-Poisson regression-based control charts under multicollinearity problem[J]. Journal of Computational and Applied Mathematics,2021(388): 113275.

[105] MANNUCCI P V,YONG K. The differential impact of knowledge depth and knowledge breadth on creativity over individual careers[J]. Academy of Management Journal,2018, 61(5): 1741-1763.

[106] MARIAN F,PETER W. Persuasion knowledge: Lay people's and researchers' beliefs about the psychology of advertising[J]. Journal of Consumer Research,1995,22(1): 62-74.

[107] MARRIS R. A model of managerial enterprise[J]. Quarterly Journal of Economics, 1963,77(2): 185-209.

[108] MAUAD A M. Toward the visualization of history: The past as image (review)[J]. Oral History Review,2011,38(1): 240-242.

[109] MEMMEL C,SCHERTLER A. The dependency of the banks' assets and liabilities: Evidence from Germany[J]. European Financial Management,2012,18(4): 602-619.

[110] MERLEVEDE B,SCHOORS K,SPATAREANU M. FDI spillovers and the time since foreign entry[J]. World Development,2014,56(4): 108-126.

[111] METZLER L A. Taxes and subsidies in Leontief's input-output model[J]. Quarterly Journal of Economics,1951,65(3): 433-438.

[112] MEYER K E,ESTRIN S,BHAUMIK S K,PENG M W. Institutions,resources,and entry strategies in emerging economies[J]. Strategic Management Journal,2009,30(1): 61-80.

[113] MICHAELIDES M,SPANOS A. On modeling heterogeneity in linear models using trend polynomials[J]. Economic modelling,2020,85(2): 74-86.

[114] MORRIS S,POSTLEWAITE A,SHIN H S. Depth of knowledge and the effect of higher order uncertainty[J]. Economic Theory,1995,6(3): 453-467.

[115] MORRISON F L. The protection of foreign investment in The United States of America: A comparative study[J]. American Journal of Comparative Law,2012,58(4): 437-453.

[116] NAIDENOVA X. Machine learning methods for commonsense reasoning processes: Interactive models[M]. Hershey,Pennsylvania: IGI Publishing,2010.

[117] NAIR S R,DEMIRBAG M,MELLAHI K. Reverse knowledge transfer from overseas acquisitions: A survey of Indian MNEs[J]. Management International Review,2015,55

(2)：277-301.

[118] NOCKE V，YEAPLE S. Cross-border mergers and acquisitions vs. greenfield foreign direct investment：The role of firm heterogeneity ［J］. Journal of International Economics,2007,72(2)：336-365.

[119] NONAKA I. A dynamic theory of organizational knowledge creation[J]. Organization Science,1994,5(1)：14-37.

[120] NORMAN P M. Knowledge acquisition，knowledge loss，and satisfaction in high technology alliances[J]. Journal of Business Research,2004,57(6)：610-619.

[121] PANIAGUA J，KORZYNSKI P，MAS-TUR A. Crossing borders with social media：Online social networks and FDI［J］. European Management Journal,2017,35（3）：314-326.

[122] PEARSALL N R，SKIPPER J，MINTZES J J. Knowledge restructuring in the life sciences：A longitudinal study of conceptual change in biology[J]. Science Education,1997,81(2)：193-215.

[123] PERCOCO M. Entrepreneurship,social capital and institutions：Evidence from Italy[J]. Spatial Economic Analysis,2012,7(3)：339-355.

[124] PIPEROPOULOS P，WU J，WANG C Q. Outward FDI,location choices and innovation performance of emerging market enterprises[J]. Research Policy,2018,47(1)：232-240.

[125] PITTIGLIO R，REGANATI F，SICA E. Vertical spillovers from multinational enterprises：Does technological gap matter? ［J］. Panoeconomicus, 2016, 63（3）：313-323.

[126] PORTA R L，LOPEZ-DE-SILANES F，SHLEIFER A，VISHNY R W. Legal determinants of external finance[J]. Journal of Finance,1997,52(3)：1131-1150.

[127] PORTER M E. The Competitive advantage of nations ［M］. New York：Free Press,1998.

[128] PRIIT V. Does FDI spur productivity,knowledge sourcing and innovation by incumbent firms? Evidence from manufacturing industry inEstonia[J]. The World Economy,2011,34(8)：1308-1326.

[129] QUINTANE E，MITCH C R，SEBASTIAN R B，NYLUND P. Innovation as a knowledge-based outcome ［J］. Journal of Knowledge Management, 2011, 15（6）：928-947.

[130] RAFF H，RYAN M，STAHLER F. The choice of market entry mode：Greenfield investment,M&A and joint venture[J]. International Review of Economics & Finance,2009,18(1)：3-10.

[131] RAJAN R G,ZINGALES L. Financial dependence and growth[J]. American Economic Review,1998,88(3)：559-586.

[132] REAGANS R,MCEVILY B. Network structure and knowledge transfer：The effects of

cohesion and range[J]. Administrative Science Quarterly,2003,48(2): 240-267.

[133] REID H L. Sport,philosophy,and the quest for knowledge[J]. Journal of the Philosophy of Sport,2009,36(1): 40-49.

[134] ROBINSON D. Introducing Plato: A graphic guide[M].London: Icon Books,2005.

[135] ROSSITER J R. What is marketing knowledge? Stage I: forms of marketing knowledge [J]. Marketing Theory,2001,1(1): 9-26.

[136] RUGMAN A M, BUCKLEY P J, CASSON M. The future of the multinational enterprise[J]. Southern Economic Journal,1977,44(2): 410.

[137] SANCHEZ R,MAHONEY J T. Modularity,flexibility,and knowledge management in product and organization design[J]. Strategic Management Journal,2015,17(S2): 63-76.

[138] SASIDHARAN S. Reconceptualizing knowledge networks for enterprise systems implementation: Incorporating domain expertise of knowledge sources and knowledge flow intensity[J]. Information & Management,2019,56(3): 364-376.

[139] SAVORY C. Translating knowledge to build technological competence[J]. Management Decision,2006,44(8): 1052-1075.

[140] SCHMALENSEE R. Sunk costs and antitrust barriers to entry[J]. American Economic Review,2004,94(2): 471-475.

[141] SCHMIDT F L. What do data really mean? Research findings, meta-analysis, and cumulative knowledge in psychology [J]. American Psychologist, 1992, 47 (10): 1173-1181.

[142] SCHUMPETER J. Capitalism,socialism and democracy[M]. New York: Harper & Row. 1942: 83.

[143] SHIN S C,HSU S H Y,ZHU Z. Knowledge sharing—A key role in the downstream supply chain[J]. Information & Management,2012,49(2): 70-80.

[144] SHIREEN A. Multinational corporations and knowledge flows: Evidence from patent citations[J]. Economic Development and Cultural Change,2011,59(3): 649-680.

[145] SHROUT P E,RODGERS J L. Psychology, science, and knowledge construction: Broadening perspectives from the replication crisis[J]. Annual Review of Psychology, 2018,69(1): 487-510.

[146] SMITH E A. The role of tacit and explicit knowledge in the workplace[J]. Journal of Knowledge Management,2001,5(4): 311-321.

[147] SOLOW R M. The production function and theory of capital[J]. Review of Economic Studies,1955(2): 101-108.

[148] SOLOW R M. A contribution to the theory of economic growth[J]. The Quarterly Journal of Economics,1956,70(1): 65-94.

[149] SOLOW R M. Technical change and the aggregate production function[J]. Review of Economics & Statistics,1957,39(3): 554-562.

[150] SOWA J F. Conceptual structures: Information processing in mind and machine[J]. Artificial Intelligence,1987,27(1): 113-124.

[151] STAIGER D,STOCK J. Instrumental variables regression with weak instruments[J]. Econometrica,1997,65(3): 557-586.

[152] STEPHEN R, HEWITT-DUNDAS N. Knowledge stocks, knowledge flows and innovation: Evidence from matched patents and innovation panel data[J]. Research Policy,2015,44(7): 1327-1340.

[153] STOIAN C. Extending Dunning's investment development path: The role of home country institutional determinants in explaining outward foreign direct investment[J]. International Business Review,2013,22(3): 615-637.

[154] THORNHILL S. Knowledge, innovation and firm performance in high and low technology regimes[J]. Journal of Business Venturing,2006,21(5): 687-703.

[155] TOMASSEN S,BENITO G R G,LUNNAN R. Governance costs in foreign direct investments: A MNC headquarters challenge[J]. Journal of International Management, 2012,18(3): 233-246.

[156] TRKMAN P, DESOUZA K C. Knowledge risks in organizational networks: An exploratory framework[J]. Journal of Strategic Information Systems,2012,21(1): 1-17.

[157] TSAI W. Knowledge Transfer in intraorganizational networks: Effects of network position and absorptive capacity on business unit innovation and performance [J]. Academy of Management Journal,2001,44(5): 996-1004.

[158] VERNON R. International investment and international trade in the product cycle[J]. Quarterly Journal of Economics,1966,80(2): 190-207.

[159] VOSS C A. Multiple independent invention and the process of technological innovation [J]. Technovation,1984,2(3): 169-184.

[160] WADUD A,WHITE B. Farm household efficiency in Bangladesh: A comparison of stochastic frontier and DEA methods[J]. Applied Economics,2000,32(13): 1665-1673.

[161] WANG H, SU Z, ZHANG W. Synergizing independent and cooperative R & D activities: The effects of organisational slack and absorptive capacity[J]. Technology Analysis & Strategic Management,2019,31(6): 680-691.

[162] WOO B. Conditional on conditionality: IMF program design and foreign direct investment[J]. International Interactions,2013,39(3): 292-315.

[163] XIE Z, LI J. Internationalization and indigenous technological efforts of emerging economy firms: The effect of multiple knowledge sources[J]. Journal of International Management,2013,19(3): 247-259.

[164] XU Z G,XIAO G. Chinese industrial productivity revolution-decomposition and analysis of stochastic frontier production model of Chinese large and medium industrial enterprises in total factor productivity growth[J]. Economic Research Journal,2005(3):

4-15.

[165] YANG H,STEENSMA H K. When do firms rely on their knowledge spillover recipients for guidance in exploring unfamiliar knowledge? [J]. Research Policy,2014,43（9）：1496-1507.

[166] YOUNG B. Accounting and risk management：The need for integration[J]. Journal of Operational Risk,2011,6(1)：37-53.

[167] ZAMBORSKÝ P,JACOBS E J. Reverse productivity spillovers in the OECD：The contrasting roles of R & D and capital[J]. Global Economy Journal,2016,16(1)：113-133.

[168] ZENG S X,XIE X M,TAM C M. Relationship between cooperation networks and innovation performance of SMEs[J]. Technovation,2010,30(3)：181-194.

[169] ZHANG L,CAO J. Chinese agricultural TFP growth：Allocative efficiency is introduced-empirical analysis based on stochastic frontier production function method[J]. Chinese Rural Economy,2013(3)：4-15.

[170] ZHAO W,RITCHIE J R B,ECHTNER C M. Social capital and tourism entrepreneurship[J]. Annals of Tourism Research,2011,38(4)：1570-1593.

[171] ZHAO X G,ZHANG Y. Technological progress and industrial performance：A case study of solar photovoltaic industry[J]. Renewable and Sustainable Energy Reviews,2018(81)：929-936.

[172] ZHOU C,HONG J,WU Y,MARINOVA D V. Outward foreign direct investment and domestic innovation performance：Evidence from China[J]. Technology Analysis and Strategic Management,2019,31(1)：81-95.

[173] 陈昊,吴雯. 中国 OFDI 国别差异与母国技术进步[J].科学学研究,2016,34(1)：49-56.

[174] 陈洪澜. 论知识分类的十大方式[J].科学学研究,2007(1)：26-31.

[175] 陈学光,俞荣建. 基于海外技术嵌入的高新技术企业逆向知识溢出模式研究[J]. 社会科学战线,2014(4)：51-56.

[176] 郭琪,朱晟君. 市场相似性与中国制造业出口市场的空间演化路径[J]. 地理研究,2018,37(7)：1377-1390.

[177] 郭文钰,杨建君. 对外搜寻战略与企业新产品绩效的关系研究——企业家导向和竞争的联合调节作用[J]. 科研管理,2020,41(2)：162-171.

[178] 郭秀强,孙延明. 研发投入、技术积累与高新技术企业市场绩效[J].科学学研究,2020,38(9)：1630-1637.

[179] 韩先锋. 中国对外直接投资逆向创新的价值链外溢效应[J].科学学研究,2019,37(3)：556-567+576.

[180] 韩中. 全球价值链视角下中国总出口的增加值分解[J].数量经济技术经济研究,2016,33(9)：129-144.

[181] 贺炎林,单志诚. 风险投资对企业研发投入的影响——行业异质性视角[J]. 科技进步与

对策,2019,36(21):80-89.

[182] 侯建,陈恒. 外部知识源化、非研发创新与专利产出——以高技术产业为例[J].科学学研究,2017,35(3):447-458.

[183] 胡峰,龚讯,黄登峰,张月月,王晓萍,傅金娣. 协同创新知识溢出风险管理框架:表征与认知[J].科学学研究,2020,38(6):1048-1056.

[184] 胡浩,龚讯,张月月. 国内产业汇聚驱动制造业价值链攀升吗——双环流视阈下的探讨[J]. 国际经贸探索,2020,36(4):55-70.

[185] 黄苹,蔡火娣. 跨国并购对企业技术创新质变的影响研究——基于技术互补性调节分析[J]. 科研管理,2020,41(6):80-89.

[186] 贾妮莎,韩永辉,雷宏振. 中国企业对外直接投资的创新效应研究[J]. 科研管理,2020,41(5):122-130.

[187] 江瑶,高长春,陈旭. 创意产业空间集聚形成:知识溢出与互利共生[J]. 科研管理,2020,41(3):119-129.

[188] 晋盛武,何珊珊. 企业金融化、高管股权激励与研发投资[J].科技进步与对策,2017,34(22):78-84.

[189] 靳巧花,严太华. OFDI影响区域创新能力的动态门槛效应[J].科研管理,2019,40(11):57-66.

[190] 李白鹤. 波兰尼科学观简述[J].哲学研究,2006(8):90-93.

[191] 李勃昕,韩先锋,黄钺. 政府研发资助是否有利于撬动跨境投资的技术创新溢出?——基于IFDI与OFDI双向演化的新视角[J]. 统计研究,2020,37(6):15-26.

[192] 李俊. 我国对外直接投资财税政策优化研究[J]. 税务研究,2020(9):90-94.

[193] 李梅,柳士昌. 对外直接投资逆向技术溢出的地区差异和门槛效应——基于中国省际面板数据的门槛回归分析[J]. 管理世界,2012(1):21-32+66.

[194] 李涛,李斌. 校企协同对技术创新效率的影响机制研究:基于动力学演化视角的佐证[J]. 科研管理,2020,41(9):65-76.

[195] 李西良,田力普,赵红. 高新技术企业知识产权能力测度研究——基于DEMATEL-VIKOR的指数模型[J]. 科研管理,2020,41(4):270-279.

[196] 李晓丹,刘向阳,刘洋. 国际研发联盟中依赖关系、技术知识获取与产品创新[J].科学学研究,2018,36(9):1632-1641.

[197] 李延喜,何超,刘彦文,孔令文. 对"一带一路"国家直接投资能否促进中国企业创新?[J].科学学研究,2020,38(8):1509-1525.

[198] 刘凤朝,刘靓,马荣康. 区域间技术交易网络、吸收能力与区域创新产出——基于电子信息和生物医药领域的实证分析[J].科学学研究,2015,33(5):774-781.

[199] 莫敏,区富祝. 中国FDI、金融发展、人力资本与东盟经济增长[J]. 统计与决策,2020,36(19):122-126.

[200] 欧阳艳艳,关红玲,郭巍. 中国企业对外直接投资与对外间接投资的互动关系研究[J].国际经贸探索,2020,36(2):90-105.

[201]　彭华涛,吴莹.高技术服务企业跨国战略联盟的研发创新能力、资源共享与新产品市场绩效研究[J].科研管理,2017,38(1):54-61.

[202]　齐俊妍,任奕达.东道国数字经济发展水平与中国对外直接投资——基于"一带一路"沿线43国的考察[J].国际经贸探索,2020,36(9):55-71.

[203]　齐晓飞,关鑫,崔新健.政府参与和中国企业OFDI行为——基于文献研究的视角[J].财经问题研究,2015(5):117-123.

[204]　任海云,聂景春.企业异质性、政府补助与R&D投资[J].科研管理,2018,39(6):37-47.

[205]　邵玉君.FDI、OFDI与国内技术进步[J].数量经济技术经济研究,2017,34(9):21-38.

[206]　石书玲.知识联盟中共有知识分享与私有知识保护影响因素研究[J].科学学研究,2008,26(S2):416-420+450.

[207]　孙林,周科选.区域贸易政策不确定性与出口企业对外直接投资的行为选择——以中国-东盟自由贸易区为例[J].国际经贸探索,2020,36(8):97-112.

[208]　谭云清,马永生.OFDI企业双元网络与双元创新:跨界搜索的调节效应[J].科研管理,2020,41(9):170-177.

[214]　田素华,王璇.FDI双向流动和净流动影响因素研究——基于全球58个经济体的实证分析[J].世界经济研究,2017(7):40-53+135-136.

[208]　田轩,孟清扬.股权激励计划能促进企业创新吗[J].南开管理评论,2018,21(3):176-190.

[210]　王桂军,张辉."一带一路"与中国OFDI企业TFP:对发达国家投资视角[J].世界经济,2020,43(5):49-72.

[211]　王英,刘思峰.国际技术外溢渠道的实证研究[J].数量经济技术经济研究,2008(4):153-161.

[212]　王直,魏尚进,祝坤福.总贸易核算法:官方贸易统计与全球价值链的度量[J].中国社会科学,2015(9):108-127+205-206.

[213]　吴菲菲,米兰,黄鲁成.基于技术标准的企业多主体竞合关系研究[J].科学学研究,2019,37(6):1043-1052.

[214]　韦军亮,陈漓高.政治风险对中国对外直接投资的影响——基于动态面板模型的实证研究[J].经济评论,2009(4):106-113.

[215]　魏凡,黄远浙,钟昌标.对外直接投资速度与母公司绩效:基于吸收能力视角分析[J].世界经济研究,2017(12):94-103+134.

[216]　魏江,王丁,刘洋.来源国劣势与合法化战略——新兴经济企业跨国并购的案例研究[J].管理世界,2020,36(3):101-120.

[217]　温珂,苏宏宇,周华东.科研机构协同创新能力研究——基于中国101家公立研究院所的实证分析[J].科学学研究,2014,32(7):1081-1089.

[218]　吴冰,阎海峰,叶明珠.国际化动因、经验与进入模式的关系研究[J].科研管理,2016,37(12):105-113.

[219]　吴航,陈劲.跨国并购动机与整合过程中的制度复杂性战略响应[J].科学学研究,2020,

38(9)：1570-1578.

[220] 吴晓波,黄娟. 技术体制对 FDI 溢出效应的影响:基于中国制造业的计量分析[J]. 科研管理,2007(5)：18-24＋51.

[221] 吴晓波,沈华杰,吴东. 不确定性、互补性资产与商业模式设计:新型冠状病毒肺炎疫情期间的多案例研究[J]. 科研管理,2020,41(7)：189-200.

[222] 袭讯,俞荣建,杜恒波,高毅蓉,刘金发,胡峰. 三重知识溢出与新兴经济体创新升级[J]. 科学学研究,2021,39(6)：1130-1143.

[223] 袭讯. 产学研协同创新知识溢出风险管理研究[D].郑州:郑州轻工业大学,2019.

[224] 肖文,韩沈超. 地区企业所得税收入比重对 OFDI 的影响——基于全国总样本和分样本的回归检验[J]. 社会科学战线,2018(3)：50-55.

[225] 闫周府,李茹,吴方卫. 中国企业对外直接投资的出口效应——基于企业异质性视角的经验研究[J]. 统计研究,2019,36(8)：87-99.

[226] 于丽华. 基于非平衡面板模型的高碳行业技术研发实证分析[J]. 统计与决策,2019,35(6)：104-107.

[227] 原毅军,高康. 产业协同集聚、空间知识溢出与区域创新效率[J].科学学研究,2020,38(11)：1966-1975＋2007.

[228] 张海波,李彦哲. ODI 进入模式对跨国企业海外经营绩效影响研究[J]. 科研管理,2020,41(9)：209-218.

[229] 张红娟,谭劲松. 联盟网络与企业创新绩效:跨层次分析[J]. 管理世界,2014(3)：163-169.

[230] 张晓瑜,陈胤默,文雯,孙乾坤. 避免双重征税协定与企业对外直接投资——基于"一带一路"沿线国家面板数据的分析[J]. 国际经贸探索,2018,34(1)：51-67.

[231] 赵伟,古广东,何元庆. 外向 FDI 与中国技术进步:机理分析与尝试性实证[J]. 管理世界,2006(7)：53-60.

[232] 赵勇,白永秀. 知识溢出:一个文献综述[J]. 经济研究,2009(1)：144-156.

[233] 周末,张宇杰,刘经纬,唐轶凡. 高校知识溢出对本地工业企业绩效的空间影响[J]. 科学学研究,2017,35(7)：1054-1062＋1072.

[234] 周伟,江宏飞. "一带一路"对外直接投资的风险识别及规避[J]. 统计与决策,2020,36(16)：123-125.

[235] 周文泳,杜珂,周新晔. 区域高技术产业知识供应链效率的分类评价[J]. 科研管理,2017,38(3)：86-93.

[236] 朱敏,杨慧,袁海东. 人才国际化与中国企业"走出去"[J]. 科学学研究,2019,37(2)：245-253＋310.

[237] 邹玉娟,陈漓高. 我国对外直接投资与技术提升的实证研究[J]. 世界经济研究,2008(5)：70-77＋89.

附录 Ⅰ 国外市场条件自查表设计

构建国外市场条件自查表最重要的价值在于给投资者提供国外市场部分显性与隐性特征数据,用这些特征数据结合逆向溢出知识结构调整框架中的东道国选择条件,可以帮助投资者筛选出投资目的地,减少试错成本与时间成本。逆向溢出知识结构调整框架涉及的东道国市场条件主要分为四类:一是"东道国中技术水平相对接近的高技术企业";二是"低技术企业所有权优势相对明显的东道国市场";三是"在不同入场模式下适应成本差异较小的东道国市场";四是"同质性企业所有权优势相对明显的东道国市场"。

附录 Ⅰ.1 东道国市场条件一:"东道国中技术水平相对接近的高技术企业"

一国企业平均技术水平代表了当地整体技术水平,选择技术水平相对接近的高技术企业在一定程度上可以解读为选择技术水平相对接近的东道国市场[①]。东道国市场整体技术水平与投资者技术水平存在差距,如何衡量这种差距以帮助投资者选择适宜的东道国市场呢?本书认为可以借助显性比较优势指数(revealed comparative advantage)进行分析。这是因为一国技术水平通常与贸易增加值成正比,若在同一行业条件下,不同国家出口中的国内增加值相近,在一定程度上可以说明这些国家的整体技术水平接近,进一步说明在这些不同国家之间存在较多的技术水平相对接近的同行业企业。"东道国中技术水平相对接近的高技术企业"强调投资者要选择技术水平相对接近的高技术企业,而选择相匹配的东道国市场更容易寻求到技术水平接近的高技术企业,增加投资选择,提高投资成功效率。因此,本书认为通过显性比较优势指数能够帮助投资者初步定位目标市场。

具体计算过程分为两个步骤:首先,核算东道国某一行业参与全球价值链的显性比较优势指数与母国相同行业的显性比较优势指数,对比并排列母国市场显

[①] 某行业的平均技术水平代表了东道国市场上该行业的大部分企业所掌握的技术水平,投资者投资于平均技术水平相对接近的东道国市场,更容易寻求到技术水平相近的高技术企业。

性比较优势指数与不同东道国市场显性比较优势指数的差值;其次,通过判断投资者自己的竞争能力与国内同行业的平均水平之差,观察自身与国内同行业平均水平的差距[①],根据前后两个差值在各自差值数列中所处位置的接近程度匹配技术水平相对接近的东道国市场。其中显性比较优势指数参考王直等(2015)提出的方法计算,即在产业部门前向联系计算的本国总出口中,隐含的某部门增加值占出口中总国内增加值的比例,相对于所有国家出口中该部门的增加值占全球总出口国内增加值的比例的比较值。计算公式如式(Ⅰ-1)所示。其中,RCA_i^s 表示 s 国 i 行业的显性比较优势指数,WAX_i^s 表示 s 国 i 行业增加值出口,RDV_i^s 表示 s 国 i 行业返回并被本国吸收的增加值,n 表示行业种类数,G 表示国家数量。

$$\mathrm{RCA}_i^s = \frac{(\mathrm{VAX}_i^s + \mathrm{RDV}_i^s) / \sum_i^n (\mathrm{VAX}_i^s + \mathrm{RDV}_i^s)}{\sum_s^G (\mathrm{VAX}_i^s + \mathrm{RDV}_i^s) / \sum_s^G \sum_i^n (\mathrm{VAX}_i^s + \mathrm{RDV}_i^s)} \qquad (Ⅰ\text{-}1)$$

依据王直等(2015)和韩中(2016)的贸易分解框架,一国增加值出口和返回并被本国吸收的增加值可用式(Ⅰ-2)和式(Ⅰ-3)表示。式中,V_s 为 $1 \times N$ 的行向量,表示 s 国各行业的增加值系数;B 为 $GN \times GN$ 完全需求系数矩阵(或称全球投入产出下的莱昂惕夫矩阵),B_{sr} 为 B 的 s 行 r 列的矩阵块($N \times N$),表示 r 国生产 1 单位最终产品对 s 国总产出的完全需求额;Y_{sr} 为 $N \times 1$ 的列向量,表示 s 国向 r 国出口的最终产品,Y_s 表示 s 国各行业的最终产品总额,等于 s 国出口到各个进口国最终产品额之和;A 为 $GN \times GN$ 直接消耗系数矩阵,A_{sr} 为 $N \times N$ 矩阵,表示生产 1 单位 r 国总产出需要 s 国的中间投入系数矩阵。另外,$(I - A_{ss})^{-1}$ 表示完全需求系数矩阵(为一国内部莱昂惕夫矩阵),其不含国家之间相互使用的部分,而 B_{ss} 表示 $(I-A)^{-1}$ 矩阵中 s 行 s 列的矩阵块,所以有 $B_{ss} \neq (I - A_{ss})^{-1}$。$t$ 表示第三方国家。

$$\mathrm{VAX}^s = V_s \sum_{r \neq s}^G B_{ss} Y_{sr} + V_s \sum_{r \neq s}^G B_{sr} Y_{rr} + V_s \sum_{r \neq s}^G \sum_{t \neq s, r}^G B_{sr} Y_{rt} \qquad (Ⅰ\text{-}2)$$

$$\mathrm{RDV}^s = V_s \sum_{r \neq s}^G B_{sr} Y_{rs} + V_s \sum_{r \neq s}^G B_{sr} A_{rs} (I - A_{ss})^{-1} Y_{ss} \qquad (Ⅰ\text{-}3)$$

---

① 投资者自身技术水平与国内同行业的平均水平之差需要投资者根据自己的实际情况展开计算,本研究并不能提供具体案例。需要注意的是,投资者不仅需要计算自身比较优势指数,还需要判断时下行业内龙头企业和尾部企业的比较优势指数,为自我评判提供依据。

附录Ⅰ.2 东道国市场条件二："低技术企业所有权优势相对明显的东道国市场"

企业所有权优势明显,表明企业拥有某种排他性生产研发资源[①],当外部企业难以获取这种优势资源且市场中的替代品稀缺时,将主动寻求合作。由此出发,本书采用增加值出口额(value-added export)来判断企业所有权优势,这是因为行业增加值出口不仅包括直接出口部分,还包括通过其他行业间接出口部分。例如,某国汽车出口使用了该国商业服务作为中间投入,这就形成了商业服务部门增加值的间接出口。行业增加值间接出口额越多,表明异质性行业寻求合作的规模越大或者频率越高,意味着异质性行业对该行业的依赖度越高,在一定程度上可以折射出该行业中企业整体所掌握的所有权优势较为明显。另外,企业技术水平研判借助显性比较优势指数,这是因为一国某行业整体比较优势不明显,通常表明当地该行业中存在较多的低技术企业,以这些国家为投资目的地寻求到适宜的投资标的的可能性较高。

"低技术企业所有权优势相对明显的东道国市场"的分析过程可分为两个步骤:首先,计算不同国家同行业的显性比较优势指数,公式同式(Ⅰ-1),判断各个国家同一行业的技术水平差异,以此找出以低技术企业为构成主体的东道国市场;其次,计算各个国家同一行业的增加值出口额,判断不同市场中低技术企业所有权优势,进一步筛选符合条件的东道国市场。计算公式如式(Ⅰ-4)所示。其中 VAX_i^s 表示 s 国 i 行业的增加值出口额,$DVA\_FIN_i^s$ 表示 s 国 i 行业最终产品出口至直接进口国并被直接吸收的国内增加值,$DVA\_INT_i^s$ 表示 s 国 i 行业中间产品出口至直接进口国并被直接吸收的国内增加值,$DVA\_INTREX_i^s$ 表示 s 国 i 行业中间产品出口至直接进口国并被第三国直接吸收的国内增加值。$DVA\_FIN_i^s$、$DVA\_INT_i^s$ 和 $DVA\_INTREX_i^s$ 的计算方法依次对应式(Ⅰ-2)中的 3 项。

$$VAX_i^s = DVA\_FIN_i^s + DVA\_INT_i^s + DVA\_INTREX_i^s \qquad (Ⅰ-4)$$

附录Ⅰ.3 东道国市场条件三："在不同入场模式下适应成本差异较小的东道国市场"

投资不同国家的适应成本有所差异,即便投资同一东道国,不同投资者所付出

[①] 企业拥有所有权优势并不一定代表是高技术企业,原因有两个:首先,所有权优势并不一定是技术所有权优势,还可以是管理经验优势和自然资源优势等;其次,产权保护下,部分企业虽拥有技术专利优势,但放在整个市场中该优势不明显或者不够前沿,因此也不能被称作高技术企业。

的成本也会因投资方式不同或者议价能力不同而产生差异,我们很难从企业层面得到一个相对普适性的入场适应成本评判标准。换一种思路,书中的适应成本主要指过程适应成本和消费者偏好适应成本。当两国市场之间的产品、技术和人员互通流畅,彼此市场上存在较多的对方市场上的资源和产品时,我们可以认为两个市场之间在消费偏好与生产过程方面是相互熟悉的(Hynes N,2009;郭琪和朱晟君,2018;吴菲菲等,2019),本国投资者以对方市场为投资目标时产生的适应成本相对较低,不同入场模式下的适应成本差异较小的可能性较大。鉴于此,本书采用一国出口中的国外增加值(Foreign Value-Added in Export)来描述不同国家之间的市场关联度[①],借此表示母国投资者对东道国市场的熟悉程度。

核算一国出口中的国外增加值需要从出口的中间品和最终品两个部分出发,公式如式(Ⅰ-5)所示。其中,FVA_i^s 表示 s 国 i 行业出口中的国外增加值,MVA_i^s 表示 s 国 i 行业由国外吸收的最终产品出口中包含的国外增加值,OVA_i^s 表示 s 国 i 行业由国外吸收的中间品出口中包含的国外增加值。出口返回并被本国吸收的国外增加值包含在国外账户的重复计算部分和出口隐含的第三国增加值部分中,因此返回部分在计算本国出口中的国外增加值过程中不做分解考虑。核算式(Ⅰ-6)和式(Ⅰ-7)中的指标含义与前述指标含义相同,不做重复解释。

$$FVA_i^s = MVA_i^s + OVA_i^s \qquad\qquad (Ⅰ\text{-}5)$$

$$MVA^s = \sum_{t \neq s}^{G} \sum_{r \neq s}^{G} V_t B_{ts} Y_{sr} \qquad\qquad (Ⅰ\text{-}6)$$

$$OVA^s = \sum_{t \neq s}^{G} \sum_{r \neq s}^{G} V_t B_{ts} A_{sr} (I - A_{rr})^{-1} Y_{rr} \qquad\qquad (Ⅰ\text{-}7)$$

附录Ⅰ.4   东道国市场条件四:"同质性企业所有权优势相对明显的东道国市场"

与"市场条件二"的分析思路一致:企业所有权优势明显,表明企业拥有某种排他性生产研发资源,当外部企业难以获取这种优势资源且市场中的替代品稀缺时,将主动寻求合作。因此,本书同样采用增加值出口额(Value-Added Export)来

[①]   为什么不采用国内增加值出口最终被国外吸收部分进行表述呢?本书认为,本国增加值出口被进口国吸收也可以反映两国之间的市场熟悉程度,但其更多的是强调进口国对母国市场的熟悉(进口国可能通过再加工的方式,使原本并不完全适应本国市场的产品变得更加迎合当地市场需求,此时并不能认为母国市场上的生产者和投资者熟悉进口国市场)。母国出口中包含的国外增加值表明我们是进口方,对于熟悉中间品或者最终品来源国市场的偏好具有主动权,从而有利于母国对外直接投资者降低不同入场模式下的适应成本,因此我们采用出口中的国外增加值进行表征。

判断同质性企业所有权优势,这是因为行业增加值出口不仅包括直接出口部分,还包括通过其他行业间接出口部分。例如,某国汽车出口使用了该国商业服务作为中间投入,这就形成了商业服务部门增加值的间接出口。行业增加值间接出口额越高,表明异质性行业寻求合作的规模越大或者频率越高,意味着异质性行业对该行业依赖度越高,在一定程度上可以折射该行业中企业整体掌握的所有权优势较为明显。同质性行业增加值出口额计算方法同式(Ⅰ-4)。

附录Ⅰ.5 结果列举与解读

本书以包含了 40 个国家和 35 个部门的 2011 年世界投入产出表为算例[①],分别计算显性比较优势指数 RCA、增加值出口指数 VAX 和出口中的国外增加值指数 FVA,结果如表Ⅰ-1 至表Ⅰ-3 所示。

表Ⅰ-1 展现了不同国家各行业的显性比较优势指数。我们以电气和光学设备制造业为例,其中韩国和日本的 RCA 指数较高,分别为 1.9956 和 2.8782,表明韩日两国电器和光学设备行业比较优势相对明显,行业竞争处于全球领先地位;与韩日不同,澳大利亚和俄罗斯的 RCA 指数相对较低,分别为 0.0609 和 0.0268,表明澳大利亚和俄罗斯在电气和光学设备方面比较优势不明显,在该行业的全球竞争中处于相对劣势位置。了解了 RCA 结果的基本含义,那么应该如何运用这些结果帮助我国对外直接投资企业选择技术水平相对接近的东道国市场呢?首先,投资者要对自身显性比较优势在国内同行业中所处位置有一个大致判断[②];然后,依据自我评判结果比对不同国家同行业的比较优势位置,匹配位置相对接近的国家作为投资的优先选择地。以电器和光学设备制造业为例,当国内投资者自我判定比较优势在国内同行业中处于领先位置时,可以考虑投资韩国和日本等行业优势较为明显的国家;当投资者自我判定比较优势在国内处于平均水平时,可以选择投资捷克、丹麦和瑞典等行业比较优势处于国际平均水平的国家;当投资者自我判定比较优势在国内处于相对落后位置时,可以选择投资澳大利亚和俄罗斯等行业比较优势较弱的国家。

表Ⅰ-2 展现了不同国家各行业的增加值出口指数。如何结合 RCA 指数帮助国内投资者定位出低技术企业所有权优势相对明显的东道国市场呢?首先,借助

---

① 数据来源于 World Input－Output Database 官方网站(http://www.wiod.org/database/wiots13)。另外,需要注意,不同年份的核算结果会有所变化,意味着投资者需要依据自身需要选择不同年份的世界投入产出数据进行分析,本书所举算例仅对 2011 年前后的年份具有参考意义。

② 投资者可依据研发投入、企业收益和研发人员全时当量等指标来判断自身在国内同行业中所处位置。

RCA 指数判断出以低技术企业为构成主体的国家,本书将 RCA 指数的后 1/3 作为行业比较优势较弱的国家。以电气和光学设备制造业为例,我们将 RCA 指数小于 0.5233 的国家作为弱势国家,投资者可在其中寻找同行业所有权优势相对明显的国家作为投资目的地。其次,借助 VAX 指数判断不同国家同一行业的所有权优势,并以所有权优势最明显的 RCA 弱势国家作为最优先选择目的地。例如,在电气和光学设备制造业,RCA 小于 0.5233 的国家中,荷兰的行业出口增加值最大,表示荷兰的电器和光学设备制造行业整体水平虽然在国际竞争中不占据优势,但荷兰当地其他行业的生产和出口对荷兰电器和光学设备制造行业的依赖相对明显。这意味着,就电器和光学设备制造业而言,荷兰最符合"低技术企业所有权优势相对明显的东道国市场条件"。

表 I-3 展现了每个国家各个部门出口中的国外增加值,如中国的电器和光学设备制造业出口中的国外增加值为 16241409.72 万美元,而美国该行业出口中的国外增加值仅为 1796253.53 万美元,远远低于中国。从表 I-3 中可以知道一国某行业出口的国外增加值,但并没有展现出这一增加值来源于哪些国家,也就无法判断国与国之间产品和技术的互通程度。鉴于此,本书以中国为例,将各个部门出口中的国外增加值按照 39 国标准分别展现出来,借此解释"市场条件三"的判定方法,结果见表 I-4:中国电器和光学设备制造业出口中包含了 16241409.72 万美元的国外增加值,其中美国以 4649551 万美元占据了 28.63%,其次是日本的 1488015.1 万美元和德国的 983663.1 万美元,占比分别为 9.16% 和 6.06%。该结果表明,我国电器和光学设备制造企业追求"在不同入场模式下适应成本差异较小的东道国市场"时,可优先考虑投资美国、日本和德国等国家。

市场条件四"同质性企业所有权优势相对明显的东道国市场"的判定可借助表 I-2 的核算结果,不同国家同一行业的 VAX 指数越大,表明当地该行业所有权优势越明显,进一步说明该行业内企业整体的所有权优势较为明显。以电器和光学设备行业为例,增加值出口最多的国家是中国,增加值出口额为 522781682.4 万美元,其次是美国、德国和日本,VAX 指数分别为 261697922.6 万美元、259817910.9 万美元和 217428045 万美元。核算结果表明,若一国电器和光学设备制造企业寻求"同质性企业所有权优势相对明显的东道国市场",可优先考虑中国、美国和德国等国家。

表 I-1 40 国 35 部门 RCA 指数

单位：百万美元

	澳大利亚	奥地利	比利时	保加利亚	巴西	加拿大	中国	塞浦路斯	捷克	德国
农、林、牧、渔业	1.579080209	0.365884499	0.688544413	2.802410406	4.308644697	1.255311275	0.289527738	1.223575003	1.25321027	0.552682389
采掘业	4.18575949	0.074707716	0.010569209	0.286677978	1.281048294	2.676280659	0.04852075	0.238155864	0.444603299	0.051809756
食品、饮料和烟草业	1.121572764	0.591224352	1.02536054	0.918720319	4.361549115	0.81241003	0.479511188	0.731852327	0.628574305	0.883338141
纺织品业	0.166435163	0.623048498	1.148833944	1.426635447	0.298740367	0.214423872	4.333503054	0.704883914	1.194785978	0.848302437
皮革及其制品业	0.304820124	1.126710911	0.096259121	0.342280521	4.291370241	0.103659166	2.868860484	0.093892106	0.762711705	0.574522004
木材及其制品业	0.1871917	4.580625107	1.228914862	1.127830441	1.51681785	1.647302659	0.812683809	1.305959183	2.426552652	1.238361086
造纸和纸制品业	0.218070613	2.065704503	0.991477833	0.319472452	1.530481797	1.466120816	0.206358801	0.185183374	1.27789782	1.767803283
煤炭、石油及其他燃料加工业	0.330313363	0.40322475	1.811300085	0.862569357	0.971122144	0.735491942	0.18122869	0	0.370451377	0.635335478
化学原料和化学制品制造业	0.17227626	0.810772156	1.902300338	0.312883146	0.544139814	0.528399467	0.817376711	0.765584655	0.769495055	1.493064289
橡胶和塑料制品业	0.099164049	1.301038235	1.210533516	0.534279316	0.379376301	0.546331212	1.360892566	0.801208453	2.058288091	1.894180624
非金属矿物制品业	0.104713409	1.435477443	1.644517283	2.08830856	0.515716502	0.390198904	1.321277844	0.658868018	3.063178212	1.493488254
金属及其制品业	0.887935758	1.683686879	1.457945197	2.379806139	1.016694217	0.850929011	0.706806706	1.046871805	1.290086141	1.467061
机械设备制造业	0.257648282	1.464917051	0.573017213	0.804864616	0.427046827	0.632207533	1.148140954	0.255636004	1.573333336	1.902633313
电器和光学设备制造业	0.060879382	0.858766023	0.313137442	0.386700083	0.238649446	0.289659586	2.866282215	0.454407766	0.956266398	1.11171774
运输设备制造业	0.176654525	1.464367328	0.474095699	0.200343918	0.604087331	0.902309544	0.850683667	0.299810497	1.995563929	2.032189812
其他制造业和废弃资源回收利用业	0.128649211	1.061372829	1.487125326	2.982027591	0.145938614	1.663840926	1.507606596	0.255119341	1.242901318	0.699086549
电力、热力、燃气及水生产和供应业	0.097722333	3.443914703	4.337300843	10.39389975	1.523103984	2.838163753	0.242073751	0.026041572	6.215244708	2.373678104
土木工程建筑业	0.328184239	1.990400639	3.435074791	4.189483382	1.09750869	0.259050071	1.636872293	5.716379564	2.396381133	1.393387849

续表

	澳大利亚	奥地利	比利时	保加利亚	巴西	加拿大	中国	塞浦路斯	捷克	德国
机动车销售、维护、修理和燃料零售业	0.200439047	0.668468121	2.536329241	10.24765218	1.413621087	0.056133873	0	34.95077798	1.364888159	0.220053996
批发贸易和佣金贸易业	0.07021736	0.518425422	0.961611366	0.962387585	0.099278503	0.09700856	1.440222803	1.965192753	0.225798546	0.276879486
零售贸易和家庭用品修理业	1.845067245	0.662802068	1.566517868	3.607225581	1.6113475	1.206422823	1.069641782	12.92384807	0.67108433	0.148847733
住宿和餐饮业	2.049981913	3.621592702	0.731017811	0.323604893	4.963503361	2.171126451	1.147380739	0.05850749	3.238406237	0.663853525
内陆运输业	0.505527772	1.180993821	0.493068689	1.750734148	1.513842274	1.323850443	0.522588876	0.302603578	0.956892452	0.169723723
水上运输业	0.522478154	0.041094838	0.723707343	1.312036475	0.20529843	0.165235214	3.564542908	3.550498836	0.009562049	1.091554357
航空运输业	2.787700561	1.0153865	0.379117763	1.490041595	0.535707499	0.710654108	1.240917464	3.982208547	1.290416751	0.550263695
其他辅助运输业	0.827896614	1.442681409	3.584113263	2.461682935	1.606094771	0.592674367	0.431392763	15.10593541	0.350256233	0.937830693
邮政业	0.423356586	1.549104079	1.333972402	2.278500327	4.557468804	0.85547202	0.987067754	2.086904314	0.81180919	0.469833218
金融业	0.400061428	1.332396584	0.885600917	0.547147202	0.095683175	0.62111429	0.040848889	0.505033285	0.126421919	0.316244486
房地产业	2.350224971	0.251198001	0.322785164	1.1978058	3.380306867	5.140801917	2.00333E-07	1.02049E-06	0.27617188	0.160312275
租赁和商务服务业	0.439164741	0.972703083	1.478966315	0.135974097	1.316301623	0.484845784	0.500293514	1.178589268	0.631323981	0.575815533
公共管理、社会保障和社会组织	0.151123328	0.687096468	0.585467241	0.778956841	2.408943981	1.80149564	0.103150283	1.693297822	0.311310616	0.174803053
教育	12.38811518	1.327067893	4.595634158	0.211163646	0.632482756	1.845306901	0.199883522	2.899505153	0.550236806	0.046756969
卫生和社会工作	1.736778752	1.617382467	1.751935602	0.528986192	0.93665043	2.461023131	0.446435805	3.545145872	3.639112451	0.415193474
其他社区、社会和个人服务业	0.422178671	0.250407477	0.443590351	0.413722156	5.720890506	1.523551961	1.66325859	0.932954852	1.044926404	0.096956956
有雇工的私人家庭	0	0	−2.71382E-07	0	0	16.35068657	0	6.75704E-14	0	2.78017E-06
均值	1.072210948	1.213847077	1.320278368	1.731623288	1.60141308	1.577699928	1.001024715	2.869835248	1.297661249	0.821921062

续表

	丹麦	西班牙	爱沙尼亚	芬兰	法国	英国	希腊	匈牙利	印度尼西亚	印度
农、林、牧、渔业	1.657544756	0.882461991	2.150813628	0.707924918	1.69147613	0.316965727	1.331917017	2.155551035	1.577336667	2.626353519
采掘业	0.881161471	0.05943477	0.02463399	0.03794384	0.057286424	0.66991522	0.03527645	0.016185554	2.217828715	0.267138578
食品、饮料和烟草业	1.563071706	0.823615696	0.928680526	0.400086509	1.296417864	0.538759838	0.680533686	0.749823425	6.380625642	2.303396717
纺织品业	0.377827877	1.393160507	1.196173335	0.420819501	0.915728463	0.570642057	0.933743059	0.301036714	1.915815512	2.124607575
皮革及其制品业	0.073736918	1.45620835	0.557372709	0.160322077	0.578565337	0.466949344	0.363787595	0.792987771	1.568498576	2.28202803
木材及其制品业	1.311888781	0.948563891	13.05678944	4.777818471	0.880237319	0.190362971	0.22218004	0.717491761	1.630677484	0.340177504
造纸和纸制品业	0.839590646	1.383329749	1.66241964	9.071204888	1.15339897	0.859572304	0.27197295	0.74748896	1.007333153	0.143633669
煤炭、石油及其他燃料加工业	0.948151548	0.746150853	0.598170977	0.776299515	0.751169639	1.181198289	0.66439693	0.776955854	3.538576164	1.695871064
化学原料和化学制品制造业	0.881232484	1.323122744	0.463280079	0.899327994	1.718587143	1.17186786	0.468248033	0.906336528	0.723262696	0.840899773
橡胶和塑料制品业	1.239143965	1.568949135	1.663719923	1.171536133	1.498979613	0.867286559	0.662999934	1.850025341	1.737934349	0.792631506
非金属矿物制品业	1.097382125	2.189360935	2.707344095	1.133909796	1.339702847	0.795248041	0.891202658	1.601415078	0.289678932	1.193783489
金属及其制品业	0.642697032	1.673039861	0.767895188	1.588385502	1.360575576	0.740747154	1.049382007	0.704671606	0.392664599	0.858843689
机械设备制造业	2.435711239	0.780682113	0.683433173	1.673102417	1.279657949	0.863117441	0.21483781	2.539147007	0.419972392	0.778328606
电器和光学设备制造业	0.979280107	0.587313411	1.382750702	0.899298486	1.021865382	0.602402292	0.200945453	1.461385323	0.39908433	1.032422138
运输设备制造业	0.224730971	1.641261658	0.424057295	0.234470174	1.854335379	1.098070465	0.240434725	2.173189208	0.277272194	1.01447597
其他制造业和废弃资源回收利用业	1.122464579	0.382657608	5.353420242	0.791374234	2.431946207	0.790766345	0.100756823	0.505341737	0.290174606	3.222583302
电力、热、燃气及水生产和供应业	4.169421036	0.708612411	3.006517627	0.823799307	1.311277245	0.160636334	2.157034231	1.694274571	4.99128E-06	0.005112073
土木工程建筑业	0.230478789	0.539812249	5.168695165	0.007862307	0.027991529	1.016866048	0.473331059	2.652330571	-8.72597E-07	1.88522E-06

续表

	丹麦	西班牙	爱沙尼亚	芬兰	法国	英国	希腊	匈牙利	印度尼西亚	印度
机动车销售、维护、修理和燃料零售业	0.28267014	1.83967758	1.008197331	0.046265977	−1.10819E-07	0.459950584	9.417421331	6.609666282	0	0.19151548
批发贸易及佣金贸易业	0.71269707	0.069197696	0.400833981	0.284105176	0.14634312	0.066725527	1.680459902	1.24912825	0.183150792	0.027594639
零售贸易和家庭用品修理业	0.025056423	0.272210881	0.368124339	0.02640745	5.67014E-07	0.257190424	3.716452792	3.930357459	0.066925691	0.171157943
住宿和餐饮业	0.131747884	0.054846701	0.182470478	0.21193395	0.000203701	1.33334971	0.069357693	0.762615859	2.362579942	6.460215601
内陆运输业	0.670963071	0.848365656	0.566801459	0.152755458	0.28462108	0.133494631	0.277990573	1.047660815	1.050546461	1.47361639
水上运输业	6.131241211	0.392721149	1.259596646	1.259391998	1.101256913	0.882621994	33.27351297	0.029319549	0.999596452	0.015527991
航空运输业	0.941155053	2.278544465	1.075444544	2.06561012	1.977861693	0.899671811	2.986809832	1.280253331	0.685353693	0.01403684
其他辅助运输业	1.636394513	2.198934673	8.774768709	0.933022956	1.237090951	0.565153185	2.989438599	1.87086341	1.170239437	0.000347382
邮政业	1.466244601	1.067273519	1.294457632	0.581098823	0.829073353	1.69733559	1.573593966	0.897031551	0.644950373	1.225945962
金融业	0.27717227	0.928488253	0.719475383	0.220783704	0.407304943	5.3773714	0.434557714	0.150663868	0.016624606	0.279124009
房地产业	0.203454868	0.082444835	0.494013488	0.000956793	1.24372E-07	0.544818625	1.68491E-06	1.268359958	6.193868544	−2.88002E-07
租赁和商务服务业	1.018937772	1.594689209	1.111215663	1.295627265	0.919572226	2.754573159	0.747849628	0.919312392	0.085049941	2.641010892
公共管理、社会保障和社会组织	0.363054164	4.127262156	1.807361792	0.814727984	0.301039003	0.421018472	0.917065458	0.849412955	1.033159445	−2.71006E-07
教育	0.227731201	0.066381796	0.29572196	0.088294463	0.14093969	3.394828949	1.490679867	0.292434318	1.254034023	−4.35932E-07
卫生和社会工作	0.450455905	0.590011482	1.042047893	0.054982106	3.635631044	1.059015619	3.051914413	0.569548442	0.085129658	−2.5638E-06
其他社区、社会和个人服务业	3.17177233	0.771483046	0.341745398	0.189872028	0.364042583	1.748873487	0.448391949	1.354790997	0.888308851	4.683484058
有雇工的私人家庭	0	0	0	−7.1293E-07	3.56735E-06	0.332977203	1.29994E-05		0	13.58776584
均值	1.0967653	1.036293458	1.786813622	0.965752103	0.928977934	0.995152599	2.116242718	1.297687398	1.173893087	1.494104381

续表

	爱尔兰	意大利	日本	韩国	立陶宛	卢森堡	拉脱维亚	墨西哥	马耳他	荷兰
农、林、牧、渔业	0.221326389	0.381927435	0.026230256	0.029833587	4.086307084	0.309683975	3.836978406	0.652443313	0.108903407	1.165522335
采掘业	0.04664212162	0.055051741	0.017571107	−0.000160735	−0.004064377	0.00763632	0.159968496	1.566978591	0.005949792	1.000327471
食品、饮料和烟草业	1.74177444	0.626939704	0.145071332	0.093330256	1.760254113	0.517919363	1.045934318	0.417393217	0.257857334	2.320428869
纺织品业	0.091544595	2.231495302	0.508423732	1.002645896	1.55356782	0.771377699	0.571291917	0.256642441	0.73470189	0.470343231
皮革及其制品业	0.108989967	4.948472171	0.054399506	0.516793411	0.542592715	0.001339407	0.118245889	0.865438927	0.031319241	0.125605572
木材及其制品业	0.374530348	0.773219343	0.217436972	0.011073292	6.689544575	0.506751058	17.25893583	0.082531485	0.032194482	0.623743431
造纸和纸制品业	1.991487849	0.916229566	0.22148637	0.22861192	1.163973497	0.827623202	0.683149518	0.230738554	1.2714372	1.115897691
煤炭、石油及其他燃料加工业	0.044793659	0.192234817	0.511989488	0.724744982	2.634698282	0.002034015	0	0.47531472	0.002717186	0.846277407
化学原料和化学制品制造业	2.719419989	0.98126921	1.030141787	0.904763109	0.613169383	0.116909561	0.409381937	0.463777186	0.592715074	1.972464349
橡胶和塑料制品业	0.328360511	1.853394539	1.913289921	0.859208173	1.624679889	1.567552612	0.592959268	0.583181846	0.932187585	1.05657691
非金属矿物制品业	0.216253199	2.260904856	1.29670379	0.280061414	1.081909989	1.722365906	1.229534116	0.758817913	0.415037026	0.944831076
金属及其制品业	0.173849021	1.991648308	1.293979431	0.81570427	0.610387192	1.10984058	0.919668438	0.920668108	0.090653074	0.874346428
机械设备及其制造业	0.293329027	2.707499368	1.822800412	1.006307095	0.549457742	0.30702258	0.302989607	0.323094487	0.142869597	0.818395555
电器和光学设备制造业	0.918468079	0.73618823	1.995583579	2.878162183	0.577574908	0.111483934	0.523306817	0.713859169	1.624853296	0.358240191
运输设备制造业	0.081405959	1.299889153	2.48744368	2.313010807	0.331896389	0.056073794	0.482983593	2.020073231	0.472839367	0.442820982
其他制造业和废弃资源回收利用业	0.357818421	1.264165276	0.482749012	0.169987838	1.997298136	0.568897527	1.393139186	1.212192311	0.2959805	0.726607066
电力、热力、燃气及水生产和供应业	0.653142957	0.184345303	0.179952847	0.035272588	1.997281928	1.354876231	0.862444895	0.118292572	−3.73056E-06	0.709438503
土木工程建筑业	0.892517968	0.734934848	0.000108399	0.120936872	3.123555895	0.201881654	18.3117514	−5.92534E-07	0.809986577	2.907985594

续表

	爱尔兰	意大利	日本	韩国	立陶宛	卢森堡	拉脱维亚	墨西哥	马耳他	荷兰
机动车销售、维护、修理和燃料零售业	1.304645018	1.906987096	0.102961048	0.417821401	23.08622331	1.362950313	9.546009049	4.470918352	8.890254742	2.020160663
批发贸易和佣金贸易业	1.715359584	0.636170678	0.910611015	1.626061928	1.509868117	1.028920972	1.182022634	2.798287224	0.973473046	0.956533767
零售贸易和家庭用品修理业	0.386873336	3.035038854	0.58876307	0.279513598	6.901554079	2.643929629	4.6680676	26.9921926	3.673977558	0.26073113
住宿和餐饮业	4.037662003	0.01576588	0.798774486	0.144785054	0.155303128	0.035914045	0.132553059	0.020418185	20.09382578	0.038085964
内陆运输业	0.161799085	0.250092755	0.524186177	0.070075915	4.818222699	0.986319444	2.231885335	1.719365791	0.434365194	0.359451825
水上运输业	0.285986216	0.308092738	2.388811045	4.12294312	0.743933673	0.068585624	0.655871069	0.119171384	0.81635056	0.627104956
航空运输业	2.561356932	0.671352066	1.274070533	1.34020766	0.533144445	2.813692721	1.337371543	0.446703053	7.470413452	1.073373681
其他辅助运输业	0.629275336	1.309156432	1.13932092	0.227039539	6.385015803	1.193747422	13.17772383	0.395575948	9.127107122	2.21555875
邮政业	0.853976219	0.54419556	0.064062774	0.205819042	1.397677176	6.393676222	1.5746173	0.9469764	3.997026482	1.662956713
金融业	4.118087638	0.517715399	0.352712058	0.410361825	0.099830128	14.76091432	0.854453676	0.191925518	1.809130272	1.002108469
房地产业	3.92442E-08	0.428693825	0.000392047	1.147367671	2.384134483	0.55053244	3.842236072	0.017722917	0.150703825	0.09214257
租赁和商务服务业	3.335041492	0.700513689	0.39530634	0.800586292	0.360172188	2.233138491	0.582285217	0.044096157	1.812419386	1.462366849
公共管理、社会保障和社会组织	0.20185564	0.087744133	0.114687178	0.927708042	0.812149916	1.461501456	5.520112184	3.71572E-07	2.161868218	2.22014581
教育	2.098033799	0.687759412	0.080428719	0.111971166	0.112097231	0.007934971	0.456083781	0.049731669	12.16506545	2.487316486
卫生和社会工作	2.699757743	0.258764609	0.709275495	0.152710861	0.535773444	0.143884026	0.156478122	0.507774626	7.613045279	0.496439647
其他社区、社会和个人服务业	0.766476561	0.341046262	0.416506913	0.399037294	0.578071131	1.853334346	0.156100146	0.053691952	7.037922096	1.02967667
有雇工的私人家庭	7.52212E-07	1.00144E-05	0	0	0	0.0003859	0	3.53803E-06	0	−8.53436E-07
均值	1.040424055	1.023968816	0.687606613	0.696428025	2.324207317	1.36001831	2.707869081	1.441033623	2.744234612	1.042400168

续表

	波兰	葡萄牙	罗马尼亚	俄罗斯	斯洛伐克	斯洛文尼亚	瑞典	土耳其	美国	其他国家	均值
农、林、牧、渔业	0.?09676796	0.576818809	1.694400632	0.326639369	1.512395113	0.918543687	0.241072213	0.890433885	0.971293652	1.847839873	1.222393928
采掘业	0.469950332	0.258997113	0.077530276	2.725870896	0.054272042	0.018138372	0.504135252	0.178012135	0.198489378	2.733540091	0.576691746
食品、饮料和烟草业	1.079720202	0.458952966	0.391097335	0.025271267	1.078905546	0.650858841	0.455165801	1.117647215	0.737176086	1.356755794	1.062350671
纺织品业	1.506777616	2.775549883	1.786883769	0.007121022	0.923799617	0.927817948	0.285608734	5.48910052	0.290753347	0.400634774	1.10258506
皮革及其制品业	0.745925649	3.140135552	3.128399218	0.080446509	1.343978567	2.335559417	0	0.556389946	0.052191648	1.104240695	0.958185183
木材及其制品业	3.810766649	4.624346786	3.708468806	0.636999988	4.283460337	3.560119452	2.72320356	0.758536177	0.411870565	0.716425433	2.244160556
造纸和纸制品业	1.483241071	5.694482195	0.382148626	0.270480008	1.450153291	1.775168602	4.912323167	0.517103172	1.195355023	0.484508589	1.32561223
煤炭、石油及其他燃料加工业	1.060080654	0.343230054	0.854491596	1.697233508	0.689954109	0.018323886	0.244738603	1.329160696	0.984513536	1.79381948	0.81106216
化学原料和化学制品业	0.703362234	0.584484015	0.413812335	0.373585001	0.557255815	1.319654908	0.75730585	0.483393039	0.965137139	0.991807434	0.863032947
橡胶和塑料制品业	2.512707208	1.982317486	1.597795035	0.026413339	1.682928783	2.181314001	0.70716693	2.230359316	0.495776697	0.245557001	1.203009437
非金属矿物制品业	2.277722188	2.2853725	0.550528421	0.037540019	2.166320268	2.392979065	0.758049826	2.783252714	0.543318485	0.569657967	1.254514814
金属及其制品业	1.258220744	0.88029039	1.228726523	0.763156219	1.799615422	1.461519532	1.429913458	1.882799451	0.421370989	0.741411833	1.076034702

续表

	波兰	葡萄牙	罗马尼亚	俄罗斯	斯洛伐克	斯洛文尼亚	瑞典	土耳其	美国	其他国家	均值
机械设备制造业	1.076402226	0.6983030751	0.940235781	0.135357312	1.044234175	1.995589521	1.462246314	1.153920427	1.213461337	0.294472175	0.971626048
电器和光学设备制造业	0.87054063	0.80507179	1.425025247	0.0268326	1.405312362	0.882971936	0.92869624	0.612458712	1.197426701	0.502760766	0.96867666
运输设备制造业	1.981202877	1.110769607	1.265692223	0.020711383	1.453778815	1.3376312	1.035412621	1.450917193	1.084090211	0.093178173	0.967250282
其他制造业和废弃资源和废料回收利用业	2.153884934	1.233987734	1.088117893	0.007037314	1.094715221	1.416892992	0.563201536	1.6832435	1.183984073	1.122060149	1.140915018
电力、热力、燃气及水生产和供应业	1.5513322872	1.313091771	1.041509383	0.480807084	0.421465006	3.767342979	0.866357331	1.086885231	0.097164685	0.799404557	1.53784562
土木工程建筑业	7.54355523	0.532647742	1.259579694	0.015913917	3.484160564	3.839739904	2.649765846	4.661884585	0.006783306	0.47464327	2.052261228
机动车销售、维护、修理和燃料零售业	1.237572336	1.648164405	4.974524113	3.04341287	0.74293934	5.957103667	6.103467148	1.297708865	0.025335239	0.163490412	3.657743262
批发贸易和佣金贸易业	0.59917615	0.761635416	1.125322371	4.345186277	0.924913623	0.306955702	0.597464445	0.000524505	2.164520561	0.446099049	0.878673042
零售贸易和家庭用品修理业	0.838963865	0.875278399	2.540263426	0.319255855	1.885384999	0.469846669	3.24361329	0.07757444	0.008684573	0.240244298	2.294962784
住宿和餐饮业	0.044712217	1.14330924	2.784577365	0.041774139	1.391515217	0.027327191	0.053956466	0.011241099	0.065768756	1.351349295	1.55974846
内陆运输业	1.215532278	1.475499934	3.306673888	5.441761065	1.045891741	1.386792819	0.173323131	1.329943065	1.248387148	0.540654737	1.074229933

续表

	波兰	葡萄牙	罗马尼亚	俄罗斯	斯洛伐克	斯洛文尼亚	瑞典	土耳其	美国	其他国家	均值
水上运输业	0.196902191	0.977840133	0.241234621	0.11350274	0.006704761	0.329557692	1.202343889	1.968972539	0.463974568	0.003064498	1.799168606
航空运输业	0.722570669	5.661192641	0.956408244	0.22690226	0.046348459	0.725165578	0.644378766	1.617257106	2.46993906	0.079379041	1.506375211
其他辅助运输业	1.452799761	2.6916982	1.34970458	0.470221274	0.590279988	2.097114647	2.938917278	2.226529555	1.487788901	0.020086032	2.461887944
邮政业	0.537893371	1.528026901	3.42461001	0.227693827	0.745860656	1.250622473	1.241221898	0.401213726	2.017106347	0.724248073	1.38294658
金融业	0.165667334	0.576428593	0.25884771	0.004761515	0.153896838	0.261633025	0.599028731	1.084432875	4.097883759	0.406356875	1.1108137
房地产业	3.897508342	0.120119074	−2.35957E-07	0.008653563	0.609023176	0.372595071	0.142703366	0.000650962	0.162791459	3.222790125	0.878494808
租赁和商务服务业	0.513661653	0.84936672	0.99713032	0.025329877	0.632289976	0.513271488	1.350427176	0.080461377	2.033119271	1.040114999	0.995916063
公共管理、社会保障和社会组织	0.006341585	2.040862846	−2.43709E-07	0.116454658	0.590203844	0.832211241	1.152313747	1.093458169	5.173184409	0.424790106	1.08871893
教育	0.29145539	0.428602666	−6.81082E-07	0.168381196	0.777222097	1.244169708	0.838117328	0.128553075	0.634385865	0.725950907	1.358214446
卫生和社会工作	0.603745181	0.424931112	4.84724E-07	0.011239086	7.984443348	1.805840587	3.753949039	0.453314659	0.284413985	1.496204255	1.40854998
其他社区、社会和个人服务业	0.595940919	0.592185907	0.180867814	0.003360377	1.842851632	0.179262511	0.267730296	0.300258469	1.680140241	1.012304001	1.128455658
有雇工的私人家庭	−7.9272E-06	0.128329791	0	0	0	2.24817E-15	0	3.05955E-06	0.281220325	2.2286652	0.803781107
均值	1.22075105	1.478932832	1.284988759	0.635008914	1.32620941	1.38741818	1.280780551	1.1196741 8	1.038537181	0.868529172	

表 I-2　40 国 35 部门 VAX 指数

单位：百万美元

	澳大利亚	奥地利	比利时	保加利亚	巴西	加拿大	中国	塞浦路斯	捷克	德国
农、林、牧、渔业	95663.96968	15721.31587	41913.66807	13635.10258	276174.3866	84504.00918	59365.60138	850.7331747	40894.92748	140889.5965
采掘业	2944641.141	37274.46084	7476.633871	16197.80802	953473.9858	2093109.069	115383.9482	1922.751581	168427.4301	153703.104
食品、饮料和烟草业	62127.49797	23228.38175	57103.00779	4086.693089	255555.382	50005.66626	89918.31138	465.215258	18751.44332	206135.5279
纺织品业	14072.63041	37358.99745	97685.54363	9685.807616	26714.59018	20134.13682	1240740.827	683.7921742	54411.73929	302358.3376
皮革及其制品业	3557.77728	9325.275139	1129.89397	320.779781	52979.56131	1343.194276	113393.5492	12.57327028	4794.321387	28252.06405
木材及其制品业	5190.574703	90090.10078	34270.68927	2511.477875	44502.58385	50735.55785	76265.25479	415.5452868	36245.0421	144741.9229
造纸和纸制品业	20718.71674	139205.0848	94727.67563	2437.478944	153826.5766	154714.9888	66306.99869	201.868943	65397.08104	708036.924
煤炭、石油及其他燃料加工业	50388.97035	43623.17609	277845.8823	10566.65468	156704.2662	124674.3364	93426.39823	0	30434.2107	408536.8516
化学原料和化学制品制造业	87710.31546	292786.0147	974075.8384	12791.65953	293033.9396	298797.1358	1406359.238	4472.051849	211008.6897	3204929.991
橡胶和塑料制品业	13001.54399	120093.3721	159625.2977	5625.458949	52608.68493	79491.1176	603591.9924	1205.378903	145369.2667	1046838.784
非金属矿物制品业	3525.270261	34275.95872	55672.12368	5645.343552	18364.50509	14585.78553	150440.8717	254.4258945	55544.07557	211958.3984
金属及其制品业	629181.9289	846205.132	1039052.184	135415.1413	762098.6059	669565.4087	1693502.012	8511.674665	492405.8017	411958.081
机械设备及其制造业	51385.22628	207221.7974	114934.3882	12890.31916	90087.79924	140067.5165	774376.7308	584.984016	169018.0138	1599593.816
电器和光学设备制造业	32862.51511	328798.8312	170006.682	16762.45511	136261.25	173732.2838	5227816.824	2814.491499	278054.4009	2598179.109
运输设备制造业	43905.34593	258176.1445	118516.2162	3999.39931	158817.0851	248972.5261	715754.4781	855.1861103	267211.0083	2127796.853
其他制造业和废弃资源回收利用业	5801.7348	33948.93603	67448.15534	10800.21663	6963.153497	83423.22216	229854.3174	132.0247794	30193.32205	132877.7715
电力、热力、燃气及水生产和供应业	3210.289383	80225.05227	143259.4043	27414.65439	52922.95816	103661.8048	26909.70478	9.814400657	109925.4519	328680.3548
土木工程建筑业	3614.43471	15548.1413	38045.9334	3705.073488	12787.06203	3171.983697	61053.70457	722.3754009	14213.03604	64690.75377

续表

	澳大利亚	奥地利	比利时	保加利亚	巴西	加拿大	中国	塞浦路斯	捷克	德国
机动车销售、维护、修理和燃料零售业	850.1331794	2010.91487	10818.16467	3490.088461	6341.985375	264.5176959	0	1700.848083	3117.984056	3935.63042
批发贸易和佣金贸易业	13816.21988	72363.12818	190309.3918	15207.89379	20665.95471	21213.71601	958754.562	4437.293758	23933.83702	229741.2573
零售贸易和家庭用品修理业	33301.87145	8485.104736	28436.08919	5228.329643	30764.95989	24202.82696	65227.64434	2676.550534	6524.125481	11328.04295
住宿和餐饮业	49822.46867	62440.3576	17872.34737	631.7034628	127642.4313	58681.58784	94399.59995	16.31943869	42399.18535	68039.00748
内陆运输业	66713.22614	110531.6886	65433.98754	18550.39122	211314.1022	194251.0445	233389.55	458.1485794	68012.3698	94445.88435
水上运输业	28586.06498	1594.644165	39820.17674	5763.793287	11881.09451	10052.65446	659987.5437	2228.661642	281.7846935	251863.6301
航空运输业	93312.86583	24110.36481	12763.92758	4005.744341	18972.57666	26441.26272	140392.1891	1529.682011	23267.24352	77685.17355
其他辅助运输业	48813.96497	60327.34656	212517.3178	11655.36025	100179.3055	38855.24151	86067.64728	10219.68542	11124.1498	233182.7949
邮政业	14906.63451	38700.01998	47248.88095	6444.420834	169814.9909	33502.72255	117627.0231	843.4116761	15400.93783	69752.53429
金融业	43282.30191	102240.5882	96354.16902	4753.139016	10950.37489	74703.87261	14931.15954	626.8262952	7366.203883	144282.3565
房地产业	28205.00359	2137.997626	3894.689048	1154.127145	42907.1414	68582.88839	0.0081491	0.0001405	1784.914789	8113.32156
租赁和商务服务业	135428.9786	212760.5499	458592.5856	3367.139963	429407.3821	166105.1523	522001.1126	4170.181978	104860.6179	748632.2462
公共管理、社会保障和社会组织	1885.167244	6079.713542	7343.047012	780.3445754	31790.86808	24987.18798	4336.661795	242.3779043	2092.054121	9199.516769
教育	45477.70175	3456.003432	16969.77022	62.2547381	2456.46404	7530.978466	2474.024187	122.1432983	1088.088625	723.8672019
卫生和社会工作	1881.86019	1243.054795	1909.111178	46.0270337	1073.618746	2964.180282	1634.890544	44.07397579	2123.884124	1896.967429
其他社会、社区、社会组织和个人服务业	17154.01855	7216.742604	18120.37419	1349.976761	245917.4894	68819.7963	228893.0319	434.9789474	22870.17991	16609.65469
有酬工的私人家庭	0	0	−0.00001	0	0	665.9838324	0	2.84E-14	0	0.00043
均值	134114.3247	95134.41122	134891.2357	10770.9311	141884.489	149043.2959	453559.3546	1539.030613	72244.1958	565416.8608

续表

	丹麦	西班牙	爱沙尼亚	芬兰	法国	英国	希腊	匈牙利	印度尼西亚	印度
农、林、牧、渔业	40575.70199	58783.93005	5810.868221	16423.75777	195653.0717	40940.75033	8472.929695	41357.27792	59195.45986	121849.0038
采掘业	250245.7003	46003.6946	772.7537638	10222.27706	77044.37899	1007848.41	2606.154183	3605.683111	966076.1299	143907.9522
食品、饮料和烟草业	34986.71122	50180.6282	2293.410948	8485.571361	137204.8145	63764.91212	3957.774138	13152.52256	218869.854	97714.03487
纺织品业	12907.77494	129551.9243	4508.694749	13621.03708	148014.1186	103209.1046	8288.420248	8059.368744	100314.1137	137579.984
皮革及其制品业	347.7227237	18691.38523	289.9909446	716.0910226	12910.01206	11655.98359	445.7523077	2930.344836	11337.96125	20395.55779
木材及其制品业	14700.03291	28926.53511	16143.87935	50732.86357	46647.76166	11286.11218	646.739316	6300.873571	28005.16983	7220.590436
造纸和纸制品业	32232.57854	144553.5928	7042.283056	330019.4672	209452.7935	174659.3745	2712.480646	22489.24965	59264.22642	10449.34593
煤炭、石油及其他燃料加工业	58443.11046	125206.4984	4068.434234	45340.85121	219005.775	385345.6048	10641.2835	37528.48156	334253.4655	198134.7276
化学原料和化学制品制造业	181287.6339	741021.2353	10515.85414	175311.6869	1672698.604	1276378.581	25024.15599	146117.9056	228034.5231	327875.0284
橡胶和塑料制品业	65650.06298	226282.1332	9725.434287	58812.85629	375680.8841	243236.1609	9126.683551	76813.07448	141115.5257	79586.99254
非金属矿物制品业	14933.82662	81074.85989	4063.413919	14615.69522	86217.33578	57268.46465	3149.69172	17071.87892	6039.595648	30776.31259
金属及其制品业	184018.5066	1304202.333	24259.25763	430952.0879	1843168.844	1123036.15	78071.01598	158117.9459	172298.4241	466041.3396
机械设备制造业	196288.4849	171276.3602	6076.932095	127762.692	487908.354	368252.3639	4498.096711	160360.4623	51864.35234	118883.4127
电器和光学设备制造业	213592.6177	348766.7192	33277.83473	185870.9241	1054612.359	695668.8324	11388.15476	249808.4878	133416.155	426857.6973
运输设备制造业	22573.58612	448780.9147	4699.944944	22317.03632	880709.8796	583779.3608	6275.792067	171068.6581	42671.65035	193143.988
其他制造业和废弃资源回收利用业	20454.03024	18980.98059	10764.6451	13665.46217	209685.696	76256.01419	477.0795833	7217.193438	8105.205815	111231.166
电力、热力、燃气及水生产和供应业	55301.84951	25604.93585	4402.644329	10359.87361	82324.21746	11280.95762	7438.919398	17621.01703	0.10153804	129.3502294
土木工程建筑业	1025.682401	6539.781628	2537.902613	33.15233334	589.2375268	23955.95654	547.334131	9249.995004	-0.0059528	0.0159061

续表

	丹麦	西班牙	爱沙尼亚	芬兰	法国	英国	希腊	匈牙利	印度尼西亚	印度
机动车销售、维护、修理和燃料零售业	484.4263955	8583.420773	190.6376877	75.12262959	−0.0008992	4171.807727	4207.069112	8877.20008	0	622.1707536
批发贸易和佣金贸易业	56671.65795	14980.78319	3516.725605	21407.0582	55063.66278	28082.66252	34722.34739	76333.36012	22323.72077	4159.57779
零售贸易和家庭用品修理业	182.7443472	5403.841579	296.2344432	182.4849502	0.01958	9929.149023	7043.235353	22464.94856	748.2379869	2366.521773
住宿和餐饮业	1294.122258	1466.580144	197.7573969	1972.55927	9.464651707	69334.09906	177.0284198	5870.229857	35569.27509	120286.1008
内陆运输业	35773.72073	123152.116	3334.431158	7716.621386	71815.73778	37685.09595	3851.39193	43773.65103	85858.83798	148940.2238
水上运输业	135532.745	23635.42993	3072.177633	26378.29383	115188.8683	103304.8762	191124.4956	507.9152065	33868.57843	650.600454
航空运输业	12730.91569	83910.94791	1605.165724	26473.73181	126593.5358	64411.90232	10499.01702	13571.7017	14209.88009	359.9436213
其他辅助运输业	38984.75183	142617.3387	23066.16642	21060.9665	139437.1144	71280.61243	18507.214	35232.1759	42734.41879	15.68791769
邮政业	20865.32528	41351.43452	2032.697772	7836.191749	55824.14361	127854.2078	5819.008034	10004.4703	14070.27116	33075.04128
金融业	12116.12817	110482.1396	3470.091791	9145.291453	84246.09822	1244490.906	4935.984806	5161.434685	1113.934084	23128.40711
房地产业	986.4516359	1088.331949	264.275176	4.39546261	0.0028551	13983.84896	0.0021229	4819.281377	46033.19407	−0.0026474
租赁和商务服务业	126959.0611	540954.7655	15277.20121	152969.7695	542023.5581	1815969.627	24214.26891	89773.1567	16244.2828	623840.9103
公共管理、社会保障和社会组织	1830.141923	56640.55699	1005.214095	3891.342926	7178.251414	11238.048	1201.17787	3355.40562	7983.139751	−0.00259
教育	337.8433575	268.1094285	48.4042015	124.1129103	989.0650999	26668.63019	574.641246	339.9816364	2850.376754	−0.0012261
卫生和社会工作	197.2295872	703.2746826	50.3396143	22.8095762	7531.402299	2454.335479	347.224266	195.4270354	57.099481	−0.0021282
其他社区、社会和个人服务业	52074.17058	34482.01521	619.1150386	2953.892018	28276.02737	151986.0291	1913.04754	17432.66774	22357.02622	145779.1178
有雇工的私人家庭	0	0	0	−0.00001	0.00025	26.10729737	0.00005	0	0	381.298889
均值	54188.20143	147547.1294	5980.023258	51356.51506	256391.574	286877.0011	14083.01749	42473.8208	83053.83376	102725.2027

续表

	爱尔兰	意大利	日本	韩国	立陶宛	卢森堡	拉脱维亚	墨西哥	马耳他	荷兰
农、林、牧、渔业	4860.065576	40330.26257	3204.134861	2078.821758	14755.5284	2734.655418	8572.875875	24314.72151	77.48414613	112881.8925
采掘业	11909.2799	67551.12119	24956.69815	−130.1248	−170.4466	783.0144071	4151.057065	678236.1734	49.150559	1124476.044
食品、饮料和烟草业	35016.67085	60560.88461	16223.18131	5948.303197	5809.972428	4181.2892	2135.534825	14251.0923	167.7202129	205412.1224
纺织品业	2808.726251	328898.6119	86668.03102	97484.54527	7828.079863	9504.069134	1781.106526	13366.58148	729.2755663	63584.81782
皮革及其制品业	461.5856196	100640.5786	1280.053716	6933.925903	377.3894578	2.278027112	50.88371156	6223.523838	4.291386077	2344.006458
木材及其制品业	3768.515678	37386.67223	12166.43878	353.2017831	11056.66607	2047.992702	17651.53624	1410.064726	10.48249295	27651.98874
造纸和纸制品业	68670.20265	151788.7775	42467.66774	24979.60036	6590.611783	11459.43161	2393.086362	13507.27229	1418.390019	169511.2747
煤炭、石油及其他燃料加工业	2479.893621	51128.47369	157601.808	127146.9482	23954.03526	45.21534641	0	44670.32948	4.866677566	206384.469
化学原料和化学制品制造业	502461.6318	871146.2998	1058582.969	529740.0377	18605.15804	8674.047284	7686.4278	145499.246	3542.944558	1605766.92
橡胶和塑料制品业	15623.79355	423738.2495	506364.5038	129573.5047	12695.43757	29952.64752	2866.8329	47107.82472	1435.025668	221504.9675
非金属矿物制品业	2641.749853	132723.9479	88119.43463	10844.3935	2170.634787	8449.980743	1526.296212	15733.01849	164.046485	50853.40097
金属及其制品业	44706.33597	2461051.863	1850822.236	664757.5581	25777.07333	114606.5031	24032.92517	401761.6074	754.1713085	990725.4436
机械设备制造业	21230.7808	941600.1488	733791.384	230804.4188	6530.753093	8923.475689	2228.436805	39688.2094	334.538307	260999.4057
电器和光学设备制造业	179931.0526	692994.7438	2174280.45	1786801.485	18579.84651	8769.862252	10415.60831	237357.9719	10297.69676	309236.7005
运输设备制造业	7344.06627	563384.5319	1248714.752	661438.1945	4917.33025	2031.336727	4427.761539	309264.68	1380.039971	175991.7871
其他制造业和废弃资源回收利用业	5855.671157	99419.85713	43952.79997	8818.550403	5368.691468	3739.184948	2317.137616	33682.6774	156.7317985	52394.80856
电力、热力、燃气及水生产和供应业	7784.948148	10557.97273	11937.12266	1332.806342	3909.861335	6484.796081	1044.668971	2395.021255	−0.0014386	37253.53113
土木工程建筑业	3567.245286	14113.68026	2.407446381	1532.075253	2050.183261	324.00284	7437.036116	−0.0040233	104.6041082	51212.90362

续表

	爱尔兰	意大利	日本	韩国	立陶宛	卢森堡	拉脱维亚	墨西哥	马耳他	荷兰
机动车销售、维护、修理和燃料零售业	2008.022349	14101.94433	881.0226052	2038.473388	5835.414337	842.3981695	1493.116283	11688.57801	442.6788985	13699.68892
批发贸易和佣金贸易业	122503.9066	218286.9526	360837.5452	368085.3537	17708.41397	29506.4874	8578.40396	339446.9707	2249.088097	300980.793
零售贸易和家庭用品修理业	2534.087516	95515.76304	21398.98567	5804.348527	7424.306609	6954.337391	3106.431977	300320.4876	778.5491223	7524.114126
住宿和餐饮业	35615.75954	668.3125888	39183.94956	4049.377889	225.0104653	127.2191453	118.8263317	305.9941364	5734.875768	1480.34349
内陆运输业	7747.61234	57541.04349	139602.5873	10739.46948	37891.08622	18965.93718	10860.91811	139850.3806	672.9046545	75836.86352
水上运输业	5677.839928	29390.90034	263694.9818	259437.4673	2425.569972	546.7600046	1323.242237	4018.870722	521.3224525	54857.99426
航空运输业	31117.67856	39189.39471	86081.21859	51593.91779	1063.754806	13727.2285	1651.185537	9216.76154	2936.2491	57456.96368
其他辅助运输业	13464.86535	134588.5121	135503.5659	15398.57781	22437.16263	10256.80269	28653.32288	14384.78907	6318.141788	208851.6521
邮政业	10915.11727	33425.10154	4552.080968	8335.556054	2933.900407	32816.52258	2045.502332	20559.4734	1652.871177	93660.93969
金融业	161663.8476	97655.14484	77000.97542	51062.25409	643.6510907	232708.4572	3408.866285	12796.35329	2297.757712	173341.9174
房地产业	0.0001709	8970.929165	9.492816164	15838.2142	1704.949185	962.6316839	1699.981016	131.0869611	21.23021486	1767.87284
租赁和商务服务业	373222.78	376662.7572	246046.8061	284005.5652	6619.511154	100348.6435	6621.805386	8378.450556	6561.803228	721044.5271
公共管理、社会保障和社会组织	927.424704	1908.597432	2886.222246	13308.73063	603.8268637	2656.856033	2539.598287	0.0028578	316.6327268	44282.44797
教育	2795.141232	4402.936243	595.9981409	472.8319163	24.52849671	4.245095289	61.74054179	112.513991	521.3571829	14601.35451
卫生和社会工作	1061.61582	488.9213391	1551.371614	190.3632676	34.59945347	22.71959351	6.25262611	339.154158	96.8484751	860.0841666
其他社区、社会和个人服务业	11302.09768	24161.54168	34180.90468	18648.65273	1399.939476	10973.8204	233.9201915	1344.827377	3357.527356	66899.1257
有雇工的私人家庭	0.00001	0.00064	0	0	0	0.00206	0	0.0000799	0	-0.00005
均值	48676.57178	233885.0123	270718.3937	154269.9257	7993.783755	19546.71005	4946.352172	82610.4188	1574.779901	214436.3762

续表

	波兰	葡萄牙	罗马尼亚	俄罗斯	斯洛伐克	斯洛文尼亚	瑞典	土耳其	美国	其他国家	均值
农、林、牧、渔业	35528.96166	5931.091949	21167.49566	68233.22644	23727.70993	4805.58443	12045.79515	28880.0254	238005.6106	837863.7466	69662.91896
采掘业	273251.8645	30956.85668	11247.09638	6612353.009	9888.479947	1101.82189	292779.3185	67043.76295	565804.9815	14396853.68	809149.208
食品、饮料和烟草业	49427.3635	4317.765005	4464.473603	4825.86295	15472.79261	3112.928631	20807.39482	33138.41831	165520.1555	563084.0069	63755.50914
纺织品业	105273.6392	39853.06217	31146.81346	2069.40303	20226.01008	6772.49082	19928.99807	24832.7782	98928.92388	254539.7557	97374.85911
皮革及其制品业	7193.437185	6225.105817	7526.499807	3231.898076	4061.956205	2353.296702	0	3475.440016	2469.183861	9678.89594	13441.43892
木材及其制品业	87330.95053	21783.04812	21204.80462	60897.72265	30762.1818	8524.069699	62327.75311	11258.57718	46166.97987	148989.9475	31935.87518
造纸及纸制品业	116454.6398	91904.59669	7484.874975	88581.63433	35680.42604	14562.16274	385232.6925	26297.74432	459653.7166	345039.7506	109381.762
煤炭、石油及其他燃料加工业	133635.4455	8893.761386	26870.76263	892599.6846	27254.90668	241.3390988	30808.40636	108526.4979	608913.3647	2049743.699	175527.6073
化学原料和化学制品制造业	295912.2948	50546.90355	43435.23926	655629.8753	73470.7945	58007.42905	318226.942	131730.3665	1991924.535	3787693.847	586130.3447
橡胶和塑料制品业	272252.572	44149.46429	43193.64656	11937.3217	57145.43208	24693.29683	76525.32609	156531.1679	261931.3763	241385.2196	150960.5135
非金属矿物制品业	63365.55422	16155.95418	3820.777743	4356.506196	18885.42854	6955.381906	21062.34477	50149.39479	74058.37671	143850.9492	38766.12097
金属及其制品业	736769.3601	105949.008	179514.6977	1864249.101	330241.7601	89412.54723	836291.0183	714146.205	1206931.672	3940583.172	816001.7681

续表

	波兰	葡萄牙	罗马尼亚	俄罗斯	斯洛伐克	斯洛文尼亚	瑞典	土耳其	美国	其他国家	均值
机械设备制造业	177401.9296	23658.44449	38663.61266	93045.75357	53934.7639	34362.20092	240689.0548	123081.7364	980772.6482	440243.4122	229613.1404
电器和光学设备制造业	38341.0878	73822.43437	158599.0482	49941.65079	196458.3857	41150.84201	413735.0612	176973.677	2616979.226	2032965.181	621113.6349
运输设备制造业	406978.1814	46898.91136	64874.88566	17742.29075	93593.20067	28709.12912	212425.3611	193043.3299	1087920.373	173540.254	286093.4985
其他制造业和废弃资源回收利用业	80275.03417	9452.906564	10118.68738	1094.073448	12785.67682	5517.210461	20961.79845	40631.84175	215383.3875	379421.3792	51879.41281
电力、热力、燃气及水生产和供应业	42107.09042	7326.642047	7053.144648	54441.62654	3584.848273	10683.11164	23486.14015	19109.36853	12972.90503	196885.8601	37831.88878
土木工程建筑业	68753.25096	996.450553	2860.299711	604.2732753	9936.665942	3651.018743	24086.62743	27480.42531	303.8557275	39213.86486	12689.40939
机动车销售、维护、修理及燃料零售业	4337.336582	1187.65557	4350.193955	44489.36475	815.8120142	2181.223549	21365.85826	2946.049261	435.6390486	5188.570566	4887.890204
批发贸易和佣金贸易业	97435.39827	25460.21732	45660.53805	2947864.898	47134.24231	5215.075197	97042.28357	265.9060878	1729490.403	656928.9748	226550.4987
零售贸易和家庭用品修理业	12513.59484	2683.422962	9453.903794	19868.24281	8812.524687	732.1670124	48321.80391	749.4665765	636.109139	32508.80683	20796.30163
住宿和餐饮业	898.194171	4721.262136	13956.41697	3500.351792	8758.381958	57.353487	1082.59028	146.2582359	6474.107766	246345.1429	27995.78379
内陆运输业	132542.929	33074.14572	89958.12771	2475456.779	35738.6042	15798.29875	18874.63412	93927.78435	669722.6164	533787.1459	151994.8021

续表

	波兰	葡萄牙	罗马尼亚	俄罗斯	斯洛伐克	斯洛文尼亚	瑞典	土耳其	美国	其他国家	均值
水上运输业	8901.511714	9087.606235	2721.063881	21402.07026	94.98967427	1556.536183	54289.74305	57651.29958	103181.1906	1256.456173	63021.19181
航空运输业	19990.39266	32193.74531	6601.697823	26183.43372	401.789361	2095.973574	17804.21088	28978.10461	335649.702	19895.37534	38542.99763
其他辅助运输业	70786.2308	26958.92111	16407.81558	95562.32343	9012.507695	10675.28546	143000.6462	70260.60349	356616.4181	8852.595541	67929.55816
邮政业	15656.04485	9141.567447	24869.30717	27643.39279	6803.297656	3803.071895	36079.25762	7564.232927	288687.73	191294.9844	40560.02482
金融业	14810.96149	10591.12534	5773.505623	1775.329544	4311.427981	2443.630112	53487.59473	62789.9557	1798132.912	328368.6001	124446.6595
房地产业	8899.597481	244.8361476	-0.0005838	357.8885655	1892.448422	385.99116	1413.255765	4.18054498	7942.639043	289755.8934	13803.97532
租赁和商务服务业	130899.2862	44489.4828	63398.97473	26919.84514	50571.92429	13665.23378	343710.8295	13281.12835	2546395.356	2405371.834	355010.873
公共管理、社会保障和社会组织	65.37359037	4324.479079	-0.0006269	5007.508397	1906.658512	896.319369	11865.07083	7301.311087	261303.0894	39727.59706	14337.93777
教育	884.2727865	267.2815558	-0.0005156	2130.820859	738.8840957	394.3643131	2539.693042	252.6000058	9460.673394	19984.88419	4229.206162
卫生和社会工作	540.6125114	78.21149437	0.0001083	41.98790697	2240.303638	168.9348222	3357.120849	262.9025436	1252.808767	12161.89665	1247.864145
其他社区、社会和个人服务业	20011.03922	4086.739617	1515.400007	470.7501972	19392.40923	628.8806759	8979.308714	6530.918011	277052.5763	308493.1294	46785.63634
有雇工的私人家庭	-0.00024	0.79861	0	0	0	7.11E-15	0	0.00006	41.76362553	611.5368021	42.15999259
均值	110840.7467	22783.25445	27654.68012	462414.5686	34735.36073	11580.40575	110703.8267	71792.35596	543631.9173	1004833.144	

表 I-3　40 国 35 部门 FVA 指数

单位：百万美元

	澳大利亚	奥地利	比利时	保加利亚	巴西	加拿大	中国	塞浦路斯	捷克	德国
农、林、牧、渔业	998.3688764	323.3980752	1671.094647	347.2324046	2148.469574	2663.186885	1177.579615	68.8863788	381.56139	2000.362332
采掘业	11621.03141	172.2871716	411.8228149	53.0698883	2941.751196	5339.725975	961.5695941	3.822947559	228.9073829	765.6142153
食品、饮料和烟草业	2068.034218	2555.895541	12418.1933	451.4463653	4280.241725	3442.376577	5423.810153	118.656631	1293.353303	18300.98579
纺织品业	164.7072373	827.861478	3078.950618	301.2375808	196.4256509	804.0801258	29382.61635	16.72360641	1065.096758	7278.366729
皮革及其制品业	47.3586678	220.3055502	131.815892	25.614433	287.4503751	123.1579949	7150.713385	0.574304102	256.3408744	1120.468074
木材及其他制品业	87.8948625	1012.396665	823.7761244	57.913255	155.6583268	912.6827666	1503.282806	4.63103617	280.2631302	1675.048304
造纸和纸制品业	149.8721549	1610.958543	1586.573412	75.4744042	602.6368166	2181.451208	1344.117412	3.97706616	863.0957623	7650.765729
煤炭、石油及其他燃料加工业	809.2427077	2814.580157	23670.77888	1042.561183	1742.760148	7300.85496	4532.631197	0	811.6381524	4621.066259
化学原料和化学制品制造业	979.017659	2939.638205	16241.18144	415.1380879	1627.664167	6704.057662	18951.20422	89.6587901	2436.840339	34340.46247
橡胶和塑料制品业	153.5966673	1188.78648	2256.193747	133.9941012	497.0033067	2748.289338	12671.90182	17.82881308	1955.700253	9908.147488
非金属矿物制品业	57.7287207	615.8392917	1772.261115	167.0165175	255.0184216	312.6705675	3877.342073	5.283923404	665.7294172	3120.43751
金属及其制品业	5606.063636	6088.378671	11820.78486	648.7101981	2059.646882	10093.06741	23024.13561	51.8161081	3481.355129	30552.78045
机械设备制造业	1245.111969	6535.384644	4341.084073	397.0756677	1386.532973	4582.233498	28016.11473	29.49685952	5581.492853	45114.15287
电器和光学设备制造业	577.548224	4812.402563	3160.366747	290.6640996	1589.447066	6660.156255	162414.0972	82.62625348	17460.33316	44449.09467
运输设备制造业	838.4591298	7813.605191	12731.90632	175.0800578	4304.219964	23515.01897	17441.60133	9.72044101	11010.64469	86512.3613
其他制造业和废弃资源回收和废弃利用业	333.2073984	1446.206033	2438.238555	138.205957	179.7619157	2107.451201	9173.839168	5.4507979	2001.2859	6009.951792
电力、热力、燃气及水生产和供应业	11.26817773	894.1013391	1208.4778	200.0961315	87.7618478	204.0223091	219.6521417	0.10897116	200.1327258	1709.531889
土木工程建筑业	48.83860173	501.5015624	913.4545942	177.8056497	103.1041692	37.782243	1429.422664	13.87522136	125.713914	840.2346595

续表

	澳大利亚	奥地利	比利时	保加利亚	巴西	加拿大	中国	塞浦路斯	捷克	德国
机动车销售、维护、修理和燃料零售业	7.9703964	31.4495416	267.6131114	60.4555231	8.210127828	4.70870153	0	7.376122524	36.2271106	38.7892103
批发贸易和佣金贸易业	230.8798755	751.1162832	2330.890399	195.7339941	26.72154528	262.5831393	3839.436678	59.9015247	206.5093079	1580.423024
零售贸易和家庭用品修理业	189.8155573	58.0733592	385.4293305	122.0596727	39.90513273	188.5353716	1000.52899	39.66026662	61.710161	65.0896891
住宿和餐饮业	677.6305077	466.3765029	711.3251736	5.7825176	433.4741187	992.6709371	1311.732393	0.159696745	578.5311826	680.0705717
内陆运输业	301.0568097	1765.814908	1090.079635	274.8566388	192.2763085	682.6594888	1296.131657	5.59172487	730.798531	941.2671998
水上运输业	138.0129014	33.5191389	1835.368712	121.3169805	10.80919301	171.5526188	3524.540856	180.9360765	12.05162814	4829.202264
航空运输业	2753.503771	682.9836134	775.8920614	60.75872381	17.26173084	929.3295722	5359.174224	70.65204509	354.5286664	2491.380863
其他辅助运输业	278.9613223	601.6339627	3153.596759	89.2243072	91.1538176	210.8225828	398.0251487	134.7559879	80.4436342	1595.909108
邮政业	198.8563161	404.7650441	849.7116838	64.2052974	180.5007013	116.2382351	874.8257639	10.5118129	81.9942184	563.5340594
金融业	63.2184181	786.0987051	969.2575856	37.2951381	85.43354416	443.0094207	75.5102368	2.657570403	56.7336228	1670.367569
房地产业	35.8665304	16.2929238	19.8987174	9.1396148	18.52251829	191.4794043	0.0002909	0.0000095	29.1565683	41.19825931
租赁和商务服务业	679.1611786	1540.84654	4138.742608	18.0188584	323.422302	1280.282534	7989.643883	10.49694902	874.6221015	2515.099558
公共管理、社会保障和社会组织	26.0823414	54.3855334	52.0054107	17.66951772	17.7451945	182.1993337	66.4844737	3.98562388	13.5854312	144.020058
教育	264.171059	13.7171174	49.4862571	0.468855	2.039905939	51.46467496	45.5074176	0.652109307	13.1804241	2.8507392
卫生和社会工作	44.2522296	37.4518875	19.2777549	0.90151	8.706686262	43.7038732	144.7017091	4.775398856	135.7031397	14.3298328
其他社区、社会和个人服务业	174.7442789	79.1174822	395.6380115	33.0330962	177.9121071	895.2530852	1157.63286	3.65539548	282.5692082	135.4649673
有雇工的私人家庭	0	0	0	0	0	0	0	0	0	0
均值	910.329546	1419.920849	3363.461947	177.4073296	745.132417	2467.964541	10165.1288	30.25447039	1532.795145	9236.537985

续表

	丹麦	西班牙	爱沙尼亚	芬兰	法国	英国	希腊	匈牙利	印度尼西亚	印度
农、林、牧、渔业	1071.039983	1904.795086	68.8842474	165.1335157	3862.822064	508.8524884	210.5834481	904.5111129	257.442816	406.3692561
采掘业	185.1556747	205.8775481	5.1992201	51.8481188	315.8859298	2546.167127	9.617057233	35.6345074	1466.776556	298.8164665
食品、饮料和烟草业	5772.640323	5645.166537	241.9346672	460.5303626	9969.466678	4468.933319	300.8335769	1113.565602	2492.751143	1400.778656
纺织品业	383.4158864	3555.863873	183.7214145	180.1055215	3601.262261	2162.749958	147.9993256	400.8765716	3503.405822	3817.042398
皮革及其制品业	10.83373748	1027.612311	14.24826829	52.08134451	830.7427122	227.3358569	7.66271825	316.1342639	647.3566875	220.4396082
木材及其制品业	166.0574514	255.0148822	204.8259562	494.2365245	397.7106126	108.8492696	5.58637686	97.7775525	273.4453133	209.3907473
造纸和纸制品业	259.9524403	1090.014971	71.9710444	2084.142467	1904.724777	1492.962106	33.5452609	343.4973314	826.1496586	139.903033
煤炭、石油及其他燃料加工业	922.6102589	18491.66669	34.79782763	3873.76909	11385.20804	14658.3923	1159.542103	1364.967291	1350.028728	4562.036462
化学原料和化学制品制造业	3310.715642	8410.978107	134.8692947	1850.404837	24535.71836	11283.24897	345.4218787	2910.888633	1256.708303	2857.745936
橡胶和塑料制品业	670.8653412	1929.42126	91.0145872	423.9269627	3683.716615	1550.643096	77.6397587	1505.900959	1693.348759	719.928856
非金属矿物制品业	242.5579718	1188.619057	50.4813014	184.8085973	1133.253875	618.5102175	45.2714472	376.1492795	104.7975991	296.1643515
金属及其制品业	1134.477751	5521.254134	170.3518046	2886.810445	6484.168316	6107.945569	431.0533224	1447.667675	744.3359481	3118.637308
机械设备制造业	4433.514635	3564.668244	104.5604599	3407.376068	9959.644623	9112.799993	128.001224	3584.643703	3081.851221	1611.14753
电器和光学设备制造业	3582.605874	5322.635103	412.8067896	5205.977216	16455.66125	11553.59788	109.0806084	11710.95536	2976.292493	4461.907951
运输设备制造业	744.1771342	19672.48678	81.8252197	649.4818126	41302.15459	26100.55909	126.7086374	5633.012726	791.7087483	3553.632889
其他制造业和废弃资源回收利用业	1099.945533	1030.3495	171.498098	139.1159024	3080.961996	2735.259282	27.6515902	301.3766192	556.1302362	29704.67796
电力、热力、燃气及水生产和供应业	327.7502583	221.7084081	38.4881935	84.6786018	510.5081107	167.3726122	18.9073783	334.581995	0.00087138	1.1550016
土木工程建筑业	80.0920292	49.9935414	61.2936364	0.6851842	4.6494777	257.7141566	86.3052335	243.5071808	−0.0013272	0.0031486

续表

	丹麦	西班牙	爱沙尼亚	芬兰	法国	英国	希腊	匈牙利	印度尼西亚	印度
机动车销售、维护、修理和燃料零售业	8.41143942	125.4603576	1.61052347	0.404305129	−0.0001108	29.9561591	12.57169968	213.0346676	0	0.4950133
批发贸易和佣金贸易业	804.5634429	177.0320166	37.3027527	288.0184192	372.9103293	173.9525465	179.922897	901.2189816	67.0555752	3.81946719
零售贸易和家庭用品修理业	1.421662987	63.8471526	2.4029231	1.133263596	0.00153	103.0110237	93.20852639	531.8769485	60.05544878	7.4706784
住宿和餐饮业	26.2836384	9.6591454	2.4534344	23.9208024	0.048835176	1255.67532	0.7664065	142.2811714	289.6796667	1193.3842
内陆运输业	946.9384216	1574.253256	48.8764168	50.9816151	632.5067212	324.2924096	59.65098766	734.8695357	511.8211345	722.8227714
水上运输业	17501.99537	376.1366036	105.2193813	563.2490933	584.6239594	1726.443235	3721.757787	21.78734865	224.0432015	1.84308266
航空运输业	1713.418464	1761.001522	42.79320091	333.2970208	2799.688509	934.1112736	448.9514387	425.3653096	107.0101696	7.2710107
其他辅助运输业	474.8332478	730.973581	226.8916543	79.80448376	660.0567585	223.8250497	159.1560823	229.5139217	59.8578405	0.02821349
邮政业	208.745938	223.6571913	19.25917346	77.2564939	396.8588003	919.9053906	17.3481739	76.6096387	25.5922255	98.6597902
金融业	82.9605904	500.2604408	22.95875598	110.3754031	362.4915445	5399.658005	30.811485	62.042857	12.4097383	90.5479949
房地产业	8.93547258	1.413495179	1.2486702	0.030523286	0.0000442	40.7438539	0.0000522	35.5612645	289.7640199	−0.0000326
租赁和商务服务业	945.7526789	2432.096545	76.6229354	1111.968594	2502.447622	3063.813995	131.3865595	780.6172124	54.6978491	2770.684662
公共管理、社会保障和社会组织	28.90912071	111.8274613	5.6550149	35.47759162	20.4236029	250.4869303	12.8956913	26.2725393	88.10126079	0
教育	3.542281	0.395294034	0.2874108	0.922903228	2.2412421	168.7282602	0.92507308	2.0198907	78.5125813	−0.0000339
卫生和社会工作	7.35560312	5.0209497	0.73147833	0.38479251	56.1781138	68.6657468	16.14796838	4.1031156	1.86860114	−0.0002518
其他社区、社会和个人服务业	145.7755763	261.6799445	5.244971	21.097627	252.3469807	1149.266186	15.25795498	361.5572411	425.4763388	359.3499231
有雇工的私人家庭	0	0	0	0	0	0	0	0	0	39.0816685
均值	1351.664252	2498.366885	78.35230651	711.2410144	4230.316708	3185.555105	233.4914208	1062.125143	694.8135741	1790.721021

续表

	爱尔兰	意大利	日本	韩国	立陶宛	卢森堡	拉脱维亚	墨西哥	马耳他	荷兰
农、林、牧、渔业	298.3393133	1071.97593	79.42844575	136.5816584	223.7512046	92.2512713	100.6057591	906.2291694	11.50711216	4962.599458
采掘业	208.6242563	156.1167127	1120.207909	-33.07456	-34.25218	2.557768267	12.37911687	2294.604296	0.68518719	1238.883083
食品、饮料和烟草业	7972.821273	6750.453345	424.1366608	1915.382132	473.0972278	553.1071494	188.7985666	1820.336773	52.76772982	21627.99457
纺织品业	183.1971817	6490.697651	438.2890995	2562.597963	320.6607	272.8756546	85.21651407	1486.810985	9.982889	1597.379328
皮革及其制品业	37.00909999	3833.601743	20.0695734	223.8435078	12.5321162	0	1.498399478	206.4724056	0.810857206	137.9384279
木材及其制品业	114.8197064	432.754896	146.9292439	18.54620496	98.75518324	77.30671685	142.2170006	27.90391345	0.433133785	294.767148
造纸和纸制品业	9383.11815	1358.310728	258.3046219	682.4928317	46.45035967	362.635805	19.72006054	374.5261821	51.70363009	1817.668594
煤炭、石油及其他燃料加工业	457.5236215	16272.99713	7070.183597	35844.69653	1587.022347	0	0	364.7586901	0.16489075	34062.65713
化学原料和化学制品制造业	18823.78537	14330.26848	7984.279021	17667.78578	565.146527	134.2311371	119.0333184	1135.284762	131.7033734	23653.94238
橡胶和塑料制品业	349.8193989	3656.060985	3415.113404	2874.64502	150.0693042	395.4615563	36.6045368	1636.979603	26.9889382	2271.277862
非金属矿物制品业	93.8150635	1951.768677	1994.678604	450.1660569	36.37125666	211.7359949	26.20126174	299.1488312	4.9567932	854.2511313
金属及其制品业	427.2734336	12229.06526	18592.52075	16162.97498	73.29948474	735.6233341	168.5718953	5195.502419	7.9975884	5241.422708
机械设备及制造业	800.7158658	19335.13414	12414.13744	12586.45586	102.7893131	319.0377589	53.1351649	3059.75889	9.74985404	9600.936202
电器和光学设备制造业	10103.49755	9085.551143	18905.99737	39277.29943	190.0895671	205.6263745	69.9807597	37172.50159	444.5365148	8290.829067
运输设备制造业	402.4238572	11863.16887	24062.81685	35134.19485	89.82710127	79.9332734	119.5226939	26669.69403	39.60236261	8110.485399
其他制造业和废弃资源回收利用业	610.5738904	4410.251907	1097.762631	735.1791623	203.755106	21.9144651	80.0179224	2712.76384	40.66277241	1635.921994
电力、热力、燃气及水生产和供应业	203.5801913	254.2281519	135.3217064	39.0006911	29.98986121	105.8942188	14.68826843	21.11551536	-0.0014127	780.3392931
土木工程建筑业	53.9069249	160.8498465	0.013669543	64.5265407	25.9319673	5.92270643	66.1946896	-0.000862	2.900874	838.3668506

续表

	爱尔兰	意大利	日本	韩国	立陶宛	卢森堡	拉脱维亚	墨西哥	马耳他	荷兰
机动车销售、维护、修理和燃料零售业	36.1175945	122.9764978	4.516320691	30.2275477	45.40303714	12.70023076	11.65148679	90.68756646	3.599953882	212.1068087
批发贸易和佣金贸易业	2879.4186	1938.027055	1953.246631	1682.62637	182.9303312	371.3568884	97.6492495	622.1527197	28.33204553	1598.623115
零售贸易和家庭用品修理业	48.55014873	1124.895911	111.8262051	372.9589766	71.3803737	295.9802368	44.7466187	507.9926886	15.94603185	83.0378706
住宿和餐饮业	1242.248529	4.4094005	554.6077816	458.6879489	2.63649129	2.043373511	0.944120628	0.871734711	195.6915132	23.6408967
内陆运输业	195.7874834	511.7082389	827.4306649	254.2180253	272.384358	300.614266	171.5949739	424.9320527	10.99481644	1180.727846
水上运输业	117.885291	888.8673113	8629.403023	8661.745442	25.94098688	14.9782388	19.1630454	12.78982005	39.95002776	2556.484781
航空运输业	1858.777954	890.9666194	1426.344307	2718.222959	16.90171668	975.2138794	33.30298381	192.0499944	194.7608981	5244.907344
其他辅助运输业	248.2458844	699.1017385	285.5360898	163.4563246	123.6575776	84.6557381	140.0402049	24.19840198	35.2602998	1680.368745
邮政业	291.4276634	301.0252033	15.81051291	199.8709484	12.9899181	566.143456	9.336032705	98.12381511	17.75575198	1013.367852
金融业	10504.7489	369.6120115	216.5518627	232.0269136	4.00953857	35695.72594	6.130137964	81.51106471	16.50975952	2531.313484
房地产业	0.0000688	17.03146751	0.009789886	43.2524093	5.0234449	2.685900284	5.1347951	0.071188203	0.217309639	51.65849727
租赁和商务服务业	10864.57179	1698.698621	500.4474813	933.9959337	19.5366133	1134.982967	35.7089542	58.9890907	89.46662651	6625.792247
公共管理、社会保障和社会组织	10.5027397	3.9534522	20.39500154	315.9345597	3.971185826	13.9672038	13.98618748	0.0001922	2.6773902	498.5427628
教育	33.84965904	4.6622637	0.863574098	5.677523	0.063047991	0.009062585	0.135716966	0.385271965	2.1550378	88.1531612
卫生社会工作	10.0668898	5.0272389	13.95363611	14.0384573	1.925744201	0.148383214	0.071701878	0.838907359	1.0334418	5.3545085
其他社区、社会和个人服务业	189.8403144	208.1620247	90.91016199	257.6423088	10.0038811	318.2490234	1.33188252	3.85185634	110.3847901	1060.531181
有雇工的私人家庭	0	0	0	0	0	0	0	6.74E-08	0	0
均值	2258.768962	3498.068019	3223.201247	5219.653637	142.6869912	1239.016285	54.15182917	2500.109642	45.76768024	4327.779192

续表

	波兰	葡萄牙	罗马尼亚	俄罗斯	斯洛伐克	斯洛文尼亚	瑞典	土耳其	美国	其他国家	均值
农、林、牧、渔业	503.3501275	161.5751298	190.3228618	510.2349609	186.852504	54.5142345	155.3726639	394.9289729	5817.787318	12061.62895	1223.756743
采掘业	397.5663574	36.957057	15.38014925	3880.722527	11.1965692	3.872125519	183.2944842	140.169049	2450.139585	39226.58917	1925.348898
食品、饮料和烟草业	4587.457942	991.198072	134.3879858	232.704931	507.8923327	189.9998623	1264.097209	1360.172158	8653.221594	32095.1788	4254.797481
纺织草业	2323.194923	855.9877857	1148.853429	32.31446237	484.5939162	283.8475143	377.8972699	5636.394454	2355.63763	69204.28758	3881.243833
皮革及其制品业	328.1309822	411.9743305	391.641354	8.95379256	372.1674443	103.7462559	0	130.6719886	128.8175517	5658.249545	611.5141847
木材及其制品业	786.8060842	221.1961568	151.6106106	209.7459138	126.7108545	134.8456188	821.8000679	89.4213061	598.18569	3151.182222	400.8402912
造纸和纸制品业	1094.705988	534.8814237	37.557291	282.681177	353.5785077	219.9799067	2616.468064	159.6397296	3900.629651	3208.764372	1277.225983
煤炭、石油及其他燃料加工业	3571.358462	1142.157514	387.4375782	1458.781184	1092.520345	2.9696093	8688.265305	529.896032	39567.62953	35590.35998	7450.469126
化学原料和化学制品制造业	3713.126819	538.405694	654.5765779	1578.028019	604.9769425	880.4737582	4210.868595	513.171521	19296.15551	65196.86521	8212.436969
橡胶和塑料制品业	2750.375516	409.3769775	240.9246746	64.2033793	481.6868071	331.1089777	966.3020949	684.7196964	3522.917919	4768.021021	1860.429886
非金属矿物制品业	878.7639855	298.683054	56.6395906	32.08513701	198.0966102	97.411478	314.8930305	514.170759	1062.132081	3285.570002	693.4007529
金属及其制品业	4810.495083	688.2555986	682.9937463	1600.566292	1099.053948	622.3403611	3492.780989	4347.302646	10533.22622	32038.39558	6131.762727

续表

	波兰	葡萄牙	罗马尼亚	俄罗斯	斯洛伐克	斯洛文尼亚	瑞典	土耳其	美国	其他国家	均值
机械设备制造业	3144.804379	694.206093	706.2777628	952.6705301	1154.992286	961.489621	6536.958108	1979.028029	18976.29835	33587.91831	6602.668835
电器和光学设备制造业	5528.424379	1049.98083	959.859701	269.7154803	4355.945352	717.3534637	8585.123271	1396.768506	17962.53533	83952.5731	14484.13639
运输设备制造业	11220.31561	1659.33668	1061.740921	713.6159859	5224.997784	1210.073064	9829.003845	5655.99638	43554.36278	20945.99035	11569.92596
其他制造业	2895.668485	319.8731901	341.9469477	22.63636092	488.0318758	156.1750126	974.8754378	1491.116152	4420.453749	25212.46752	2760.305592
其他采矿资源和废弃资源回收利用业	234.6385566	50.93915679	59.3502342	119.6680278	32.8286431	54.3383091	108.8281942	34.728252	65.0191712	1013.496921	239.0758804
电力、热力、燃气及水生产和供应业	1494.895126	11.0614325	69.8022066	41.52114907	74.7083931	75.8826403	152.3144437	414.4394323	9.82879997	1131.344018	235.8688382
土木工程建筑业	22.3473552	9.0157757	95.1825694	138.3854869	5.8397072	11.87160633	215.7655295	15.2608515	5.384353492	62.6988423	49.31089823
机动车销售、维护、修理和燃料零售业	542.5483375	130.6812468	215.886196	1902.918207	300.0763228	58.6678121	809.231242	0.9294964	4889.689895	4208.023958	900.0801731
批发贸易和佣金贸易业	102.6469361	13.6248899	178.461365	575.6172622	38.9243706	5.6402619	309.5153426	1.8850313	2.815853884	465.4445348	180.2136026
零售贸易和家庭用品修理业	8.0697007	116.7156628	169.4400967	23.0467195	58.6671692	0.56582558	10.6144458	1.1959958	60.72022042	2155.525657	345.4951067
住宿和餐饮业											
内陆运输业	1624.965883	352.7222099	550.428079	2490.201634	266.5054233	230.1703001	154.2886255	220.9753877	3363.693188	4748.670993	758.8062046

续表

	波兰	葡萄牙	罗马尼亚	俄罗斯	斯洛伐克	斯洛文尼亚	瑞典	土耳其	美国	其他国家	均值
水上运输业	158.929904	167.9831622	87.7464382	94.97567048	1.299761323	62.54120569	1583.250976	231.775041	919.0590266	16.2852936	1508.593471
航空运输业	414.3820384	662.3922533	121.0033897	251.8648436	4.95236499	42.02629087	398.3156033	252.0753136	4399.650327	403.749223	1074.45839
其他辅助运输业	-16.2691989	104.1856115	18.9814808	468.1073811	107.4678229	99.3652435	1484.385245	194.9714455	803.1933585	71.8503485	415.1204406
邮政业	-38.9407029	127.0533365	145.4959883	81.6600622	27.9311829	19.7428849	435.950527	17.60395026	719.0463877	1156.049492	264.6546655
金融业	110.7499019	41.64621607	39.0685058	5.16028685	29.62223542	13.06625821	433.5251788	60.419674	4753.738186	2831.601387	1680.024928
房地产业	86.8622981	0.41773594	-0.0000962	1.30290599	7.364927	2.348558898	7.5777005	0.011438187	20.31202128	1716.709399	66.0303368
租赁和商务服务业	826.8110697	242.4711866	480.3028555	58.39014518	211.1322957	91.065074	3005.127258	24.4634680	4442.797111	10956.59514	1857.609084
公共管理、社会保障和社会组织	0.569128001	13.9481742	-0.0000531	34.8040254	15.0957398	5.124279701	127.0505404	37.01407424	1301.228538	301.4999855	95.03740501
教育	3.3749733	0.44780151	-0.0000444	12.62018419	3.9116616	1.5071489	12.679715	0.569860341	40.4778593	163.8399985	26.66222288
卫生和社会工作	16.8563978	2.321479123	0.0000417	1.49220156	69.6717476	1.2962414	14.8398978	0.97836774	25.720245	473.5833086	31.12132625
其他社区、社会和个人服务业	233.4408172	63.42092235	29.4224214	2.746550749	82.2956703	6.59748802	138.1319669	21.25945642	931.8005589	2507.513242	310.2416009
有雇工的私人家庭	0	0	0	0	0	0	0	0	0	1.14990257	0.98125783
均值	1568.22467	346.4312526	269.220653	518.6897965	516.6168434	192.9160855	1669.125511	758.6893224	5987.265353	14387.70495	

表 I-4 中国各部门 FVA 指数

单位：百万美元

	澳大利亚	奥地利	比利时	保加利亚	巴西	加拿大	塞浦路斯	捷克	德国	丹麦
农、林、牧、渔业	9.533843	2.844319	5.2236831	0.9032499	13.819256	16.530445	0.3124961	2.6350393	52.01956	0.7036457
采掘业	63.792262	5.1661541	2.816272	0.1845008	11.243127	163.073724	0.1208998	1.1293088	31.46293	0.8623219
食品、饮料和烟草业	152.6942	9.804123	29.3561604	3.7998501	58.44406	175.753349	1.4451758	10.7376206	221.33393	16.2449919
纺织品业	903.1061	102.92434	131.35819	2.0351494	424.5785	836.5481	4.4570854	97.34155	1475.0595	57.683443
皮革及其制品业	71.3522	21.269229	16.359766	0.6467225	69.90932	267.20843	1.2498447	22.586622	285.530836	8.0665596
木材及其制品业	39.845592	3.806243	16.477193	1.0338029	8.626792	51.43575	0.4301371	2.639753	67.18073	5.213826
造纸和纸制品业	64.9791	1.2177709	4.353222	0.6202889	23.227433	43.01035	0.3954811	2.0283508	37.29487	2.5662555
煤炭、石油及其他燃料加工业	138.61641	3.29885	7.610098	0.7611223	164.21683	39.30435	0.5802535	2.617592	135.35068	4.607544
化学原料和化学制品制造业	433.1277	48.99545	71.42838	11.075494	816.2244	302.9355	8.36492	38.82942	755.9197	30.1914
橡胶和塑料制品业	543.8645	28.048722	55.62825	5.9546936	266.73311	482.4971	5.064812	22.35573	537.891	38.31169
非金属矿物制品业	87.87169	15.141474	34.06683	4.167418	77.74055	116.24533	2.1860006	12.622536	160.82973	13.115266
金属及其制品业	868.161	54.95648	126.41279	9.178109	495.04217	700.9688	9.461209	42.80044	838.0855	38.77096
机械设备制造业	749.1794	112.92641	157.40556	29.804179	749.0898	778.6127	13.073371	115.65414	1708.1028	71.59013
电器和光学设备制造业	4531.064	463.3262	501.443	51.90572	4697.485	4642.99	22.51981	895.6478	9836.631	210.64245
运输设备制造业	392.6225	29.397317	65.905677	15.3422659	418.8502	344.5488	2.8363662	17.53419	1308.6293	43.264002
其他制造业和废弃资源回收利用业	146.790739	21.6315712	26.853771	2.1712168	58.429516	235.79961	1.7893813	15.596951	338.05496	21.048972
电力、热力、燃气及水生产和供应业	4.127491	3.017324	17.815946	0.0710743	4.091698	13.8437	0.0482128	0.7653929	36.76651	0.9709689
土木工程建筑业	146.35593	179.79925	40.6597	0.0701767	0	0	0	22.478604	214.89454	7.103926

续表

	澳大利亚	奥地利	比利时	保加利亚	巴西	加拿大	塞浦路斯	捷克	德国	丹麦
机动车销售、维护、修理和燃料零售业	0	0	0	0	0	0	0	0	0	0
批发贸易和佣金贸易业	0.120262	21.820835	51.15551	0	1.7843529	23.121609	0	0	124.4373	20.970789
零售贸易和家庭用品修理业	76.83725	0.0044938	0	0	51.82527	36.049056	0	0.0000423	0.0962839	0.000168
住宿和餐饮业	236.63508	14.983891	28.78389	0	0	304.05207	0	16.169826	20.520033	0
内陆运输业	195.0953	44.86848	54.80522	4.874994	5.061211	71.55358	0.0207479	9.637727	182.69245	22.494715
水上运输业	93.2994	39.646897	24.1180961	7.7430507	1.2020548	65.2906	0.0005403	3.322209	322.9028	50.534077
航空运输业	1884.251	26.03913	21.553512	2.2594838	0.6528179	219.32946	0.2808136	9.756487	139.65368	11.380964
其他辅助运输业	3.4028232	5.0741511	23.65098	0.1690866	0.9357091	4.5123156	0.171617	0.557228	97.49544	40.01005
邮政业	187.10364	4.862344	31.525678	0.0869157	0	2.6939964	0.5552936	0.1263009	97.35131	10.926609
金融业	7.408849	0.2472933	0.4612786	0.0329938	0.0080337	11.752631	0.0083394	0.015207	0.8436663	0.058589
房地产业	0	0	0	0	0	0	0	0	0	0
租赁和商务服务业	330.21716	16.528542	40.107964	0.4826543	0	145.00778	0.0640695	2.7710585	65.50918	7.9312393
公共管理、社会保障和社会组织	0	0.0396914	0	0	0	0	0	0.0257829	0.2498871	0.0156551
教育	34.0873	0	0.0328345	0	0	0.1632389	0.0035207	0.0005711	0	0.0114512
卫生和社会工作	86.11515	0	0.0377487	0	0	4.843064	0.0518209	0.0039064	0	0.0207606
其他社区、社会和个人服务业	184.81805	1.9674478	19.638094	0.0215446	0	9.347783	0.5346143	0.0716484	8.894556	1.7612442
有偿工作私人家庭	0	0	0	0	0	0	0	0	0	0
均值	361.899312	36.67584067	45.91557984	4.439878789	240.5491775	288.8292349	2.172195246	39.09881513	545.7624189	21.05927611

续表

	西班牙	爱沙尼亚	芬兰	法国	英国	希腊	匈牙利	印度尼西亚	印度	爱尔兰
农、林、牧、渔业	20.111291	0.1989626	0.2215057	15.401569	25.11334	2.8964472	0.8597703	85.38026	16.627555	0.5571347
采掘业	5.212014	0.0788865	0.3962715	10.510033	8.126406	0.9782398	0.3958602	9.872158	101.33766	0.414 2023
食品、饮料和烟草业	98.640322	1.5858866	2.0617742	86.082547	120.419007	5.0949871	1.3659802	79.9201	42.51031	4.640651
纺织业	528.379	14.633528	42.118048	1001.25212	1122.54857	75.11934	7.046332	646.51519	281.2133	45.34224
皮革及其制品业	220.510572	2.0993114	6.5936492	158.791369	235.33714	24.4392271	1.3642514	45.293401	26.990151	9.7769192
木材及其制品业	19.77225	0.3489853	2.5250019	36.00769	68.90188	4.490609	0.4468277	14.497183	34.7644	4.4639974
造纸和纸制品业	10.686188	0.2612137	1.0571728	20.969452	42.40889	3.3124 71	0.4902172	31.313514	42.59988	1.819017
煤炭、石油及其燃料加工业	30.16196	0.3484656	1.4671957	78.59108	87.56719	2.969217	1.5438999	207.88749	194.51718	2.509494
化学原料和化学制品制造业	256.34189	2.753622	11.371123	422.4517	339.6522	29.69429	24.93711	596.20865	1309.0073	24.76005
橡胶和塑料制品业	165.25059	5.333419	18.833303	339.8104	434.2926	30.36327	10.968026	210.67407	284.7208	32.07119
非金属矿物制品业	59.30796	1.6394049	4.143159	76.60359	108.44171	10.679724	3.3731083	49.987555	306.1914	5.951573
金属及其制品业	273.2855	4.559824	31.496713	388.4929	481.75	66.94215	15.168138	568.21613	1130.0988	16.365443
机械设备制造业	434.13623	9.470314	41.933812	887.9564	640.6192	135.92584	66.787313	742.3723	1710.1021	18.996915
电器和光学设备制造业	1646.5369	33.85403	257.5591	4728.209	3905.179	233.51749	247.93773	2260.4958	2716.096	132.84829
运输设备制造业	71.94011	0.8170514	40.03747	189.47955	421.5083	210.310661	13.874895	185.57015	554.3688	6.3326457
其他制造业和废弃资源回收利用业	88.675398	2.5619331	4.8338884	215.20818	278.0317	20.881273	2.7565073	204.27671	3389.787	7.959717
电力、热力、燃气及水生产和供应业	1.518268	0.0619859	0.5018924	4.743159	3.38 1118	0.5156403	1.9469061	2.8847853	9.19039	1.418016
土木工程建筑业	0	0	0	0	0	0	43.22383	0	0	0

续表

	西班牙	爱沙尼亚	芬兰	法国	英国	希腊	匈牙利	印度尼西亚	印度	爱尔兰
机动车销售、维护、修理和燃料零售业	0	0	0	0	0	0	0	0	0	0
批发贸易和佣金贸易业	2.4022647	0	8.286009	100.83276	3.2781096	0	11.890692	11.398161	0	120.35135
零售贸易和家庭用品修理业	0	0	0	0	1.085845	0	0.0000494	26.339673	0	0
住宿和餐饮业	5.761984	0.1489444	51.54641		182.52332	0	0.3112094	102.68631	80.0276	259.34337
内陆运输业	2.6796191	1.1312131	1.8178221	47.37937	18.043039	0.327236	13.326905	167.95765	26.264423	1.3353239
水上运输业	1.6854392	6.031238	26.213795	18.783546	64.89073	0.0030788	3.287315	76.42457	0	2.310732
航空运输业	9.389777	0.960115	6.236862	155.45625	79.65189	1.9196924	16.919303	133.09413	0	6.784621
其他辅助运输业	1.5903776	0.3298618	0.5453618	48.484354	3.56133	2.0064098	3.7964228	18.913968	0.0516668	0.0516668
邮政业	0	0.2657273	14.196434	17.785174	61.94176	1.4174295	0.9303814	71.09887	29.106681	0
金融业	0.0320123	0.0000985	0.882202	0.35365	4.3060724	1.4017951	0.0030936	0.5462728	0.2244211	0.5673028
房地产业	0	0	0	0	0	0	0	0	0	0
租赁和商务服务业	0	0.5735528	7.5073377	174.56318	213.74829	0.24504	4.2102912		63.508677	79.661842
公共管理、社会保障和社会组织	0		0.0000556	0	0.0050773	0.3202959	0.4302845	0	0	0.2255428
教育	0	0	0.0022672	0	1.1125892	0.0047241	0.0006119	0.927878	0	0
卫生和社会工作	0	0	0.010385	1.1797993	36.05528	0.1004752	0.0012761	4.824763	0	0
其他社区、社会和个人服务业	0	0	30.77452	27.4978	167.848	83.23679	0.5145792	0	7.12222	0
有雇工的私人家庭	0	0	0	0	0	0	0	0	0	0
均值	112.9716548	2.57287854	17.57630118	264.3679035	261.753131	27.1175377	14.28947192	187.3022198	353.0393442	22.48293316

续表

	意大利	日本	韩国	立陶宛	卢森堡	拉脱维亚	墨西哥	马耳他	荷兰	波兰
农,林,牧,渔业	28.832858	180.63055	75.34378	0.3687307	0.0301975	0.1743679	15.450611	0.040358	9.439035	7.475422
采掘业	8.693245	189.79715	100.325269	0.0597819	0.028794	0.0455986	4.942528	0.0641279	8.576478	3.154265
食品,饮料和烟草业	56.129822	1170.93643	332.70132	3.3810996	1.0020421	1.5341578	57.492474	0.3451016	65.522788	38.90715
纺织品业	780.2004	2919.1743	633.5233	7.036419	6.544227	4.1223149	188.70614	1.3689417	233.87616	216.39022
皮革及其制品业	224.215576	601.23613	204.542929	1.7578973	1.46899	0.6522522	44.753505	0.6789093	40.538729	71.1456284
木材及其制品业	27.902406	333.97424	46.879306	0.2817562	0.1624123	0.2156711	13.812205	0.2462377	28.45653	7.281334
造纸和纸制品业	13.283226	136.34573	37.690393	0.3100494	0.1028438	0.1827655	16.762367	0.1115476	10.330953	4.33181
煤炭,石油及其他燃料加工业	29.02338	428.2041	332.64639	0.3229735	0.0854369	0.3015749	81.43784	0.3531029	27.53338	21.772043
化学原料和化学制品制造业	335.15776	2164.5023	976.6116	1.3121496	1.3610017	2.712545	449.024	5.498629	152.73112	98.66043
橡胶和塑料制品业	214.3723	1270.4499	192.10906	4.132147	0.5204836	3.2265083	370.1078	2.5714	144.56167	72.371006
非金属矿物制品业	72.78458	314.57577	191.75614	1.5915862	0.570184	0.6833386	56.173	1.0822661	52.34286	32.04076
金属及其制品业	393.01437	2641.8285	1613.3692	10.2121	1.0845211	2.8572457	493.73005	2.2075149	229.1968	128.75351
机械设备制造业	567.5118	2313.909	778.9669	5.039065	3.2223579	3.7590852	508.56095	3.0335905	366.93979	239.81127
电器和光学设备制造业	2494.017	14880.151	5147.488	29.098725	17.33413	25.86909	4471	4.210041	1208.3007	1410.4433
运输设备制造业	382.7623	677.3033	422.4978	3.468526	2.6925664	0.5430743	233.46428	0.4519102	186.35044	91.26732
其他制造业和废弃资源回收利用业	84.884452	367.19594	94.926491	1.18041	0.5138002	0.9183714	24.573888	0.7987972	161.92678	37.587265
电力,热力,燃气及水生产和供应业	6.164534	11.437431	8.900024	0.0326036	0.7391208	0.0341469	2.4432417	0.0135822	2.703992	1.1923324
土木工程建筑业	73.3509	0	0	0	0	0	0	0	120.40173	159.8852

续表

	意大利	日本	韩国	立陶宛	卢森堡	拉脱维亚	墨西哥	马耳他	荷兰	波兰
机动车销售、维护、修理和燃料零售业	0	0	0	0	0	0	0	0	0	0
批发贸易和佣金贸易业	261.4106	337.61491	127.2164	1.1544938	3.638993	0.2566211	0	0	0	7.006153
零售贸易和家庭用品修理业	0.0101974	0	505.0624	0	0.0011883	0	0	0	0	0.1638814
住宿和餐饮业	3.733463	0	0	0	0.1311495	0	0	0	0	0.011896
内陆运输业	37.147101	77.63057	54.0774	0.2733596	2.2651833	0.0049091	0	2.2462328	10.346991	29.071517
水上运输业	4.417927	834.9801	167.06191	5.832521	0	0	0	3.6684535	11.969181	25.691369
航空运输业	106.94884	918.2815	156.28801	0.0306578	0.0014954	0.825332	0.5514273	1.7594698	25.05008	13.64084
其他辅助运输业	17.510457	61.650644	41.953606	0.0718201	2.470128	0.1631663	0.0206441	1.5189273	6.341438	1.0154467
邮政业	13.068385	70.42004	94.12451	0.1137203	0.1841912	0	0	0	123.99694	7.26763
金融业	0.1213424	5.789816	20.345546	0.0001679	0	0	0	0	0.331209	0.0816314
房地产业	0	0	0	0	0	0	0	0	0	0
租赁和商务服务业	68.845065	578.60134	368.1308	0.2515902	0	0	0	0	150.21231	4.8466509
公共管理、社会保障和社会组织	0	1.1194271	63.69633	0.1910294	0	0	0	0	0.0564595	0
教育	0.001553	0.0074776	8.487233	0	0	0	0	0	0	0.0193341
卫生和社会工作	0	0.0825733	7.747706	0	0	0	0	0	0	0.0529328
其他社区、社会和个人服务业	2.1399778	0.005996	53.95045	0.0072475	6.771927	0	0	0	521.0069	2.248915
有偿工的私人家庭	0	0	0	0	0	0	0	0	0	0
均值	180.2187376	956.7961761	367.3842915	2.214646503	1.5123328	1.402346766	200.9430557	0.92197463	111.4011841	78.10533553

续表

	葡萄牙	罗马尼亚	俄罗斯	斯洛伐克	斯洛文尼亚	瑞典	土耳其	美国	其他国家	均值
农、林、牧、渔业	1.7401057	1.3754614	56.44605	0.6777825	0.5653271	0.5560313	14.663317	122.77748	367.2315	29.63364968
采掘业	0.2901127	0.5605373	8.13556	1.0730595	0.1858882	1.0495063	8.344556	72.10683	94.63244	23.57022972
食品、饮料和烟草业	13.2183154	4.3156212	119.747503	3.0257338	0.7177397	19.481495	16.622193	774.80655	1571.5902	137.7809276
纺织品业	22.22142	33.67245	2791.3455	44.064275	14.431217	143.65931	2022.5769	4914.9162	6496.299	750.5997005
皮革及其制品业	6.3978395	5.433155	1258.264886	9.1729572	4.3057043	14.872627	63.38363	2294.7756	768.29815	182.3402722
木材及其制品业	0.9219916	6.5361881	36.91333	0.8589242	0.4508691	8.314204	9.543667	392.9132	188.85702	38.13987527
造纸和纸制品业	0.6579731	1.6816211	13.104238	0.549319	0.3307424	2.934001	6.480218	403.244	337.62128	33.86321956
煤炭、石油及其他燃料加工业	1.9157892	17.89296	70.287403	0.8023261	0.9440923	3.66695	10.814893	507.733	1801.4904	113.8911522
化学原料和化学制品制造业	25.837886	30.477074	371.4066	9.909463	14.005801	29.170696	98.12527	3761.022	4294.686	470.6790416
橡胶和塑料制品业	10.912299	9.891401	65.6107	9.392466	2.1826994	52.10402	148.95583	2859.097	3632.126	322.6503068
非金属矿物制品业	3.006894	8.404233	92.1586	2.901401	2.3303322	15.68968	242.84431	746.282	860.1292	98.65777292
金属及其制品业	19.507115	31.390266	347.6055	15.296148	5.985574	62.35527	250.70787	4139.665	6081.547	580.2699131
机械设备制造业	32.470384	35.537489	1158.6096	42.131345	20.473208	101.94577	213.27615	6635.073	5349.644	706.5039402
电器和光学设备制造业	125.07193	205.2167	2152.5399	289.34531	93.58172	428.6805	880.7282	46495.51	38400.84	4122.44073
运输设备制造业	49.641289	15.967103	1060.5908	7.127681	4.962694	26.73697	212.659	2140.2413	7471.362	444.1861694
其他制造业和废弃资源回收利用业	3.2913032	4.8049939	83.121537	6.520786	2.8279286	24.456459	157.50157	2213.3269	743.5229	233.256912
电力、热力、燃气及水生产和供应业	0.389852	0.2587015	2.632414	0.359984	0.2130912	0.4597025	2.2082755	31.32349	38.21072	5.574300467
土木工程建筑业	0.0139689	2.7852532	0	34.00037	1.1190856	0	0	0	383.3102	36.65186319

续表

	葡萄牙	罗马尼亚	俄罗斯	斯洛伐克	斯洛文尼亚	瑞典	土耳其	美国	其他国家	均值
机动车销售、维护、修理和燃料零售业	5.430075	0	0	0	0	0	0	0	0	0
批发贸易和佣金贸易业	0.0077965	0	27.648866	0.2298839	2.1919765	5.668501	0	0	2558.0892	98.44709429
零售贸易和家庭用品修理业	1.9568799	0	54.55292	0.317573	0	14.577452	0	140.6823	92.91475	25.65458949
住宿和餐饮业	0.0892858	0.5500649	0	1.016575	0.0282231	0.0597196	0	0	0.7504837	33.63416391
内陆运输业	2.2262575	0	54.76556	1.0501377	1.1552077	10.892935	39.349951	72.97965	31.41864	33.23414505
水上运输业	5.018594	9.941841	3.71948	1.0074044	2.0317357	25.61122	32.177887	0	1586.5134	90.37284246
航空运输业	0.6289229	1.4693524	4.619664	5.8245985	0.7874103	8.069774	19.96832	1337.6447	26.82417	137.4147237
其他辅助运输业	5.110903	0.1601522	2.4495546	0.1286666	0.3811624	0.8596087	4.8086625	0	0.6334933	10.20577304
邮政业	0.0927334	4.6227801	0	0.3591779	0.0424788	23.015874	1.4774894	0	0.549647	22.43142984
金融业		0.0017289	0.0212825	0.0185976	0.074804	0.0712791	1.1536438	16.994745	0.7498713	1.936159918
房地产业		0	0	0	0	0	0	0	0.0002909	7.45897E-06
租赁和商务服务业	3.2688179	0.3976732	0	2.8284009	0.2559084	127.01979	0	5516.8603	14.333734	204.8626637
公共管理、社会保障和社会组织	0.0002178	0	0	0.0278066	0	0.0072766	0	0	0.0436541	1.704730095
教育	0.0055742	0	0	0.0093512	0.0002951	0.001359	0	0.2461307	0.3521229	1.166856862
卫生和社会工作	0.3246821	0	0	0.0241022	0.0017273	0.0008465	0	3.194268	0.0284417	3.710300233
其他社区、社会和个人服务业	5.253846	0	0	0.4637237	0.0200938	3.820308	0	17.890707	0.0040997	29.68289383
有雇工的私人家庭	0	0	0	0	0	0	0	0	0	0
均值	9.91297298	12.38128004	281.0370699	14.01472373	5.045278206	33.02311816	127.3820515	2446.037324	2376.988686	

Stata环境下贸易
增加值分解框架

```
clear
set more off
capture log close
cd "D:\value added"
log using "D:\value added\Example.txt", text replace
set matsize 10000, permanently
set maxvar 30000

local i = 1
foreach var of varlist _all {
rename 'var' var'i'
local i = 'i' + 1
}
egen id = fill(1 2)

global G = 41
global N = 35
global GN = $G * $N

global all = $GN + $G
global total = $GN + $G + 1
egen temp = rowtotal(var1-var$all)
gen temp2 = var$total -  temp
summ temp2
drop temp *

gen exports = .
local k = 1
forvalues i = 1($N) $GN {
    local j = 'i' + $N - 1
    local fd = $GN + 'k'
    egen temp = rowtotal(var'i'-var'j')
    replace exports = var$total - var'fd' - temp if id >= 'i' & id <= 'j'
```

```
    drop temp
    local k = 'k' + 1


}
mvencode _all, mv(0) override
mkmat exports, matrix(Estar)
forvalues i = 1(1) $G {
local k = ('i'-1) * $N + 1
local l = ('i'-1) * $N + $N
mvencode _all, mv(0) override
matrix Estar_'i' = Estar['k'..'l', 1..1]
}


gen X = .
local k = 1
forvalues i = 1($N) $GN {
local j = 'i' + $N - 1
replace X = var$total if id >= 'i' & id <= 'j'
local k = 'k' + 1
}
mvencode _all, mv(0) override
mkmat X, matrix(X)
forvalues i = 1(1) $G {
local k = ('i'-1) * $N + 1
local l = ('i'-1) * $N + $N
mvencode _all, mv(0) override
matrix X_'i' = X['k'..'l', 1..1]
}


forvalues i = 1(1) $G {
local j = $GN + 'i'
gen fd'i' = var'j'
mvencode _all, mv(0) override
mkmat fd *, matrix(Y)
}
forvalues i = 1(1) $G {
forvalues j = 1(1) $G {
local k = ('j'-1) * $N + 1
local l = ('j'-1) * $N + $N
mvencode _all, mv(0) override
matrix Y_'j'_'i' = Y['k'..'l', 'i'..'i']
}
}
```

```
mvencode _all, mv(0) override
mkmat var1-var$GN, matrix(T)
svmat T
forvalues i = 1(1)$GN {
gen xt'i' = var$total['i']
}
forvalues i = 1(1)$GN {
gen A'i' = T'i' / xt'i'
}
mvencode _all, mv(0) override
mkmat A * , matrix(A)
forvalues i = 1(1)$G {
local k = ('i'-1) * $N + 1
local l = ('i'-1) * $N + $N
forvalues j = 1(1)$G {
local m = ('j'-1) * $N + 1
local n = ('j'-1) * $N + $N
matrix A_'i'_'j' = A['k'..'l', 'm'..'n']
}
}

forvalues i = 1(1)$GN {
egen temp'i' = sum(A'i')
}
mvencode _all, mv(0) override
mkmat temp * , matrix(temp)
matrix temp2 = temp[1..1,1..$GN]
matrix Eye = I($GN)
matrix Vhat = Eye - diag(temp2)
drop temp *
forvalues i = 1(1)$G{
local j = ('i'-1) * $N + 1
local k = ('i'-1) * $N + $N
mvencode _all, mv(0) override
matrix temp = Vhat['j'..'k', 'j'..'k']
matrix Vhat_'i' = vecdiag(temp)
svmat Vhat_'i'
}
gen VA = .
forvalues i = 1(1)$GN {
egen temp = sum(T'i')
replace VA = xt'i' - temp if id == 'i'
drop temp
}
```

```
save "temp.dta", replace
keep id VA
save "Value added vector.dta", replace

use "temp.dta", clear
matrix Eye = I($GN)
matrix B = inv(Eye-A)
forvalues i = 1(1)$G {
local k = ('i'-1) * $N + 1
local l = ('i'-1) * $N + $N
forvalues j = 1(1)$G {
local m = ('j'-1) * $N + 1
local n = ('j'-1) * $N + $N
matrix B_'i'_'j' = B['k'..'l', 'm'..'n']
}
}

matrix Eye = I($N)
forvalues i = 1(1)$G {
    forvalues j = 1(1)$G {
        matrix L_'i'_'j' = inv(Eye-A_'i'_'j')
    }
}

forvalues i = 1(1)$G {
  forvalues j = 1(1)$G {
     if 'j' == 'i' continue

     matrix term1_'i'_'j'_ = J($N,1,0)
     matrix temp1 = Vhat_'i' * B_'i'_'i'
     matrix temp2 = temp1'
     local r = rowsof(temp2)
     local c = colsof(temp2)
     forvalues w = 1(1)'r' {
         forvalues z = 1(1)'c' {
             matrix term1_'i'_'j'['w','z'] = temp2['w','z'] * Y_'i'_'j
             '['w','z']
         }
     }
     svmat term1_'i'_'j'_

     matrix term2_'i'_'j'_ = J($N,1,0)
     matrix temp1 = Vhat_'i' * L_'i'_'i'
     matrix temp2 = temp1'
```

```
matrix temp3 = A_'i'_'j' * B_'j'_'j' * Y_'j'_'j'
local r = rowsof(temp2)
local c = colsof(temp2)
forvalues w = 1(1)'r' {
    forvalues z = 1(1)'c' {
        matrix term2_'i'_'j'['w','z'] = temp2['w','z'] *
        temp3['w','z']
    }
}
svmat term2_'i'_'j'_

matrix term3_'i'_'j'_ = J($N,1,0)
matrix temp1 = Vhat_'i' * L_'i'_'i'
matrix temp2 = temp1'
matrix temp3 = J($N,1,0)
forvalues k = 1(1) $G {
        if 'k' == 'i' continue
        if 'k' == 'j' continue
        matrix temp3 = temp3 + B_'j'_'k' * Y_'k'_'k'
}
matrix temp3 = A_'i'_'j' * temp3
matrix temp4 = J($N,1,0)
forvalues k = 1(1) $G {
    if 'k' == 'i' continue
    if 'k' == 'j' continue
    matrix temp4 = temp4 + Y_'j'_'k'
}
matrix temp4a = A_'i'_'j' * B_'j'_'j' * temp4
matrix temp5 = J($N,$N,0)
matrix temp6 = J($N,1,0)
matrix tempsum = J($N,1,0)
forvalues k = 1(1) $G {
    if 'k' == 'i' continue
    if 'k' == 'j' continue
    matrix temp5 = temp5 + B_'j'_'k'
    forvalues l = 1(1) $G {
            if 'l' == 'i' continue
            if 'l' == 'k' continue
            matrix temp6 = temp6 + Y_'k'_'l'
    }
    matrix temp7 = temp5 * temp6
    matrix tempsum = tempsum + temp7
}
matrix temp8 = A_'i'_'j' * tempsum
```

```
matrix temp9 = temp3 + temp4a + temp8
local r = rowsof(temp2)
local c = colsof(temp2)
forvalues w = 1(1) 'r' {
        forvalues z = 1(1) 'c' {
                matrix term3_'i'_'j'_['w','z'] = temp2['w','z'] *
                temp9['w','z']
        }
}
svmat term3_'i'_'j'_

matrix term4_'i'_'j'_ = J($N,1,0)
matrix temp1 = Vhat_'i' * L_'i'_'i'
matrix temp2 = temp1'
matrix temp3 = J($N,1,0)
forvalues k = 1(1) $G {
        if 'k' == 'i' continue
        if 'k' == 'j' continue
        matrix temp3 = temp3 + B_'j'_'k' * Y_'k'_'i'
}
matrix temp4 = A_'i'_'j' * temp3
matrix temp5 = A_'i'_'j' * B_'j'_'j' * Y_'j'_'i' + A_'i'_'j' *
temp3 + A_'i'_'j' * B_'j'_'i' * Y_'i'_'i'
local r = rowsof(temp2)
local c = colsof(temp2)
forvalues w = 1(1) 'r' {
        forvalues z = 1(1) 'c' {
                matrix term4_'i'_'j'_['w','z'] = temp2['w','z'] *
                temp5['w','z']
        }
 }
 svmat term4_'i'_'j'_

 matrix term5_'i'_'j'_ = J($N,1,0)
 matrix temp1 = Vhat_'i' * L_'i'_'i'
 matrix temp2 = temp1'
 matrix temp3 = J($N,1,0)
 forvalues k = 1(1) $G {
        if 'k' == 'i' continue
        matrix temp3 = temp3 + Y_'i'_'k'
 }
 matrix temp4 = A_'i'_'j' * B_'j'_'i' * temp3
 matrix temp5 = J($N,$N,0)
 forvalues k = 1(1) $G {
```

```
                if 'k' == 'i' continue
                matrix temp5 = temp5 + A_'i'_'k' * B_'k'_'i'
        }
        matrix temp6 = temp1 * temp5
        matrix temp7 = temp6'
        matrix temp8 = A_'i'_'j' * X_'j'
        local r = rowsof(temp2)
        local c = colsof(temp2)
        matrix temp9 = J($N,1,0)
        forvalues w = 1(1)'r' {
            forvalues z = 1(1)'c' {
                matrix temp9['w','z'] = temp7['w','z'] * temp8['w','z']
            }
    }

    local r = rowsof(temp2)
    local c = colsof(temp2)
    matrix temp10 = J($N,1,0)
    forvalues w = 1(1)'r' {
        forvalues z = 1(1)'c' {
            matrix temp10['w','z'] = temp2['w','z'] *
            temp4['w','z']
        }
    }
    matrix term5_'i'_'j'_ = temp9 + temp10
    svmat term5_'i'_'j'_

    matrix term6_'i'_'j'_ = J($N,1,0)
    matrix temp1 = Vhat_'j' * B_'j'_'i'
    matrix temp2 = temp1'
    local r = rowsof(temp2)
    local c = colsof(temp2)
    matrix temp3 = J($N,1,0)
    forvalues w = 1(1)'r' {
        forvalues z = 1(1)'c' {
            matrix temp3['w','z'] = temp2['w','z'] *
            Y_'i'_'j'['w','z']
        }
    }
    matrix temp4 = J(1,$N,0)
    forvalues k = 1(1)$G {
            if 'k' == 'i' continue
            if 'k' == 'j' continue
            matrix temp4 = temp4 + Vhat_'k' * B_'k'_'i'
    }
```

```
matrix temp5 = temp4'
local r = rowsof(temp2)
local c = colsof(temp2)
matrix temp6 = J($N,1,0)
forvalues w = 1(1)'r' {
        forvalues z = 1(1)'c' {
                matrix temp6['w','z'] = temp5['w','z'] *
                Y_'i'_'j'['w','z']
        }
}
matrix term6_'i'_'j'_ = temp3 + temp6
svmat term6_'i'_'j'_

matrix term7_'i'_'j'_ = J($N,1,0)
matrix temp1 = Vhat_'j' * B_'j'_'i'
matrix temp2 = temp1'
matrix temp3 = A_'i'_'j' * L_'j'_'j' * Y_'j'_'j'
local r = rowsof(temp2)
local c = colsof(temp2)
matrix temp4 = J($N,1,0)
forvalues w = 1(1)'r' {
        forvalues z = 1(1)'c' {
                matrix temp4['w','z'] = temp2['w','z'] *
                temp3['w','z']
        }
}
matrix temp5 = J(1,$N,0)
forvalues k = 1(1)$G {
        if 'k' == 'i' continue
        if 'k' == 'j' continue
        matrix temp5 = temp5 + Vhat_'k' * B_'k'_'i'
}
matrix temp6 = temp5'
matrix temp7 = A_'i'_'j' * L_'j'_'j' * Y_'j'_'j'
local r = rowsof(temp2)
local c = colsof(temp2)
matrix temp8 = J($N,1,0)
forvalues w = 1(1)'r' {
        forvalues z = 1(1)'c' {
                matrix temp8['w','z'] = temp6['w','z'] *
                temp7['w','z']
        }
 }
 matrix term7_'i'_'j'_ = temp4 + temp8
```

```
        svmat term7_'i'_'j'_

        matrix term8_'i'_'j'_ = J($N,1,0)
        matrix temp1 = Vhat_'j' * B_'j'_'i'
        matrix temp2 = temp1'
        matrix temp3 = A_'i'_'j' * L_'j'_'j' * Estar_'j'
        local r = rowsof(temp2)
        local c = colsof(temp2)
        matrix temp4 = J($N,1,0)
        forvalues w = 1(1)'r' {
                forvalues z = 1(1)'c' {
                        matrix temp4['w','z'] = temp2['w','z'] *
                        temp3['w','z']
                    }
            }
        matrix temp5 = J(1,$N,0)
        forvalues k = 1(1)$G {
                if 'k' == 'i' continue
                if 'k' == 'j' continue
                matrix temp5 = temp5 + Vhat_'k' * B_'k'_'i'
            }
        matrix temp6 = temp5'
        matrix temp7 = A_'i'_'j' * L_'j'_'j' * Estar_'j'
        local r = rowsof(temp2)
        local c = colsof(temp2)
        matrix temp8 = J($N,1,0)
        forvalues w = 1(1)'r' {
                forvalues z = 1(1)'c' {
                        matrix temp8['w','z'] = temp6['w','z'] *
                        temp7['w','z']
                    }
            }
        matrix term8_'i'_'j'_ = temp4 + temp8
        svmat term8_'i'_'j'_
    }
}

keep id term*
reshape long term, i(id) j(id2) string
drop if term == .
split id2, p(_)
rename term value
rename id21 term
destring term, replace
```

```
drop id24
rename id22 exporter
rename id23 importer
destring exporter, replace
destring importer, replace
drop if exporter == importer
rename id sector
drop id2
sort exporter importer sector term
egen id = group(exporter sector)
merge m:1 id using "value added vector.dta", keep(match master)
summ _merge
drop _merge
gen term_code = ""
replace term_code = "DVA_FIN" if term == 1
replace term_code = "DVA_INT" if term == 2
replace term_code = "DVA_INTRex" if term == 3
replace term_code = "RDV_G" if term == 4
replace term_code = "DDC" if term == 5
replace term_code = "FVA_FIN" if term == 6
replace term_code = "FVA_INT" if term == 7
replace term_code = "FDC" if term == 8
egen exports_gross = sum(value), by(exporter importer sector)

save "40x35 WWZ list format full.dta", replace

tostring sector, replace
replace sector = "农、林、牧、渔业" if sector == "1"
replace sector = "采掘业" if sector == "2"
replace sector = "食品、饮料和烟草业" if sector == "3"
replace sector = "纺织品业" if sector == "4"
replace sector = "皮革及其制品业" if sector == "5"
replace sector = "木材及其制品业" if sector == "6"
replace sector = "造纸和纸制品业" if sector == "7"
replace sector = "煤炭、石油及其他燃料加工业" if sector == "8"
replace sector = "化学原料和化学制品制造业" if sector == "9"
replace sector = "橡胶和塑料制品业" if sector == "10"
replace sector = "非金属矿物制品业" if sector == "11"
replace sector = "金属及其制品业" if sector == "12"
replace sector = "机械设备制造业" if sector == "13"
replace sector = "电器和光学设备制造业" if sector == "14"
replace sector = "运输设备制造业" if sector == "15"
replace sector = "其他制造业和废弃资源回收利用业" if sector == "16"
replace sector = "电力、热力、燃气及水生产和供应业" if sector == "17"
```

```
replace sector = "土木工程建筑业" if sector == "18"
replace sector = "机动车销售、维护、修理和燃料零售业" if sector == "19"
replace sector = "批发贸易和佣金贸易业" if sector == "20"
replace sector = "零售贸易和家庭用品修理业" if sector == "21"
replace sector = "住宿和餐饮业" if sector == "22"
replace sector = "内陆运输业" if sector == "23"
replace sector = "水上运输业" if sector == "24"
replace sector = "航空运输业" if sector == "25"
replace sector = "其他辅助运输业" if sector == "26"
replace sector = "邮政业" if sector == "27"
replace sector = "金融业" if sector == "28"
replace sector = "房地产业" if sector == "29"
replace sector = "租赁和商务服务业" if sector == "30"
replace sector = "公共管理、社会保障和社会组织" if sector == "31"
replace sector = "教育" if sector == "32"
replace sector = "卫生和社会工作" if sector == "33"
replace sector = "其他社区、社会和个人服务业" if sector == "34"
replace sector = "有雇工的私人家庭" if sector == "35"

tostring exporter, replace
replace exporter = "澳大利亚" if exporter == "1"
replace exporter = "奥地利" if exporter == "2"
replace exporter = "比利时" if exporter == "3"
replace exporter = "保加利亚" if exporter == "4"
replace exporter = "巴西" if exporter == "5"
replace exporter = "加拿大" if exporter == "6"
replace exporter = "中国" if exporter == "7"
replace exporter = "塞浦路斯" if exporter == "8"
replace exporter = "捷克" if exporter == "9"
replace exporter = "德国" if exporter == "10"
replace exporter = "丹麦" if exporter == "11"
replace exporter = "西班牙" if exporter == "12"
replace exporter = "爱沙尼亚" if exporter == "13"
replace exporter = "芬兰" if exporter == "14"
replace exporter = "法国" if exporter == "15"
replace exporter = "英国" if exporter == "16"
replace exporter = "希腊" if exporter == "17"
replace exporter = "匈牙利" if exporter == "18"
replace exporter = "印度尼西亚" if exporter == "19"
replace exporter = "印度" if exporter == "20"
replace exporter = "爱尔兰" if exporter == "21"
replace exporter = "意大利" if exporter == "22"
replace exporter = "日本" if exporter == "23"
replace exporter = "韩国" if exporter == "24"
```

```
replace exporter = "立陶宛" if exporter == "25"
replace exporter = "卢森堡" if exporter == "26"
replace exporter = "拉脱维亚" if exporter == "27"
replace exporter = "墨西哥" if exporter == "28"
replace exporter = "马耳他" if exporter == "29"
replace exporter = "荷兰" if exporter == "30"
replace exporter = "波兰" if exporter == "31"
replace exporter = "葡萄牙" if exporter == "32"
replace exporter = "罗马尼亚" if exporter == "33"
replace exporter = "俄罗斯" if exporter == "34"
replace exporter = "斯洛伐克" if exporter == "35"
replace exporter = "斯洛文尼亚" if exporter == "36"
replace exporter = "瑞典" if exporter == "37"
replace exporter = "土耳其" if exporter == "38"
replace exporter = "中国台湾" if exporter == "39"
replace exporter = "美国" if exporter == "40"
replace exporter = "其他国家" if exporter == "41"

tostring importer, replace
replace importer = "澳大利亚" if importer == "1"
replace importer = "奥地利" if importer == "2"
replace importer = "比利时" if importer == "3"
replace importer = "保加利亚" if importer == "4"
replace importer = "巴西" if importer == "5"
replace importer = "加拿大" if importer == "6"
replace importer = "中国" if importer == "7"
replace importer = "塞浦路斯" if importer == "8"
replace importer = "捷克" if importer == "9"
replace importer = "德国" if importer == "10"
replace importer = "丹麦" if importer == "11"
replace importer = "西班牙" if importer == "12"
replace importer = "爱沙尼亚" if importer == "13"
replace importer = "芬兰" if importer == "14"
replace importer = "法国" if importer == "15"
replace importer = "英国" if importer == "16"
replace importer = "希腊" if importer == "17"
replace importer = "匈牙利" if importer == "18"
replace importer = "印度尼西亚" if importer == "19"
replace importer = "印度" if importer == "20"
replace importer = "爱尔兰" if importer == "21"
replace importer = "意大利" if importer == "22"
replace importer = "日本" if importer == "23"
replace importer = "韩国" if importer == "24"
replace importer = "立陶宛" if importer == "25"
```

```
replace importer = "卢森堡" if importer == "26"
replace importer = "拉脱维亚" if importer == "27"
replace importer = "墨西哥" if importer == "28"
replace importer = "马耳他" if importer == "29"
replace importer = "荷兰" if importer == "30"
replace importer = "波兰" if importer == "31"
replace importer = "葡萄牙" if importer == "32"
replace importer = "罗马尼亚" if importer == "33"
replace importer = "俄罗斯" if importer == "34"
replace importer = "斯洛伐克" if importer == "35"
replace importer = "斯洛文尼亚" if importer == "36"
replace importer = "瑞典" if importer == "37"
replace importer = "土耳其" if importer == "38"
replace importer = "美国" if importer == "39"
replace importer = "其他国家" if importer == "
```